臺灣歷史與文化研究輯刊

十六編

第 2 冊

近代臺灣股票市場發展之研究（1899～1962）（下）

張俊德 著

花木蘭文化事業有限公司

國家圖書館出版品預行編目資料

近代臺灣股票市場發展之研究（1899～1962）（下）／張俊德 著
— 初版 — 新北市：花木蘭文化事業有限公司，2019〔民 108〕
目 8+182 面；19×26 公分
（臺灣歷史與文化研究輯刊十六編；第 2 冊）
ISBN 978-986-485-846-0（精裝）
1. 證券市場 2. 金融史 3. 臺灣
733.08　　　　　　　　　　　　　　　　108011617

ISBN-978-986-485-846-0

9 789864 858460

臺灣歷史與文化研究輯刊
十六編　第 二 冊　　　　　ISBN：978-986-485-846-0

近代臺灣股票市場發展之研究（1899～1962）（下）

作　　者	張俊德
總 編 輯	杜潔祥
副總編輯	楊嘉樂
編　　輯	許郁翎、王筑、張雅淋　美術編輯　陳逸婷
出　　版	花木蘭文化事業有限公司
發 行 人	高小娟
聯絡地址	235 新北市中和區中安街七二號十三樓
	電話：02-2923-1455／傳真：02-2923-1452
網　　址	http://www.huamulan.tw 信箱 hml 810518@gmail.com
印　　刷	普羅文化出版廣告事業
初　　版	2019 年 9 月
全書字數	349066 字
定　　價	十六編 10 冊（精裝）台幣 20,000 元

近代臺灣股票市場發展之研究（1899～1962）（下）

張俊德　著

目次

表目次

圖目次

第五章　政府遷臺後之臺灣股票市場發展

　　戰後政府在接收臺灣的過程中，以日資日產為由將臺灣大部分企業收為公營事業公司，雖仍有部分民營企業的存在，但股票市場流通與發行均受阻，使其陷入缺乏籌碼的緊縮狀態。政府遷臺初期，臺灣尚未擺脫惡性通膨與物資缺乏的困境，民間股票之交易雖然未受管制，但是由於原本市面籌碼就少，又處於救亡圖存的時局，無暇顧及投資意願，更遑論股票買賣，市場乃陷入蕭條。

　　土地改革的推展，隨著公營事業公司股票釋出發放，一時之間，股票籌碼充斥市面，直接為一灘死水的股票市場注入新的活水。在此刺激下，股票市場如谷底翻揚般，轉為復甦。

　　故本章旨在探討政府遷臺後之臺灣股票市場發展。分別對股票流通市場與股票發行市場以及證券業發展等三方面分別探討。

第一節　政府遷臺與公營轉民營時期股票市場之發展

　　政府遷臺後可以耕者有其田政策實施前後，將股票市場分做兩期，其一，為 1950 年至 1954 年，此時期政府忙於安定民心、抑制通膨、穩定金融秩序等經濟情勢，無暇顧及股票市場之發展，且經濟情勢不佳，臺灣大部分企業因日產接收轉為公營事業，股票籌碼集中在政府及公營事業手中，股票流通受阻，市面處於蕭條的局面。

　　其二，為 1954 年後，因發放公營事業股票補償地主，使市面股票籌碼大

增，直接刺激臺灣股票市場由蕭條轉爲復甦，而股票交易的活絡，投機風氣也如影隨形般的出現，使得股票市場弊端叢生。在輿論、民意代表、專家學者的呼籲下，迫使政府開始正視股票市場之管理。與此同時，隨著政府的管理，出現諸如徵收證券交易稅、制定管理專法以及交易方式改變等變革，從而爲戰後股票集中市場的設立奠定基礎，以下將對各時期股票市場之發展情況展開討論。

一、政府遷臺時期的股票流通市場（1950～1954）

　　政府遷臺初期臺灣股票市場的情況，可從《中央日報》在 1951 年 7 月 24 日刊載一篇關於設立證券交易所的報導中，反映些許當時股票市場的實況：〔註1〕

> 有種種跡象顯示政府正積極疏導游資轉向生產，對此，所採取的方式，可能利用生產事業，發行股票或公司債，透過證券交易所，吸引大量游資。……成立證券交易所，所舉理由，認爲去年（1950 年）客觀條件不夠，最近則已逐漸成熟，……因爲股票的買賣，個人間早有交易存在。例如第一銀行股票定額 4 元，現在賣買價格爲 12 元，華南銀行股票定額15 元，現在賣買價格達25 至 30 元。如果生產事業發行股票或公司債，不會沒有銷路，生產事業既由此而獲得資金來源，同時，游資也獲得歸宿，對安定本省經濟的效果，一定很大。

　　同日於臺中發行之《臺灣民聲日報》〔註2〕亦有相關報導：〔註3〕

〔註 1〕　〈疏導游資轉向生產　證券將公開買賣〉，《中央日報》，1951 年 7 月 24 日，第 5 版。

〔註 2〕　《臺灣民聲日報》，1946 年 1 月 1 日由創刊於臺中。創刊當時爲週刊，1947 年擴大發行爲日報，1980 年停刊。創辦人徐堅（1913～1975）出生於今彰化縣埔心鄉，臺灣總督府公學校畢業，擔任過臺灣省議會議員、彰化縣議會議員、臺中縣農會理事長、臺中縣新聞記者公會理事長等職。除經營報刊業外，徐堅與其胞兄徐成（1907～1956）亦致力於推動「民聲盃棒球賽」，爲臺灣最早定期舉辦之棒球賽之一，於臺灣棒球史上有舉足輕重之地位。參見臺灣省議會，〈徐堅〉，《歷屆省議員》，臺灣省議會數位典藏網站：https://www.tpa.gov.tw/opencms/digital/area/past/past01/member0189.html，上網日期：2018 年 8 月 3 日。

〔註 3〕　〈設立證券交易所　疏導游資納正軌〉，《臺灣民聲日報》，1951 年 7 月 24 日，第 3 版。

（一）去年（1950 年）政府曾一度計畫設立證券交易所，事實上當時游資尚不及目前多，此為目前有必要設立之主要條件；（二）目前各公營事業均在準備發行股票，有若干種股票且已在印製中，民間亦頗多，有資金者願意承購……（三）目前若干股票在市上均有價格及交易，如第一銀行股票原為 4 元，現以售至 12 元，華銀原為 15 元，現已售至 25 至 30 元。

隔年 1952 年 7 月 3 日《臺灣民聲日報》在同樣是關於證券交易所問題的報導稱：〔註4〕

由於明年起當局實施扶植自耕農辦法，將發行土地債券，同時開放公營事業的呼聲甚囂塵上，故近來股票的買賣已日趨活躍，……近日來公營事業股票的買賣再熱絡的進行，有少數公營事業單位的股票看好，如工礦公司的股票已由冷門轉為熱門，工礦公司股票每股面額 10 元，過去幾無人問津，連日有人搜購價已達 8 元以上，接近面額，三家商業銀行的股票因本省目前金融安定，商銀業務良好，其股票幾無法購到。

從上述報導中反映出五個重要訊息，其一，1951 年 7 月時，臺灣的游資問題浮現，且游資數量比前一年（1950 年）要多；此時距政府遷臺尚不足兩年的時間，顯示政府穩定臺灣經濟金融政策已有成效。

其二，臺灣本地存在股票交易的現況，有股票標的也有相對應的報價，表示此時臺灣股票市場雖然處於蕭條階段，但仍在維持運作。

其三，公營事業公司均在發行股票，此時政府方面，尚未有推動「耕者有其田搭發公營事業股票補償地價措施」的構想，故此時公營事業打算發行股票，無非就是有籌資與股票變現流通的需求。

其四，市面流通的股票除公營事業外，民間企業之股票流通也在內，而公營事業中已經流通於市面且受矚目的是公營銀行股。

其五，在政府準備實施扶持自耕農政策將發行土地債券與開放公營事業的風聲甚囂塵上之際，工礦公司股票由無人問津的冷門股轉變為被人加價搜購的熱門標的。從這現象揭示，一方面從側面證實此前臺灣股票市場交易屬於交投清淡的蕭條市況。另一方面則必定有內線交易存在，以工礦公司為例，

〔註 4〕　〈證券交易所　定明年元旦成立〉，《臺灣民聲日報》，1952 年 7 月 3 日，第 3 版。

此時交易的是耕者有其田政策施行前的舊股，1954 年 3 月 1 日耕者有其田搭發公營事業補償地價之股票配發工礦新股時，原有舊股經股權調整後，換股比例是每 1 舊股換 10 股新股，意即此前購入的工礦股票到新股發放時馬上增值十倍，以報導中搜購價每股 8 元計算，即便新股發放後工礦股價跌至每股 3 元左右，依然可以獲利 2.75 倍。〔註 5〕

　　當時能獲知精準情報且具備參與資格者，不言而喻，無疑當為政經界上層之人士，恐為當年政府丟失大陸前夕，在上海證券市場瘋狂投機炒作而引發金融崩盤經濟動盪的諸權貴。

　　此時期在股票市場的運作部分，也可從當媒體關於證券方面的報導內容解析反映得出，如 1952 年 10 月 18 日《徵信新聞》一則關於取締券商的報導：〔註 6〕

> 臺灣省府頃奉行政院令關於本省證券交易所，政府尚未核准設立，目前市面已有不少商號私自經營證券交易業務，並有大新證券商事社，以證券行名義公開營業，此種投機商人應加取締，以免發生不良效果。頃悉：經財政廳派員往查大新證券商事社既未經申請政府核准登記公開營業。復在報端刊登廣告買賣證券，殊屬違法，除業已分別函請市政府不准營業登記，及警務處飭警取締外，臺省警務處已於 17 日分電各縣市警察局所，在證券交易所尚未設立前，市面商號私自經營證券買賣，務嚴于取締。

　　這類似報導曾在此前章節中對政府管理證券商政策之搖擺的討論中引用，再度提出此報導乃為瞭解當時股票市場運作實況做解析。從這則新聞報導中可以解析出幾點反映當時市場運作的實況，首先，當時並無制定證券交易及證券商管理相關法規，政府在大陸時期僅有一部 1929 年 10 月 16 日公佈實施，1935 年修訂，屬工商部主管的〈交易所法〉，其係主要乃是對各地交易所之規範，對於商號在交易所外從事證券買賣並無相關規定，所以當時對

〔註 5〕　假設 1952 年 7 月 3 日以新臺幣 8 元買進工礦公司 1 股，經換股比例 1 股舊股換 10 股新股，原本持有 1 股就變成 10 股，成本 8 元不變。1954 年 3 月 1 日換發新股後，每股面額 10 元，若按面額出售將得 10 股×10 元＝100 元，成本 8 元，獲利 92 元，獲利率 11.5 倍；若以 1954 年工礦低價每股 3 元出售將得 10 股×3 元＝30 元，成本 8 元，獲利 22 元，獲利率 2.75 倍。

〔註 6〕　〈取締非法證券商號　警務處昨電執行〉，《徵信新聞》，1952 年 10 月 18 日，第 1 版。

於指稱證券商買賣證券屬違法，應是依據〈國家總動員法〉第十八條來辦理，〔註7〕並非援用證券管理相關法令，若是指未做營業登記則實屬違法。

該報導所指之大新證券商事社，實際有向臺灣省政府財政廳申請商業登記，但該申請於取締前的 1952 年 10 月 6 日被臺灣省政府財政廳以公司申請名稱係日本名稱不合規定以及經營有價證券買賣業務另有法令規定爲由，駁回其商業登記之申請。〔註8〕

其次，政府的本質是保守的，很少有先見之明的舉措，總是需等到事態擴大後才會開始有動作。就此觀點論，當時政府會開始取締證券商，某種程度而言表示當時臺灣股票市場與證券商的活絡開始受到當局的注意，這也間接證明臺灣股票市場的規模逐漸擴展。

第三，證券商之證券買賣業務以刊登廣告的方式招攬生意，這是股票交易自日治時期以來最普遍與最傳統的商業模式之一。其他尚有個人跑單幫沿街招攬生意以及騎乘腳踏車四處買賣等方式。〔註9〕

第四，從臺省警務處分電各縣市警察局所要求嚴于取締買賣證券的商號，這顯示當時臺灣從事證券交易的證券商遍佈全省。若以日治時期有價證券商就已在全臺發展的角度論，當時所謂須被取締的證券商，其實是延續日治時期以來就經營此業的券商，意即證券業自日治時期形成以來始終存在並未中斷或消失。另據媒體調查指稱：臺灣在日治時期經營證券商，遺留下來的證券經紀人雖不多，但他們對於經營證券市場非常熟悉。〔註10〕這也證明前述日治時期以來就從事證券買賣交易的業者仍是存在的論述相符，而既然有證券商的存在，就可以間接證明臺灣股票市場也是同樣保持未中斷的現實。

第五，大新證券商事社的行爲，突顯該社僅只是承襲日治時期以來的從

〔註7〕 國家總動員法：政府於 1942 年 3 月 29 日制定；1942 年 5 月 5 日施行。其立法目的爲國民政府於戰時，爲集中運用全國之人力、物力，加強國防力量，貫澈抗戰目的，制定國家總動員法。其中第 18 條規定：政府於必要時，得對銀行、公司、工廠及其他團體、行號之設立、合併、增加資本、變更目的、募集債款、分配紅利、履行債務及其資金運用，加以限制。

〔註8〕 臺灣省政府，「准函爲大新證券商事社申請商業登記可否准予登記一案」，〈臺灣省政府財政廳函〉（中華民國四十一年十月六日（四一）財商字第四四二○六號），《臺灣省政府公報》，1952 年冬字第 6 期，頁 52。

〔註9〕 黃敏助，〈民國 40 年代至現今——臺灣證券發展史五大時期〉，《臺灣證券交易所 50 週年慶口述歷史專輯》（臺北：臺灣證券交易所，2012 年），頁 18。

〔註10〕 〈誰在爭奪股票？〉，《聯合報》，1954 年 8 月 6 日，第 5 版。

業習慣而已，此也反證臺灣股票市場與證券業原本就存在的事實。當時政府僅將當時股票與債券等買賣交易視為私人交易行為，並不承認臺灣有股票市場與證券商的存在。而大新證券商事社被取締事件，迫使政府必須開始正視以往漠視的臺灣股票市場與證券商管理。

隨著股票市場的熱絡，也開始吸引新聞媒體的關注，有關股票行情的報導在 1952 年下半年起不時出現，如 1952 年 8 月 9 日的《聯合報》有則題為〈商場分析　證券交易所成立前奏　冷熱門股軋苗頭〉的報導：[註11]

> 根據最近搜集的資料，三家商業銀行（華南、第一、彰化）及臺糖公司，臺電公司，工礦公司的股票（指民股股票），買賣情形比較熱絡，儲蓄券也不冷落。今年 7 月 1 日，華南銀行股票（面額 15元）在市面上已賣至 45 元，第一銀行及彰化銀行的股票（面額均為 4 元），賣價達 18 元，工礦公司股票（面額 14 元）市價僅為 8元，臺糖公司股票（面額 125 元）市價僅為 115 元，臺電公司股票（面額 50 元）市價僅為 43 元，節約儲蓄券（面額 5 元）市價 4 元5 角。

> 至 7 月 4 日，三家商銀的股票同時報漲，華銀 46 元成交，較 7 月 1日漲 1 元，第一及彰銀亦自 18 元漲為 19 元，工礦公司股票也自 8元升為 8 元 2 角，諸蓄券自 4 元 5 角升為 4 元 9 角，僅差 1 角面額相同，臺電股票做價不變，臺糖股票則因股票紅息已付，反而跌為110 元，較原來的 115 元，回跌 5 元，至 7 月 18 日，工礦公司股票再漲至 8 元 7 角，臺糖再跌為 100 元。至 8 月 1 日，三家商銀仍維7 月 4 日之價格，臺糖、工礦、臺電等均持原價。

這則報導不僅有股票行情的報導，也有伴隨股票行情的分析：

> 從上面的股票面額與市價加以觀察，有一個很明顯的現象，就是三家商業銀行的股票，市價比面額高，臺糖、臺電、工礦等生產事業股票的面價反比市價低。這個現象形成的原因，在於三家商銀在上半年的盈餘比較多，而臺糖、工礦、臺電等上半年盈餘比較少。同時，由這個現象也可以看出一般人至今仍是以為銀行比生產事業穩，投資安全性大，在競相吸進的情形下，其股票乃抬高了身價。

〔註11〕〈商場分析　證券交易所成立前奏　冷熱門股軋苗頭〉，《聯合報》，1952 年 8月 9 日，第 3 版。

　　這種具有股票市況報導與股票行情分析的報導撰寫風格，時至今日仍是普遍出現在各家媒體對於股票市場動態的相關報導中。

　　新聞媒體對於股票行情的常態性報導，大致於 1953 年起就開始有相關報導，如 1953 年 5 月 19 日《聯合報》的報導：〔註12〕

　　　　省會各種公私營公司股票仍續有若干交易，尤以三商業銀行股票為最。茲查各種股票最近交易價格為臺電公司 55 元，台紙公司 130 元，臺糖公司 110 元，水泥公司 100 元，台肥公司 200 元，機械公司 25 元，工礦公司 25 元，華南銀行 60 元，第一商銀 28 元，彰化銀行 28 元，農林公司 20 元，台北區合會儲蓄公司 15 元，華台火柴公司 150 元，新竹客運公司 200 元。

　　當時以經濟新聞為主題的《徵信新聞》自 1953 年 9 月 6 日起幾乎逐日都有題為〈昨日本市證券市場〉及〈各地證券〉針對包含土地債券、愛國公債、股票等商品之證券市場報導。〈昨日本市證券市場〉是以當時臺北市的證券市場為報導對象，如 1953 年 9 月 17 日的報導：〔註13〕

　　　　股票市場，忽有破沈悶放秀彩，臺糖股、臺電股由股求者勉力搜購，遂再度軋高，昨臺糖股每股在 165 元成交，上漲 5 元，臺電股以 85 元成盤，同昇 5 元，但持有者料想調整資產價值，不肯多讓，故成交為數尚不多。臺機股隨□，每 10 元股開 32 元欲求，場目前繼步高 2 元，但尚未有放手之狀態，工礦股仍在 25 元徘徊乏力轉靭，華銀亦在 75 元按穩，一銀、彰銀亦在 42 元關持平。昨日各股行情如後（每股——新臺幣元）：臺糖股 165、臺電股 85、臺紙股 150、臺泥股 150、臺肥股 210、臺機股 32、工礦股 25、農林股 25、華銀股 75、一銀股 42、彰銀股 42。

　　〈各地證券〉是以臺北市以外的證券市場為報導對象，並以土地債券與愛國公債的報導為主，偶有該地區股票行情，如 1953 年 10 月 28 日關於臺中地區的報導：〔註14〕

　　　　【本報臺中訊】土地債券昨（26）日成交七萬斤，創有市以來記錄，昨市執戶競吐，客戶壓價吸進，市勢下游，臺中市提貨每萬公斤 7,000

〔註12〕　〈股票行情〉，《聯合報》，1953 年 5 月 19 日，第 5 版。
〔註13〕　〈昨日本市證券市場〉，《徵信新聞》，1953 年 9 月 17 日，第 2 版。
〔註14〕　〈各地證券〉，《徵信新聞》，1953 年 10 月 28 日，第 2 版。

元，股票仍趨低檔，工礦、臺糖由於資產估價關係，求者縮手，華銀股按高 3 元，愛國公債再唱低調，執主求現心切，削碼拋出，每百銀元 73 元有價開。

每日所報導的地區也有所不同，計有臺中、嘉義、高雄、岡山、屏東、雲林、斗六、宜蘭、花蓮、南投等地。每日約報導四至五處地區（如圖 5-1-1），這也顯示股票在沒有集中市場交易制度前，各地區皆維持局部的店頭市場交易。

圖 5-1-1　《徵信新聞》〈各地證券〉報導剪報

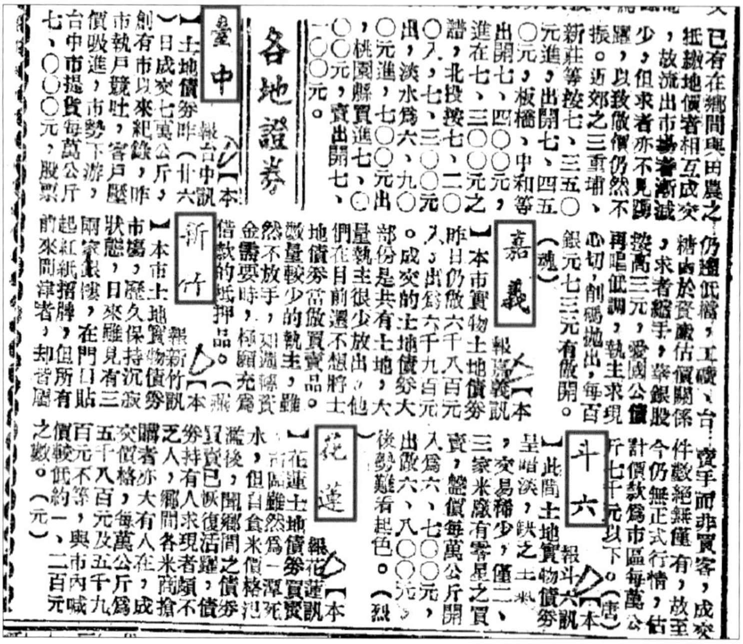

各地證券

臺中

新竹

嘉義

花蓮

斗六

資料來源：〈各地證券〉，《徵信新聞》，1953 年 10 月 28 日，第 2 版。

媒體開始重視並開始每日報導，這本身就極具意義。除上述《徵信新聞》外，包含當時《聯合報》、《臺灣民聲日報》、《商工日報》〔註 15〕等媒體也紛紛跟進。這也將原本僅存於私下交易或地下交易的臺灣股票市場，再次推向公眾面前，與此同時，這也促使政府開始面對臺灣股票市場的現狀並開始著

〔註 15〕《商工日報》於 1953 年由前臺灣省議員林福地（1921～）所創辦。創辦人林福地，日本大學法學部肄業，曾任臺灣省議會議員（第三、第四屆）、嘉義縣議會議員、嘉義汽車客運公司董事長等職。

手予以管理。

　　綜上，顯示臺灣股票流通市場在此一時期，基本仍維持店頭市場形式的運作，只是市面上籌碼流通量有限，交投清淡，屬於蕭條的景色，同時也有恢復活絡的跡象。以往從事證券業的商號同樣也是存在，且分布全臺。買賣客戶部分，與日治時期類似，仍是少數有資力者的商業活動，且以民營企業股東與公營事業民股股東及其關係者所構成的客戶主體。標的部分以公營事業公司為主，以第一銀行、彰化銀行、華南銀行等三家商業銀行股票最受青睞，另臺糖、臺電、臺肥、水泥、工礦等也是較熱門的標的。

二、公營事業轉民營時期的股票流通市場（1954～1962）

　　1954 年 3 月 1 日公營事業補償地價之股票開始發放後，一方面為股票流通市場注入活水，提供了大量籌碼，促使臺灣股票市場進入復甦與再擴張的發展循環階段。另一方面也讓對於股票的認知，藉由受補償地主及其家族、關係人等媒介擴散出去。

　　與此同時，隨著市場的逐步擴張，民間對於市場的熱議不斷，各項對市場發展的建議紛紛向政府提出，而政府也為了保障民間投資與市場管理運行，推出諸多政策措施，這些政策措施，有的沿用至今，也有的無法發揮功能，更有引起爭議遭受反彈。以下將對此時期股票市場的景況、政府措施、演變等展開討論。

（一）市場景況

　　公營事業公司股票開始發放後，因有不少地主認為所受補償股票的價值低落，急於賣出變現，甚至地主只要遇到有人收購這些股票，便任其開價。〔註16〕其結果使得臺灣股票市場籌碼充斥，也刺激交易的活絡。

　　比較大型的證券商號業務量大增，接聽電話的員工忙碌到無暇休息，時常左邊的電話聽筒尚未放下，就必須馬上接起右邊電話的聽筒，無論是報行情、探盤、買賣、成交等，數十萬元的生意，都是電話裡一句話敲定。多數證券商號都會用一位小姐負責記錄股票的漲落情形，並將結果寫在展示用的黑板上讓參與買賣的客戶觀看。

　　證券商號裡也會為客戶設置座椅，供客戶休息使用，幾乎每日從早上開

〔註16〕彭光治，《股戲：走過半世紀的臺灣證券市場》（臺北：早安財經文化有限公司，2003 年），頁 21。

市就座無虛席，晚到的客戶只好站在一旁排隊等候其他客戶離開時補位。在
證券商號中進出的客戶，三教九流皆有，無所不包，有商人、公務員、小店
員，也有良家婦女、有錢人的外室、交際花等，更有專門負責替他人詢價
探盤的聯絡員，將所得知的行情市況通報給不便出入證券商號的幕後人士。
這些客戶裡，有的整日從開市到收市都待在證券商號裡，無時不在找尋機會
買賣；也有採打游擊的方式，不時前來觀看行情，同時找尋機會出手買賣。
〔註17〕當時市場熱絡的景況可見一斑。

此時期新聞媒體對於股票市場的關注，除已形成逐日市場報導、行情分
析外，也開始有如日治時期新聞媒體般，開始編制證券行情表（圖 5-1-2 與
圖 5-1-3）。這提供許多無法時常到證券商號觀看交易行情者便捷的資訊來
源，也便於透過電話直接下單交易，這對提升股票市場規模的發展有相當大
的助益。

圖 5-1-2　1954 年新聞媒體所編臺北及嘉義證券行情表

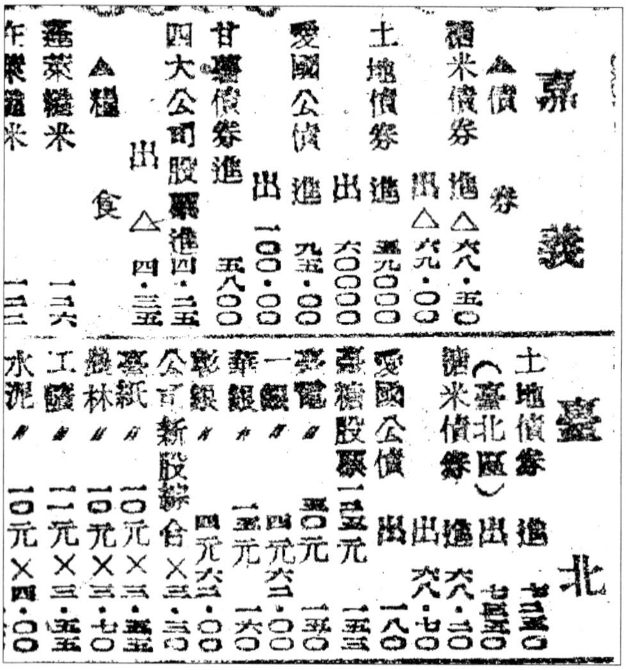

資料來源：《商工日報》，1954 年 10 月 21 日，第 2 版。

〔註17〕　〈冒險家的樂園　投機者的天國〉，《徵信新聞》，1955 年 12 月 19 日，第 2
版。

圖5-1-3　1956年新聞媒體所編臺中市證券行情表

股券別	進	出	與前日較 跌漲
四大公司 合股（扣二 半股息）	9•50	9•80	平
水 泥 股	14•50	14•80	△0•20
紙 業 股	7•30	7•50	平
農 林 股	6•50	7•00	平
工 礦 股	6•80	7•30	平
愛國公債	135•0	140•00	平
錦 碼 債 券	8600•0	8400•0	平
無 票 券	750•00	800•00	平

中市證券行情

跌勢過厲 泥股微揚

【本報訊】中市昨（廿八）日證券行情如次：公司股票已下挫爲最低邊緣，其餘項目均止，水泥股幅過大撐價微挺，其餘項目均止。

資料來源：《臺灣民聲日報》，1956年3月29日，第5版。

　　由於政府禁止期貨交易，買賣股票皆須以現款交易。[註18]證券商招攬生意的方式，與過往相似，主要還是在報章媒體上刊登廣告（圖5-1-4），以及以人力四處遊走招攬。另也有不少證券掮客認爲利用地主急於求現任意開價的股票有利可圖，便常從都市地區跑單幫前往中南部城鄉低價收購這些股票，再加成賣給北部一些門上貼有「本號收買債券股票」字樣的銀樓等兼營商行。[註19]

圖5-1-4　1956年招攬股票買賣廣告

資料來源：《微信新聞》，1956年4月19日，第3版。

[註18]　〈本報報導證券行情　均以現股買賣爲準〉，《微信新聞》，1957年3月8日，第5版。

[註19]　彭光治，《股戲：走過半世紀的臺灣證券市場》（臺北：早安財經文化有限公司，2003年），頁21。

　　此時期最能反映市場景況的便是四家公營事業公司（當時人統稱四大公司）股票的股價變化。四家公營事業公司股票自 1954 年 3 月 1 日起開始發放，股票市場即出現股票交易買賣情形。除新聞媒體外，政府單位也針對性的編制證券市場統計報表記錄股價變化。根據這些記錄，四家公營事業公司自 1954 年股票發放起至 1961 年臺灣證券交易所成立前的歷年股價表現情形如表 5-1-1 及圖 5-1-5。

表 5-1-1　1954 年至 1961 年四家公營事業公司股價表現　　　單位：元

時　　　間	水　泥	紙　業	工　礦	農　林
1954 年 06 月	2.77	2.61	2.75	2.65
1954 年 12 月	5.20	3.77	6.22	6.98
1955 年 06 月	10.90	7.00	10.20	10.80
1955 年 12 月	18.37	11.48	10.40	10.40
1956 年 06 月	11.10	6.31	6.00	5.40
1956 年 12 月	9.15	5.30	4.30	3.30
1957 年 06 月	8.37	5.16	4.30	2.90
1957 年 12 月	7.10	4.72	3.40	2.25
1958 年 06 月	6.70	3.82	3.80	2.65
1958 年 12 月	16.85	7.40	8.30	6.30
1959 年 06 月	15.09	5.25	5.20	4.50
1959 年 12 月	19.18	5.16	6.30	2.80
1960 年 06 月	15.46	5.08	5.20	2.50
1960 年 12 月	16.50	4.45	4.80	2.40
1961 年 06 月	14.18	3.91	3.80	2.30
1961 年 12 月	14.79	4.10	3.60	2.90
最大值	19.18	11.48	10.40	10.80
最小值	2.77	2.61	2.75	2.25
平均值	11.87	5.53	5.65	4.67

資料來源：依據《聯合報》（1954 年）報導及臺北市政府主計室編各年度〈證券行情〉（1955 年至 1961 年），《臺北市統計要覽》製作。

圖 5-1-5　1954 年至 1961 年四大公營事業公司股價表現比較圖

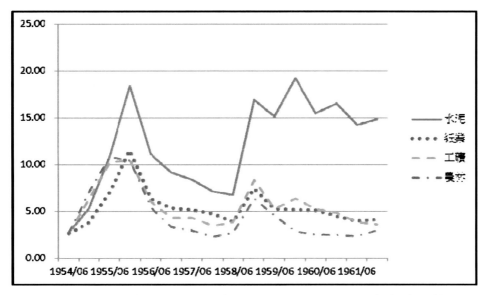

資料來源：依據《聯合報》（1954 年）報導及臺北市政府主計室編各年度〈證券行情〉（1955
年至 1961 年），《臺北市統計要覽》製作。

　　從表 5-1-1 可知，1954 年四大公營事業公司股票出現在市面上交易至
1961 年底為止，除水泥公司的平均價值每股 11.87 元是大於發行面額每股 10
元，其餘 3 家公營事業公司均價為 4.67 元至 5.65 元間，都低於發行面額。

　　這揭示以公營事業股票補償地價，在此約八年的時間內對地主而言，實
際價值是損失的。若依據配發股票的比例計算（各公司佔比：水泥公司
37.21%、紙業公司 33.12%、農林公司 12.76%、工礦公司 16.91%），除水泥公
司平均維持面額以上外、其餘三家公營事業公司，股價皆折價 50%左右，故
所配發之股票每 100 股，其股價總值折價約 32%。這也證明受補償地主會有
拋售股票的動機，尤其原本就不瞭解股票性質的人，更容易有寧可認賠殺出
也要確保現金的思維。

　　圖 5-1-5 清楚揭示，四家公營事業公司股價同時表現最好的時機僅有
1955 年，股價基本都可維持在面額之上，此外就只剩水泥公司的股價表現較
佳。故除非持有股票的地主在 1955 年時就將股票完全出脫，或是出脫紙業、
工礦、農林等三家公司股票，轉而買入水泥公司股票，才可避免因耕者有其
田政策所產生的損失甚至獲利。

　　除水泥公司外，其餘三家公營事業股票價格回到面額以上的時間為：紙

業公司要到 1964 年每股均價 24.29 元，維持三年的時間後跌破面額，其後於 1970 年又回到面額之上，但此僅一年而已，1973 年後才保持穩定於面額之上；工礦公司除 1964 年均價 13.42 元回到面額之上外，維持二年時間後跌破面額，1973 年後才保持穩定維持在面額之上；農林公司狀況與工礦公司類似，同樣在 1964 年出現均價 11.6 元，但維持二年的時間又跌破面額，其後要到 1973 年後才保持穩定於面額之上。

從 1954 年發放公營事業股票至 1973 年止，若不考慮歷年公司盈餘紅利配發，僅以股票價格論，被徵收土地的地主除非在期間內可以將股票賣至面額以上，否則必須持股十九年以上才能避免損失。

再從四家公營公司股價市況來分析，就趨勢而言，四家公營公司股價趨勢是一致，1954 年起至 1955 年是處於漲昇階段，1956 年轉為跌勢直至 1958 年 6 月為止，之後反轉向上的漲勢至 1958 年 12 月。其後水泥公司股價與其他 3 家公營公司股價出現不同走勢，水泥公司股價走勢整體趨勢雖有部分回落，但仍是維持盤堅格局；其餘三家公營公司股價走勢則處於盤弱格局直至 1961 年 6 月。

四家公營公司股價表現也是從側面瞭解當時臺灣股票市場的途徑，依據走勢強弱可反映出市場買賣情緒的變化，市場漲時放量追漲，跌時量縮惜售，這些都是股票市場的慣有特性，同時也藉此反映此時期市場的景況變化。

（二）股票市場流通標的

由於公營事業股票的發放，使得臺灣股票市場進一步獲得擴張，除四家公營公司股票流通量大增外，其他原本就流通於市面的公民營公司股票同樣也受到市場重視。新聞媒體常態性的報導，是以水泥、紙業、工礦、農林、臺糖、臺電等六家公司股價行情為報導基礎，偶有臺肥、第一銀、華南銀、彰銀等報價。訊息來源因當時臺北市開業的證券商多達三十至四十多家，故由媒體記者走訪今臺北市南京東路與大稻埕等證券商雲集之處採訪所得。〔註20〕

1955 年時，據新聞媒體的調查揭示，臺灣股票市場可見流通之股票約有十餘種（表5-1-2），幾乎清一色都是公營事業公司。〔註21〕

〔註20〕　〈本報報導證券行情　均以現股買賣為準〉，《徵信新聞》，1957 年 3 月 8 日，第 5 版。
〔註21〕　〈目前證券市場上流通股票有十種〉，《徵信新聞》，1955 年 12 月 19 日，第 2 版。

表 5-1-2　1955 年臺灣股票市場流通股票一覽表

公司／類別	資本額（元）	總股數（股）	每股面額（元）	市價（元）
臺灣水泥	2.7 億	2,700 萬	10	18.12
臺灣紙業	3 億	3,000 萬	10	11.93
臺灣工礦	2.5 億	2,500 萬	10	10.20
臺灣農林	1.5 億	1,500 萬	10	10.30
臺灣電力	2.83 億	416 萬（大股）	50	買 256 賣 285
臺灣糖業	6 億	480 萬（大股）	125	買 400 賣 430
華南銀行	300 萬	60 萬	5	買 163 賣 173
第一商銀	256 萬	64 萬	4	買 163 賣 173
彰化銀行	240 萬	60 萬	4	買 163 賣 173
臺灣火柴	–	–	5	
臺灣機械	–	–	10	45
臺灣肥料	–	–	10	5

資料來源：〈目前證券市場上流通股票有十種〉，《徵信新聞》，1955 年 12 月 19 日，第 2 版。

　　1961 年臺灣證券交易所設立前，新聞媒體調查當時市面上流通的股票種類已達二十八種（表 5-1-3），其中以公營公司居多，也有不少民營公司在內。這也反映臺灣股票市場發展是持續且逐步維持擴張的，也為之後臺灣證券交易所的設立提供市場基礎。但若與日治時期臺灣股票市場比較，不論產業類別還是股票標的數，仍是有所不及。這也顯示，一方面此時的臺灣經濟尚未恢復至戰前水準；另一方面則為此時大多數公司都為公營事業公司，政府壟斷大部分的籌碼，並未任其按自由市場運行邏輯讓其充分流通。

　　表 5-1-4 是 1962 年 2 月 9 日臺灣證券交易所開業後最初掛牌上市交易的股票標的，共計有十八家公司股票上市。按當時政府規定，凡在〈證券商管理辦法〉（1961 年 5 月 5 日）公佈實施前，已具有經常買賣記錄及公開行情報導之證券，視同公開發行證券，一律在臺灣證券交易所上市，意即原來店頭市場交易的股票改為須在集中市場交易。〔註 22〕從這個意義上也反映出在臺灣證券交易所開業前臺灣股票市場中流通股票標的的情況。

〔註 22〕臺灣證券交易所，《臺灣證券交易所三十年史》（臺北：臺灣證券交易所，1992 年），頁 38。

表 5-1-3　1961 年臺灣股票市場流通股票一覽表　　　　單位：元

公司名稱	每股面額	公司名稱	每股面額	公司名稱	每股面額	公司名稱	每股面額
臺灣水泥	10	士林紙業	10	臺灣伸鐵	1	區合會公司	10
臺灣紙業	10	臺灣糖業	50	第一商銀	4	新竹玻璃	1,000
臺灣工礦	10	臺灣電力	50	華南銀行	5	新竹客運	60
臺灣農林	10	中華開發	1,000	彰化銀行	4	臺灣煉鐵	50
臺灣肥料	10	台陽礦業	20	華僑銀行	100	臺灣火柴	10
臺灣機械	10	東光鋼鐵	10	大同機械	1	臺灣水產	100
中興紙業	10	臺灣鳳梨	100	味全食品	100	中國化學	100

資料來源：〈臺灣市面流通證券調查〉，《聯合報》，1961 年 12 月 25 日，第 5 版。

表 5-1-4　1962 年臺灣證券交易所掛牌上市股票一覽表　　　　單位：元

公司名稱	每股面額	公司名稱	每股面額	公司名稱	每股面額
臺灣水泥	10	臺灣肥料	10	味全食品	100
臺灣紙業	10	中興紙業	10	國泰人壽	100
臺灣工礦	10	中華開發	1,000	臺灣日光燈	100
臺灣農林	10	亞洲水泥	5	華南銀行	5
臺灣糖業	50	大同機械	1	第一商銀	3
臺灣電力	50	新竹玻璃	1,000	彰化銀行	4

資料來源：臺灣證券交易所抄送，〈證券行情〉（1962～1963），《臺北市統計要覽》（臺北：臺北市政府主計處，1964 年），頁 245～246。

　　再者，能夠在臺灣證券交易所掛牌上市，也表示政府對於當時股票流通情況的認知，這個認知與民間新聞媒體調查的情況又不相同，若僅以 1961 年新聞媒體調查臺灣股票市場流通標的有二十八家公司股票的結果與 1962 年在臺灣證券交易所掛牌上市十八家公司股票相較，兩者差距有十家。

　　這顯示至少在臺灣證券交易所開業當年，實際上並非按政府規定的所有在市面上流通之股票標的一律須在臺灣證券交易所上市交易。究其原因，應為臺灣證券交易所開業時便有制定證券上市審查標準，如公司實收資本額須達新臺幣五百萬元以上、股東人數不少於五十人，公司開業兩年以上，股票

發行額在十萬股以上，且其 20%由未滿五百股之股東持有等標準。〔註 23〕未達標準就無法上市掛牌交易，因此才有政府認知與民間新聞媒體調查結果對於股票流通標的數目上的落差。

　　綜上所述，從 1954 年公營事業股票發放起至 1962 年臺灣證券交易所開業前，臺灣股票市場流通的股票標的約爲十至二十八種，而這是指經常性買賣流通的股票標的，其餘非經常性買賣的股票標的並非沒有交易，實際上仍是持續至今，只是當臺灣證券交易所開業後，證券商不能公然買買而已，私下仲介交易仍是存在，時至今日，仍有不少非法的股票掮客在從事「未上市股票」買賣業務。

（三）證券市場流通規模

　　關於證券市場流通規模，有新聞媒體曾估計 1954 年發放公營事業股票補償地價前的證券市場流通量：〔註 24〕

> 省會（指臺北市）私人間有價證券交易日漸旺盛，雖證券商有關辦法尚未公佈，故未有依法正式成立的證券商行，但最近有價證券的交易實情，已成了不能勿視的事實，據估計，最近每天平均在省會各私人間交易，即經非正式證券商介手的交易，糖米價格保證債券約二十萬元（票面金額），土地實物債券五萬公斤（米），各公營公司及銀行股票三百股左右之譜。以實際金額而言，即每天實際交易約在二十萬元左右，可見省會有價證券交易已成爲相富有力經濟現象。

　　同樣也是新聞媒體在公營事業股票發放一年後的估計，但顯係爲一種誇張的估計。1955 年整個證券市場的規模，僅以水泥、紙業、工礦、農林、臺電、臺糖、彰銀、華南銀、第一銀等公司股票以及糖米債券、愛國公債估計，流通總額達新臺幣二十餘億元；股票市場每日成交量達數百萬股，每日成交金額達新臺幣二千餘萬元以上。〔註 25〕若包含其餘未計算內之公民營企業股票，其成交量與成交金額更是在此之上。但實際情況是否眞是如此？若從 1956 年起開始徵收的證券交易稅數額，稅率千分之一來估算，應較爲接近證券市場流通規模的實際情況（表 5-1-5）。

〔註 23〕臺灣證券交易所，《臺灣證券交易所三十年史》（臺北：臺灣證券交易所，1992年），頁 61。

〔註 24〕〈證券交易日漸旺盛〉，《聯合報》，1954 年 2 月 16 日，第 5 版。

〔註 25〕李剛，〈證券交易所亟待設立〉，《聯合報》，1955 年 5 月 3 日，第 4 版。

表 5-1-5　　1955 年至 1960 年臺灣證券市場流通規模估算　　　單位：元

年　度	證券交易稅額	年成交金額	月成交金額	日成交金額
1955	160,000	160,000,000	13,333,333	512,821
1956	149,000	149,000,000	12,416,667	477,564
1957	94,000	94,000,000	7,833,333	301,282
1958	168,000	168,000,000	14,000,000	538,462
1959	295,000	295,000,000	24,583,333	945,513
1960	53,000	53,000,000	6,625,000	254,808
平均	151,800	153,166,667	13,131,944	505,075

資料來源：財政部，〈各級政府各項賦稅收入〉（1950～1975），《中華民國統計提要》（臺北：
　　　　　行政院主計處，1975 年），頁 553。

　　由於證券交易稅在徵收時涵蓋 1955 年度，截至 1960 年 9 月 13 日停徵
止，共有六個年度的賦稅資料，由於 1960 年 9 月 13 日停徵證券交易稅，故
除 1960 年以八個月計算月成交金額外，其餘以十二個月計算；日成交金額則
以每月二十六日計算。以此估算當時證券市場的規模得出，年平均成交金額
為新臺幣一億五千三百餘萬元；月平均成交金額為新臺幣一千三百餘萬元；
日平均成交金額為新臺幣五十萬餘元。此項數據包含當時股票、土地實物債
券及愛國公債等，且證券交易稅稅額統計中並未區分股票與債券，故僅能以
反映整個臺灣證券市場之規模，而無法估算股票市場之規模。

　　兩者關於市場成交金額差距過大，顯係媒體誇張的意味較深，亦或者對
於證券相關知識缺乏，誤將票據交換金額視為證券成交金額之一種。1955 年
時證券流通規模達二十億元，應徵收證券交易稅額為二百萬元，按政府實際
徵收的稅額為十六萬元，兩者相差 12.5 倍。

　　另據時任經濟部部長尹仲容〔註 26〕（1903～1963）於 1955 年 7 月 22 日
記者招待會答覆記者提問時曾表示：〔註 27〕

〔註 26〕尹仲容（1903～1963），湖南邵陽人，臺灣 1950 年代重要財經官員。交通大
　　　　學電機工程系畢業，曾任臺灣區生產事業管理委員會副主任委員、中央信託
　　　　局局長、經濟部長、美援運用委員會副主任委員、行政院經濟安定委員會秘
　　　　書長、行政院外匯貿易審議委員會主任委員、臺灣銀行董事長等要職。
〔註 27〕〈棉紗產銷入正軌後　恢復自由買賣〉，《聯合報》，1955 年 7 月 23 日，第 3
　　　　版。

關於證券市場問題，因目前本省證券僅十二、三種，種類不多，數
額不大，目前辦法係先將證券商予以管理。是否設立證交所，利災
參半，正在研究中。

顯示政府方面認為證券交易數額不大，若與證券交易稅收情況對比，
證券數額確實不大。故何以前述該篇報導的論據之大，現已不可考，但縱
有賦稅徵收牽涉稅務申報不實、未申報等逃稅行為，以當時政府行政權力
幾乎無限制的時空環境下，稅賦徵收的能力與技術不應產生如此落差的情
況，且當時並無證券集中市場，臺灣各縣市都有店頭式的證券市場，要取
得全臺灣各地的證券交易訊息恐屬不易，故本研究仍以政府賦稅統計資料
為準。

（四）市場重要演變與變革

相較於此前臺灣股票市場的發展，此時期臺灣股票市場有幾項演變與變
革對其後股票市場的發展影響重大，有些甚至沿用至今，分別臚列如下：

1、證券市場與證券商管理法源建立

政府為配合耕者有其田徵收補償地價股票發放流通及其所衍生之證券市
場與證券商管理所需，於 1954 年 1 月 29 日公布實施〈臺灣省證券商管理辦
法〉，用以取代不合時宜的〈交易所法〉（1929 年制定，1935 年修訂）及其施
行細則。該辦法規定主管機關為臺灣省政府財政廳，並對證券商資格、業務
經營、佣金、營業處所等有相應規範。

行政院於 1955 年 7 月 21 日通過該辦法之修訂，增訂證券商須重新辦理
登記以及已在交易流通之證券須補申請上市登記、買賣時須登記客戶姓名等
內容。〔註28〕

1961 年 5 月 5 日由立法院制定〈證券商管理辦法〉，並於 1961 年 6 月 21
日公布實施，該辦法為中央法令，主管機關為經濟部證券管理委員會，同時
廢止法律位階較低的〈臺灣省證券商管理辦法〉，至此由臺灣省政府對於臺灣
本地證券市場與證券商的管理權限轉為由中央辦理。

2、政府首次振興股市措施

1954 年 3 月 1 日起發放公營事業補償地價之股票，隨即市面上就出現流
通，而所發放公營事業股票之面額分別為 1,000 股、100 股、50 股、10 股、5

〔註28〕〈即限期辦券商登記〉，《聯合報》，1955 年 7 月 24 日，第 4 版。

股、1 股等六種，在市面上流通最多的是股票面額 1 股的股票。〔註29〕股票剛發放時，因四家公營事業公司股價皆低於票面價值，僅餘 30% 至 40%，地主尚有惜售等待價格回升的氣氛，但到了 3 月底，除水泥公司市面流通較少難以成交外，其餘三家公營事業公司股票都出現拋售情形。

據當時媒體指稱拋售來源是來自於桃園地區最多，因桃園地區的地主持有新發放股票數額佔全省七分之一。〔註30〕臺北市有證券商號僅三家公營事業公司股票（紙業、農林、工礦）曾一日就成交二萬至三萬股。〔註31〕

1954 年 7 月時，在臺灣省臨時省議會議員對於公營事業公司股票不能維持票面價值對政府多有質詢，以及民間輿論也多有呼籲政府必須重視公營事業股票低於面值不但損及地主權益，也有傷政府威信，建議政府對於此問題應採取積極的政策。〔註32〕使政府注意到四家公營事業公司股票股價表現不佳的現象，故於 1954 年 7 月 29 日由經濟部、財政部、內政部等三個部會擬定辦法，復交經濟安定委員會審議，後經行政院院會通過「公營事業股票市價趨跌補救措施」，其內容要點有：〔註33〕

(一) 便利股票之流通，准持票人以股票依照銀行規定手續向商業銀行押款，但每一商業銀行承辦此項放款之總額，不得超過該銀行各種放款總額百分之十。

(二) 證券商管理辦法之實施細則，應迅予核定公布，以利證券之流通。

(三) 股票轉讓其採取背書方式辦理過戶不換發新股票者，免貼印花稅票。

(四) 持票人應繳股票部分之戶稅，准參照實際市價計算。

(五) 出售各公司四十二年度應發股息，責成各公司董事會擬定報經有關主管機關核定後，將來提報新股東會追認。

〔註29〕〈新股票上市了〉，《聯合報》，1954 年 3 月 8 日，第 5 版。
〔註30〕〈證券反覆不定〉，《聯合報》，1954 年 3 月 22 日，第 5 版。
〔註31〕〈交投熱絡　游資吸股票〉，《聯合報》，1954 年 3 月 25 日，第 5 版。
〔註32〕「李議員卿雲質詢」，〈議事錄〉，《臨時省議會第二屆第一次大會（下）》（第二卷），1954 年 6 月 28 日，臺灣省議會史料總庫藏，典藏號：002-02-01OA-02-6-4-0-00209，頁 1375；〈四大公司股票價值不可再跌〉，《聯合報》，1954 年 7 月 16 日，第 2 版。
〔註33〕〈行政院會通過要案　公營事業股票　准向商銀押款〉，《聯合報》，1954 年 7 月 30 日，第 5 版。

　　政府實行的措施推出後，對四家公營事業公司股價有顯著的提升，8 月 20 日的報導指稱四家公營事業公司股價漲幅約達一倍，〔註 34〕至該年底除紙業公司外，其餘 3 家公營事業公司股價均維持約一倍的漲幅（表 5-2-1）。政府這項措施也開啓首次「振興股市」的先例，同時也爲其後政府視「維持股價或指數」爲其施政表現優劣的判准迷思以及政府干預市場自由運行的濫觴。

3、股票除權除息扣息報價

　　由臺北市證券商聯誼會率先實施，要求所屬證券同業會員於 1955 年 5 月 1 日起，對於四家公營事業公司股票依據其前一年度（1954 年）股息採扣息方式報價，例如水泥公司除息前股價 8.41 元，前一年度股息 4 角，除息後應扣除 4 角，以開價 8.01 元爲扣息價。

　　同業交易時，對於未領息股票，不論買進或賣出，均代收領股息手續費每股 5 分。此前的報價方式完全依據市況喊價買賣，而此項扣息報價方式已有反映評估股票內含價值的趨向，這也顯示關於股票專業知識的普及與擴大正在發酵。而此種扣息報價方式也沿用至今。

4、證券交易制式成交單

　　1955 年 8 月 24 日臺灣省政府財政廳爲加強管理證券交易，制定證券商交易成交單各式三種，分別爲甲種買入成交單、乙種賣出成交單、丙種委託買賣成交單；證券商於每筆交易成功時，應照規定格式，與該成交買賣雙方簽訂編號之成交單，丙種成交單須根據實在委託買賣事實及委託買賣契約文件於成交時簽訂使用，並不得與甲種、乙種成交單混用；成交單須載明買賣雙方姓名、住址、證券種類與數量、成交價格與總額、佣金金額、交割日期與處所、成交日期等。〔註 35〕

5、證券交易實名制

　　1955 年 8 月 23 日臺灣省政府財政廳爲根絕買空賣空的投機現象，要求證券商對於證券購買人須確實詳塡姓名、身份證字號、住址等資料，雖有省議員認爲有損持有證券之地主權益，但政府爲保障證券市場安定，仍然實施這項規定。〔註 36〕實名制對於往後證券市場交易安全與信用交易的形成有極

〔註 34〕　〈股票派一倍　越炒越熱〉，《聯合報》，1954 年 8 月 20 日，第 5 版。
〔註 35〕　〈三種證券成交單　今起開始簽用〉，《聯合報》，1955 年 8 月 24 日，第 4 版。
〔註 36〕　「王議員少華質詢」，〈議事錄〉，《臨時省議會第二屆第三次大會（下）》（第二卷），1955 年 9 月 8 日，臺灣省議會史料總庫藏，典藏號：002-02-03OA-02-6-8-0-00290，頁 2651〜2652。

大的影響。

6、證券交易課稅

1955 年 9 月 14 日臺灣省政府公告（財一字第九二八四五號）證券交易各項稅捐稽徵要點，正式對證券交易課稅。其要點主要有，證券商依交易性質分別按直接買賣證券差額以及代客買賣佣金收入，徵收 3%收益額營業稅；凡售予證券商代售之證券，依賣價超過買價之差額，減除佣金及特別費用 30% 後之餘額，課徵 10%之一時所得稅並帶徵三成防衛捐，例如買賣差額爲 100 元，扣除 30%爲 70 元，70 元課以 10%後爲 7 元，再以 7 元計算防衛捐 30% 爲 2.1 元，兩者相加合計共徵收 9.1 元；成交單須按印花稅法課徵千分之一印花稅，並依成交單種類分別由賣方或證券商繳納；股價計算以《徵信新聞》所載每日晚市收盤價買入價格之平均價爲準。〔註37〕

當時實施課稅的結果，造成證券商於 9 月 14 日起紛紛休業，證券相關交易轉入地下，直至 9 月 26 日在財政部長核定課稅改善方案後恢復營業，〔註38〕但改善方案基本稅率並未改變，改善的部分僅有起徵日與無差價不課稅等小幅的改善。

1955 年 12 月 30 日立法院通過〈證券交易稅條例〉，交易稅率定爲每次成交價格千分之一，該條例由臺灣省政府於 1956 年 1 月 1 日起實施。1960 年時政府爲配合當前經濟政策，加速經濟發展，改善投資環境，於 1960 年 9 月 3 日公佈實施〈獎勵投資條例〉，因該條例第十七條規定停止課徵證券交易稅，故於同年 9 月 13 日起停徵證券交易稅〔註39〕，同年 11 月 30 日廢止〈證券交易稅條例〉。〔註40〕

1965 年 6 月 8 日再度制定〈證券交易稅條例〉，訂定稅率爲千分之一點五，歷經九次修訂，沿用至今，現行稅率（2018 年 4 月 13 日修訂）爲股票爲千分之三；公司債及政府核准之有價證券爲千分之一。證券納入課稅顯示當時臺灣證券市場規模已達到一定程度，其後圍繞證券交易所得稅與交

〔註37〕〈證券交易各項稅捐　省府公告稽徵要點〉，《徵信新聞》，1955 年 9 月 14 日，第 2 版。

〔註38〕〈證券商今復業〉，《聯合報》，1955 年 9 月 26 日，第 4 版。

〔註39〕〈五十會計年度稅收　已達卅六億五〉，《聯合報》，1961 年 4 月 11 日，第 5 版。

〔註40〕〈立院財政委會通過　廢證券交易稅條例〉，《聯合報》，1960 年 12 月 1 日，第 2 版。

易稅的制定與修改至今爭議不斷，但是對於證券交易須課稅的主旨始終未曾改變。

7、禁止證券商自行買賣證券

爲杜絕操縱市場行爲，政府於 1956 年 1 月 1 日起施行的〈證券交易稅條例〉，該條例第二條明訂：「有價證券之買賣應在證券行紀營業處所爲之。證券行紀不得自行買賣證券。」，禁止與限制證券商不得從事自行買賣證券，即證券商自營業務，這使股票市場造成一波大的跌勢。

政府認爲證券商具有操縱價格的能力與動機，又鑑於過往在上海證券市場時常有證券商操縱行情的現象，故而採行限制證券商自行買賣證券的規定。實際上當時也有不少證券商並不是單純只從事受託證券買賣業務，而是擔任莊家角色從事買空賣空與客戶對賭，藉以賺取買賣差價，甚至聯合證券同業以及金主大戶進行拉抬行情或摜壓行情等操縱價格行爲，當時頗爲流行的「哈塔」〔註41〕遊戲便是此種地下經濟活動。〔註42〕這項限制要到行政院 1960 年 5 月 5 日公佈實施〈證券商管理辦法〉設置乙種經紀人（不得受託代客買賣，僅可專營自行買賣）後才解除。

8、電話下單成主要交易方式與刺激「電話」裝機需求

1956 年時由於買賣證券風氣逐漸擴展，大批證券交易是透過電話而決定成交的，故每家證券商最起碼都裝有兩、三部電話，多者甚至裝有五、六部以進行證券生意。

除散戶會在證券商號內觀看行情變化外，證券大戶都是利用電話探詢行情以及買賣下單交易，加上證券商號如雨後春筍般的開業，電話機的供給跟不上需求，一時間甚至出現「電話荒」。〔註43〕

電話機的價格從每部二萬元左右上漲至三萬餘元，直至電話局增設電話才平抑住電話機的漲風，但價格仍要二萬七、八千元的程度，比原本價格還

〔註41〕哈塔遊戲：哈塔 2 字源於日語對於從事米穀投機交易人的稱呼「旗商い」，詞源爲「旗師」（はたし），發音爲 ha-ta-shi。哈塔原指在米穀市場的買空賣空交易，臺灣因受日本影響將其引用爲賭博輸贏的遊戲用語。參見彭光治，《股戲：走過半世紀的臺灣證券市場》（臺北：早安財經文化有限公司，2003 年），頁 22。

〔註42〕彭光治，《股戲：走過半世紀的臺灣證券市場》（臺北：早安財經文化有限公司，2003 年），頁 22～24。

〔註43〕〈三百六十行以外的電話買賣介紹業〉，《聯合報》，1956 年 6 月 14 日，第 4 版。

高。而電話下單的證券買賣方式在網際網路下單未成熟前，一直都是臺灣股票市場交易方式的主流。

9、主力大戶操作行情

1956 年時臺灣股票市場便已經出現主力大戶操縱股票價格的情形，其操縱行情的手法主要是主力大戶結合證券商利用各家證券商對於股價報價間的差額鬧糾紛，以及利用除權息，操縱證券商的貼息報價。據媒體報導，多空貼息多寡，一直都操縱在今臺北市博愛路及武昌街幾家大戶證券商手中，他們做多頭，則把多頭及空頭的貼息盡量壓低，企圖讓客戶捨空頭轉而做多頭，幫其哄抬價格；反之，他們做空頭，即把多頭及空頭的貼息盡量掛高，讓客戶跟進做空頭，幫其摜壓價格。〔註 44〕這種利用客戶無知與訊息不對稱的操縱方式，時至今日，除手法變化多端外，本質也沒改變過。

10、證券交易時間統一

此前臺灣證券交易是任由證券商逕行買賣，交易時間並無限制。政府為便於管理證券市場，於 1955 年 9 月 10，由臺灣省政府財政廳公告統一律定證券交易時間，按原臺北市證券商交易習慣，規定證券交易時間為星期一至星期五，每日上午 9 時至 12 時，下午 2 時至 4 時；星期六上午 9 時至 12 時。除此規定之交易時間外，不得買賣交易。〔註 45〕

其後至 1962 年臺灣證券交易所開業後才改為星期一至星期五，每日上午 9 時 30 分至 11 時 30 分，下午 2 時至 3 時 30 分；星期六上午 9 時 30 分至 11 時 30 分。〔註 46〕政府統一律定交易時間的作用，有助於證券買賣之交割、清算等後檯作業的順利執行，更為促成臺灣證券交易所的設立奠下基礎之一。

11、場內場外交易概念的形成

從日治時期以來，臺灣股票交易管道主要有私人交易與證券商仲介買賣兩種類型。這兩種類型一直延續至戰後，交易概念上並未有所區分。由於政府開始對證券業進行管理，用〈臺灣省證券商管理辦法〉的法律形式區分出合格與不合格證券商，在證券交易概念上也就形成私人間交易、合格證

〔註 44〕〈雜亂無章的股票市場〉，《聯合報》，1956 年 8 月 13 日，第 4 版。

〔註 45〕臺灣省政府，「公告規定證券商交易時間」，〈臺灣省政府財政廳公告〉（中華民國四十四年九月十日　四四財二字第四二一七九號），《臺灣省政府公報》，1955 年秋字第 62 期，頁 630。

〔註 46〕臺灣證券交易所，《臺灣證券交易所三十年史》（臺北：臺灣證券交易所，1992年），頁 92。

券商場內交易、不合格證券商違法交易（如買空賣空、對賭等交易）等三種類型。

而這三種類型又被形塑成：與合法證券商的交易稱為「場內交易」，與私人間交易以及與不合格證券商的違法交易稱為「場外交易」之概念。此後臺灣證券交易所開業後，此概念又演變為「上市」交易與「未上市」交易。時至今日，仍保持這種交易的概念，而私人間的交易與違法交易也始終未消失。

第二節　政府遷臺至公營轉民營時期之股票發行市場

此時期臺灣股票發行市場的部分，可以分為舊股換發新股、增資發行、新設公司招募股份等發行類型。發行股票的目的主要是為了籌資，但此時期最為特殊的股票發行是包含因耕者有其田補償地價發放公營事業股票措施在內的公營事業轉移（售）民營所發行股票之作為，以及公營事業以政府之力藉資產重估使資產升值的股票發行或政府直接「調整」資本等方式發行股票。公營事業轉民營的股票發行由於是由政府主導的大規模發行，且前面章節已有討論，故不在贅述。以下將各類型的股票發行方式臚列如下：

一、舊股換發新股、資產升值、調整資本

政府遷臺初期在臺灣股票發行市場比較受到矚目的股票發行是臺灣電力股份有限公司為民股更換新股。1951 年 12 月 26 日，臺灣電力股份有限公司召開首次股東大會，大會由時任臺電公司董事長朱一成（任期：1950 年 5 月至 1955 年 1 月）主持，與會政府官員有時任經濟部次長張靜愚（1895～1984）、時任臺灣省政府秘書長浦薛鳳（1900～1997），股東四百餘人出席。

董事長致詞時表示：〔註47〕

> 本公司於本年一月（1951 年），因將接收後的全部股份，予以陸續清理就緒，分別換發新股票，依法改組為股份有限公司。新定資本總額為新臺幣 2 億 5 千萬元，分為 5 百萬股，每股金額為新臺幣 50 元。

〔註47〕〈臺灣電力有限公司　昨日召開股東大會〉，《聯合報》，1951 年 12 月 27 日，第 6 版。

股權持有情形爲資源委員會有 2,838,415 股，計 141,920,750 元，佔
資本總額 56.77%；臺灣省政府有 1,699,332 股，計 84,966,600 元，
佔資本總額 33.99%；法團股有 269,308 股，計 22,465,400 元，佔總
資本額 5.38%；民股有 192,945 股，計 9,647,250 元，佔總資本額
3.86%。

臺灣電力公司換發新股後，較有流通需求的是佔臺電股權 3.86%的民股，
民股股東約有一千人。〔註 48〕這些民股來源分爲兩部分，一爲日治時期投資
臺灣電力株式會社的臺籍股東，按政府接收日產相關規定，這些臺籍股東的
是處於權益保留狀態，藉由首次股東大會以新股發還其股份。二爲 1948 年 9
月臺電與臺糖兩家公司曾赴上海證券交易所掛牌上市，當時參與投資的股
東。後因政府在大陸軍事失敗被迫遷臺，上海證券交易所關閉，有部分股東
隨政府來臺。這兩種來源的民股股東都有將被凍結的股份活用或是變現的共
同需求。

由臺灣電力公司此例觀之，臺灣電力公司雖爲公營事業，但股票發行機
制仍是以符合股份制公司的規則在運作，其餘公營事業公司應也是如此運
行，所以戰後政府對臺灣的接收將大部分產業收歸公營，臺灣股票發行市場
上僅存民營事業股票的情況，在公營事業開始依照股份制公司制度開始發行
股票後被打破。

臺灣糖業股份有限公司的狀況大致臺灣電力公司相符，只是臺糖公司召
開首次股東大會的時間較早。此前 1948 年時臺糖公司便因日產接收清理臺糖
資產後，即將改制爲股份有限公司，對於已審查之民股除發還 1946 年度股息
外，同時也換發新股。〔註 49〕此次首開股東大會未見換發新股的訊息，是否
因此之故，不得而知，但 1948 年所換發之新股乃以舊臺幣計價，1949 年 6 月
15 日幣制改爲新臺幣，按理在首開股東大會之際應有換發新股之事，實際情
況仍待新史料出土始可瞭解證明。

1951 年 10 月 1 日，臺灣糖業股份有限公司召開首次股東大會，促成召開
股東大會的原因有二，其一爲政府當局認爲公營公司組織既爲「股份有限公
司」型態，應依法每年召開股東大會。其二爲臺糖民股股東在政府遷臺後一

〔註 48〕　〈臺電股東大會　十二月加開〉，《聯合報》，1951 年 10 月 3 日，第 6 版。
〔註 49〕　〈臺糖省民股權處理問題　業已審查完竣〉，《臺灣民聲日報》，1948 年 10 月
　　　　　1 日，第 3 版。

兩年來，多次直接或經由臺灣省參議會向有關當局陳情請速召開含民股在內的公營公司股東大會。〔註50〕

臺灣糖業股份有限公司首次股東大會，由時任董事長李崇實主持，與會官員有時任經濟部部長鄭道儒、時任臺灣省政府秘書長浦薛鳳、時任資源委員會主任委員朱謙等人，官股民股股東共約二百人參與。〔註51〕召開股東大會時，臺灣糖業股份有限公司資本額為新臺幣六億元，共有四百八十萬股，每股股額新臺幣 125 元。股權分配情形為官股 4,622,969 股，價值計新臺幣 577,871,125 元，佔資本總額 96.31%；民股有 157,727 股，價值計新臺幣 19,715,875 元，佔資本總額 3.28%；法團股 19,304 股，價值計新臺幣 2,413,000 元，佔資本總額 0.41%。〔註52〕

1956 年時臺糖公司依據前一年股東大會決議將臺糖資產升值，故換發新股，每股面額新臺幣 125 元的每 1 舊股換發每股面額新臺幣 50 元的 8 股新股，資本額由原本六億元調整為十九億二十萬元，在換發新股的同時發放 1955 年股息，每 1 新股可分股息 2 元。〔註53〕就此觀之，此前臺糖公司應還有至少一次換發新股（新臺幣計價）的股票發行，因其在首次招開股東大會時明訂每股面額即為新臺幣 125 元。

臺灣銀行在 1954 年時，曾擬議將以資產重新估價方式，將資本額由五百萬元提升至一億元。〔註54〕臺灣省合作金庫於 1957 年時也曾擬議將現行資本五十萬元調整增資至二百萬元。〔註55〕

公營事業不論舊股換新股、資產重估後資產升值還是調整資本，除少部分民股與法團股外，無非是動用公營事業本身所產生的盈餘或是國家收入來填補所需資本，本質上就是國家資本。而國家資本若無透過公營事業轉移民間經營釋出股權，即便發行股票也只是一種形式，能流通在外的有限，對股

〔註50〕〈臺糖預定下月一日　召開全體股東大會〉，《聯合報》，1951 年 9 月 24 日，第 6 版。

〔註51〕〈臺糖昨開股東大會〉，《聯合報》，1951 年 10 月 2 日，第 6 版。

〔註52〕〈臺糖股東大會報到　民股已達半數〉，《聯合報》，1951 年 9 月 30 日，第 6 版。

〔註53〕〈臺糖資產升值　計十九億廿萬〉，《臺灣民聲日報》，1956 年 6 月 7 日，第 5 版。

〔註54〕〈臺灣銀行資本將升值　從五百萬元升至一億〉，《聯合報》，1954 年 9 月 13 日，第 5 版。

〔註55〕〈省合庫理監會通過增資案〉，《聯合報》，1957 年 3 月 19 日，第 3 版。

票市場貢獻無多，國家資本若壟斷股權過甚，又容易形成特權貪腐，實乃有礙股票市場之發展。

二、增資發行

臺灣電力公司於 1951 年首次召開股東大會後，於隔年 1952 年 6 月 26 日再度召開年度股東大會，會中決定增資新臺幣三千三百萬元，資本額由二億五千萬增至二億八千三百萬元，其中官股佔新臺幣三千萬元，民股佔新臺幣三百萬元，以每股面額新臺幣 50 元計，共發行六十六萬股。民股六萬股，股金須於二個月內繳納完畢。〔註56〕

臺灣機械公司於 1953 年股東大會時決議增資新臺幣八百萬元，以每股 10 元發行，共計發行八十萬股。原持有股東得每股認購新股 2 股，其分配情行為：經濟部原有 161,873 股，認購 323,746 股；臺灣省政府原有 54,869 股，認購 109,738 股；臺灣銀行原有 52,255 股，認購 104,510 股；臺灣糖業公司原有 105,369 股，認購 210,738 股；工礦公司原有 1,932 股，認購 3,864 股；華南銀行原有 2,655 股，認購 5,310 股；民股原有 21,047 股，認購 44,209 股。〔註57〕

臺北區合會儲蓄公司於 1956 年 11 月 20 日在華南銀行大稻埕分行召開臨時股東大會決議增資二百萬元。原始資本額為一百萬元，分為十萬股，每股面額 10 元，增資二百萬元後，資本額提高至三百萬元。增資發行股票二十萬股，每股面額 10 元，股東於 1957 年 1 月前先行繳款 50%，即每股先繳款 5 元，所餘股款待必要時，再追加。〔註58〕

其餘尚有臺灣水泥公司於 1957 年 4 月 1 日增資新臺幣三千萬元，以優先股〔註59〕發行三百萬股，股東每持有 9 股可認購新股 1 股。〔註60〕新竹玻璃公司 1958 年增資新臺幣一千五百萬元，股東按比例增資，分三期於二年內繳足股款。味全食品工業股份有限公司於 1958 年 5 月時增資一千六百萬，由原

〔註56〕〈臺電增加資本〉，《聯合報》，1952 年 6 月 27 日，第 3 版。
〔註57〕〈臺灣機械公司股東大會　通過增資八百萬元〉，《聯合報》，1953 年 7 月 26 日，第 5 版。
〔註58〕〈北區合會公司增資二百萬〉，《聯合報》，1956 年 11 月 21 日，第 4 版。
〔註59〕優先股是公司發行股票種類的一種，與普通股的區別在於優先股在公司破產清算時具有比普通股優先的清償順位，股利分配也較普通股優先，但優先股在股東會不享有表決權，而普通股則享有表決權。
〔註60〕〈水泥公司　徵優先股〉，《聯合報》，1957 年 4 月 3 日，第 2 版。

本資本額一千四百萬增至三千萬元，發行新股十六萬股，每股面額 100 元，舊股東按比例認購十四萬股，其餘二萬股，開放一般人士認購，股款分二次繳納，每次各繳納一半。〔註 61〕此時期眾多公司增資發行股票都採對原持有股東按所持股權分配認購的方式進行增資，不一而足。

　　另一種在增資時向公眾募集的方式是比較少見，過往臺灣股票發行市場的發展，大多只有新設公司時會採用公開向社會募集股本的方式，如日治時期華南銀行的創設。增資時向公眾募集的情形較少見，如日治時期臺灣電力株式會社東京支部曾在日本內地向公眾募集發行超過六萬股的增資股。〔註 62〕

　　因有前例可循，1952 年 11 月 21 日臺灣電力公司便直接向社會公眾募集增資股，並在媒體刊登招募增資股公告（圖 5-2-1）。因 1952 年度股東會議決議官股增資三千萬元、民股及法團股增資三百萬元，每股面額新臺幣 50 元，共計六十六萬股，官股部分已全部繳足，民股及法團股之原股東認購三萬一千餘股外，尚餘有二萬八千餘股，經董監聯席會議議決公開招募募足為止。〔註 63〕

　　臺灣電力公司由於是公營事業，公開募集因有政府背書，所以沒有公信力的問題，民營公司也採此種方式募集增資股的較知名者為大同公司，在募集過程順利，這也顯示當時民營企業的公信力同樣備受信賴。

　　大同公司創立於 1939 年，當時名為株式會社大同鐵工所，從事鋼筋、機械零件製造，戰後更名為大同製鋼機械公司，1949 年時跨入家電業與重電機業，並推出全國第一台自有品牌自製電扇，自此「大同」是最能代表臺灣的品牌，也是華人世界國貨的代名詞。〔註 64〕

　　大同公司於 1957 年 3 月時首次向社會募集股份增資五百萬元，發行優先股五百萬股，每股面額 1 元，僅臺北市 1957 年 3 月 13 日為止即募得新臺幣二百六十萬餘元。〔註 65〕至募股截止共募得新臺幣 3,865,500 元，達應募集目

〔註 61〕〈味全公司股東大會通過增資案〉，《聯合報》，1958 年 5 月 11 日，第 4 版。

〔註 62〕〈臺電の增資新株　募集好況〉，《臺灣日日新報》，1935 年 9 月 9 日，第 3 版。

〔註 63〕〈臺灣電力股份有限公司招募增資股公告〉，《臺灣民聲日報》，1952 年 11 月 21 日，第 1 版。

〔註 64〕大同股份有限公司官方網站：http://www.tatung.com.tw/Content/about-history.asp，上網日期：2018 年 8 月 19 日。

〔註 65〕〈大同優先股　北市認股者　逾發行之半〉，《聯合報》，1957 年 3 月 14 日，第 3 版。

標 77.31%，認股最高者二萬元，最低者五百元。〔註 66〕同年 7 月時，大同公司再度增資新臺幣五百萬元，發行無記名股五百萬股，每股面額 1 元，並委託全省各地郵局代辦認股事宜。〔註 67〕

圖 5-2-1　臺灣電力股份有限公司招募增資股公告

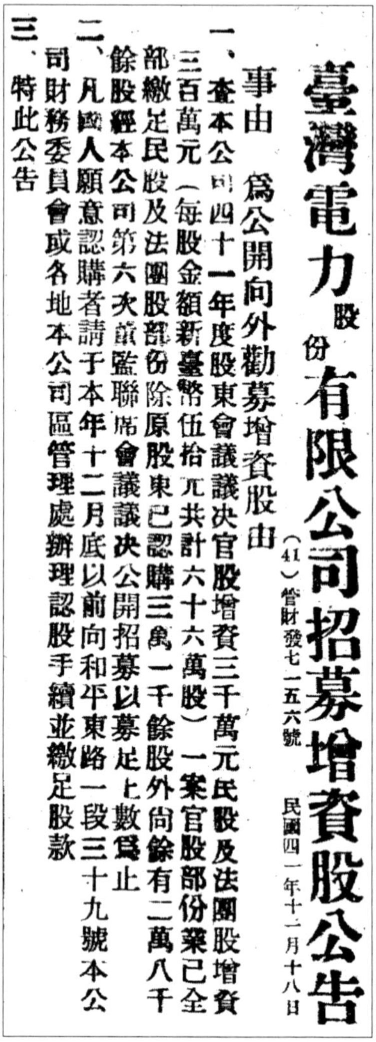

臺灣電力股份有限公司招募增資股公告

（41）管財發七一五六號　民國四一年十一月十八日

事由　爲公開向外勸募增資股由

一、查本公司四十一年度股東會議議決官股增資三千萬元民股及法團股增資三百萬元（每股金額新臺幣伍拾元共計六十六萬股）一案官股部份業已全部繳足民股及法團股部份除原股東已認購三萬一千餘股外尚餘有二萬八千餘股經本公司第六次董監聯席會議議決公開招募以募足上數爲止

二、凡國人願意認購者請于本年十二月底以前向和平東路一段三十九號本公司財務委員會或各地本公司區管理處辦理認股手續並繳足股款

三、特此公告

資料來源：《臺灣民聲日報》，1952 年 11 月 21 日，第 1 版。

〔註 66〕〈大同鐵工廠募股截止〉，《聯合報》，1957 年 3 月 16 日，第 3 版。

〔註 67〕〈大同鋼鐵機械公司　增發股票五百萬元　郵局代辦十三截止〉，《聯合報》，1957 年 7 月 9 日，第 2 版；〈大同徵股　購者踴躍〉，《聯合報》，1957 年 7 月 17 日，第 2 版。

其他民營公司也有採行公開應募增資股的發行方式，如前述味全食品公司，增資時分出二萬股供社會一般人士認購。還有民營公司爲順利募集增資股而提供優惠的方式吸引應募者。1959 年時，臺中市有家名爲德豐被服廠也在媒體刊登向公眾增資三百萬元的啓事，其中提出優先應募者年抽配利貳成半外，其餘利益另可再平均分配，意即優先應募者先抽獲利的 25%，然後再按持股比例享有剩餘獲利的股息。〔註68〕

以當時臺灣股票市場的狀況，社會一般人士想要參與投資所屬意的公司，只有向持有股東私下交易，不然就是只能透過當時的股票市場委託證券商買入。此種向社會公眾增資發行股票的方式，提供了一條直接參與投資所屬意公司的途徑，對於臺灣股票市場的發展是有正面意義。

三、新設公司招募股份

按股份制度由西方引進後，成立股份制公司時，若是創立發起人資本充足，創辦公司以發起人自籌或向其相關人私募即可獲得所需資本。但若發起人資本不足或有意僅出資掌控經營權所需股權，就會採對外公開募集的方式籌集資本。隨著現代工業化發展對資金的需求越來越大，公開對外籌資逐漸演變成主流方式與習慣。

以臺灣的發展來說，這種籌資習慣在日治時期就已形成慣例。通常發起人出資到可控制經營權的範圍後，就會開始向公眾籌資，完全由發起人自籌或向關係人私募的情況越來越少見。

政府遷臺後臺灣新創公司的創立背景有政府或其相關單位主導投資以及一般民間投資等二種類型，以下臚列政府遷臺後新創立公司對外公開籌資情形以及類型之案例如下：

（一）政府或其相關單位主導投資

1951 年 11 月時，臺灣區機器紡織公會會員爲承購中紡公司〔註69〕臺灣紡紗廠改爲民營紡紗廠，而發起「臺灣紡織工業股份有限公司」籌組委員會。1951 年 11 月 5 日舉行首次會議決定由該公會會員中自由募股新臺幣三千萬

〔註68〕　〈增資募股金額參百萬元啓事〉，《臺灣民聲日報》，1959 年 7 月 29 日，第 1 版。
〔註69〕　即爲中國紡紗建設公司，由政府於 1945 年 12 月 4 日在上海成立。其資產爲政府接收日僑資產而來，在青島、天津、瀋陽設有分公司，共有包括棉、毛、麻、絹絲紡織、印染、針織等 58 個廠。

元，資本總額三千萬元，分為三萬股，每股面額 1,000 元，認股者需於五個月內繳清股款，每月繳一次。應募情形順利，僅 1951 年 11 月 5 日及 6 日兩日在臺北認購者達一千萬餘元；為使該公司儘早成立，該籌備委員會主任暨公會總幹事蔡金鐸亦曾前往中南部各地勸募股款。〔註70〕

1953 年臺灣區生產管理委員會鑑於臺灣每年需用平版玻璃八萬箱，消耗總值新臺幣一千二百多萬元外匯，乃決心在臺灣建設平版玻璃廠，以求自給自足，故指示中央信託局、資源委員會、臺灣工礦公司、耀華玻璃公司，組織成立新竹玻璃製造股份有限公司。籌募資本為新臺幣一千萬元，發行一萬股，每股 1,000 元。由發起人沈鶴年、徐有痒〔註71〕（1911～2000）等派員分頭進行募股。〔註72〕

1955 年從事製冰廠經營的澎湖漁業股份有限公司籌備成立，資本額定為新臺幣七十萬元，發行股票七千股，每股面額 100 元；由澎湖縣漁會認購三千股，共計三十萬元外，其餘股份向私人募集，私人募集每人不得認購超過五百股，認股者可分二次繳納股款，每次繳納二分之一。〔註73〕

1958 年 11 月，行政院通過〈開發公司策進委員會組設辦法〉。1959 年 2 月成立「中華開發信託股份有限公司」籌設委員會並於同年 5 月 1 日成立開業。中華開發公司資本總額定為新臺幣八千萬元，分為八萬股，每股 1,000 元。政府投資三千萬元，民間發起人認購五千萬元。股款繳納方式為 1959 年 4 月 30 日截止先繳一半，其餘股款在 1959 年 8 月底以前繳足，截至 1959 年 4 月 30 日的認股情況，全部參與投資的股東有一百二十一戶，其中政府官股有八戶，認股金額為新臺幣二千三百四十七萬元，民間股東有一百一十三戶，認股金額為新臺幣五千六百五十三萬元，民股股權較官股股權為多。公司成立時之股東會議中推選林伯壽〔註74〕（1895～1986）擔任董事長，霍寶

〔註70〕 〈出售中紡台廠漸臻具體化〉，《聯合報》，1951 年 11 月 7 日，第 6 版；〈紡織界決定承購中紡公司臺灣廠〉，《徵信新聞》，1951 年 11 月 7 日，第 4 版。

〔註71〕 徐有痒（1911～2000），江蘇海門人，臺灣遠東集團創辦人。遠東集團現任總裁徐旭東為其二房長子。

〔註72〕 〈籌建新竹玻璃廠　下月募股千萬〉，《聯合報》，1953 年 4 月 3 日，第 5 版。

〔註73〕 〈澎湖縣籌建　大型製冰廠〉，《聯合報》，1955 年 1 月 8 日，第 5 版。

〔註74〕 林伯壽（1895～1986），其父為林維源（1840～1905），板橋林家重要成員。曾任臺灣商工銀行董事、林本源維記興業株式會社董事、臺灣銀行監察人、第一商業銀行董事、國賓大飯店董事、臺灣電力公司董事、臺灣水泥公司首任董事長、臺灣電視公司首任董事長、中國國際商業銀行董事長等職務。

樹〔註 75〕（1895～1963）擔任總經理，張心洽〔註 76〕（1920～1972）爲副總經理，俞國華〔註 77〕（1914～2000）擔任常務董事。〔註 78〕

（二）一般民間投資

1952 年 7 月間，新中國打撈公司公開募集股份，發行股票一萬五千股，每股面額 100 元，資本額新臺幣一百五十萬元。應募過程踴躍，全數股份皆認購結束。該公司主要從事打撈事業，爲當時我國唯一大規模打撈業務者，並受交通部委託設立打撈訓練班（設立於高雄），以訓練打撈人才以備反攻大陸後之需要。〔註 79〕

同年 8 月間，新成立的臺灣自行車股份有限公司，從事利用國內所製零件以及由日本進口國內未能製造的零件，將其裝配爲整台腳踏車後銷售。其成立時定股本爲二百萬元，由林挺生〔註 80〕（1919～2006）、束雲章〔註 81〕

〔註 75〕 霍寶樹（1895～1963），生於上海，曾任廣東建設廳主任秘書、國民政府建設委員會設計處長、中國銀行代理副總經理兼總稽核、臺灣銀行董事、美援會駐美技術代表團團長等職。

〔註 76〕 張心洽（1920～1972），廣西桂林人，其父張其鍠曾任北洋政府廣西省長。臺灣 1960 年代財金界重要人物，美國哈佛大學企管碩士，曾任中國銀行會計處處長、臺灣銀行國外部經理、中華開發信託公司副總經理及總經理、中國國際商業銀行監察人、中國信託公司監察人、中央投資公司董事長等職。

〔註 77〕 俞國華（1914～2000），浙江奉化人，美國哈佛大學碩士，政府遷臺後重要財經官員。曾任國際貨幣基金會副執行董事、中央信託局局長、中華開發信託公司常務董事、中央銀行總裁、行政院經濟建設委員會主任委員、行政院長等要職。

〔註 78〕 〈開發信託公司成立　林柏壽當選董事長〉，《聯合報》，1959 年 5 月 2 日，第 5 版。

〔註 79〕 〈打撈公司募股　認股踴躍〉，《徵信新聞》，1952 年 7 月 17 日，第 1 版；〈打撈公司募股完成〉，《徵信新聞》，1952 年 8 月 20 日，第 4 版。

〔註 80〕 林挺生（1919～2006），大同公司董事長（任期：1942～2006）。

〔註 81〕 束雲章（1887～1973），江蘇丹陽人，1912 年畢業於京師大學堂，初任教職；1915 年考入中國銀行任辦事員；1929 年任天津中國銀行副經理；1945 年行政院特聘爲經濟部紡織事業管理委員會主任委員，及中國紡織建設公司總經理；1946 年開始接收全國敵僞紡織工廠及機構，並加以經營；1949 年來臺灣，籌設雍興公司臺灣紡織廠，並由經濟部聘爲中紡公司董事長，籌設中紡臺灣紡織廠。政府遷臺後，百業待興，復創辦益民織布廠、新華梭管廠等，爲臺灣紡織業建立基礎，創設嘉禾麵粉、嘉新水泥諸廠，以爲發展工業之倡導。並發起組織中國工商協進會，籌設國貨館，更以全國工業總會理事長地位，領導群倫，先後發起舉辦國貨展覽會、經建成果展覽會，使業者得有觀摩比較、檢討改進之機會。參見〈束雲章先生生平傳略〉，中央研究院歷史語言研究所傅斯年圖書館網站 http://lib.ihp.sinica.edu.tw/03-rare/MWSP/08/a.htm，上網日期：2018 年 8 月 19 日。

（1887～1973）等發起人分別認股一百萬元外，其餘一百萬元，採公開募集方式招募股本，招募股份期間，由於社會各界人士對是項工業興趣甚濃投資極爲踴躍，所餘一百萬元股份全部認購完畢。〔註82〕

　　1954 年，福懋塑膠股份有限公司設立，創辦人爲永豐公司董事長何義，資本額新臺幣一千二百萬元，籌資也是採公開招募股份的方式，實際募得資本新臺幣一千萬元，股票發行數與每股面額不詳；該公司宣稱資本額一千萬元皆爲純民股，無一官股，但有美援貸款七十九萬八千美元，是作爲購買機器及安裝費用，該筆美援貸款須於六年內償還。〔註83〕

　　1956 年 1 月，預計設立於臺中市的永勝工業股份有限公司，於 1956 年 1 月 7 日在媒體刊登公司籌備設立招募股份的公告，該公司業務爲經營製鋼鍊銑各種五金器材之製造修理加工，資本總額定爲新臺幣一百二十二萬五千元，發行股票二千四百五十股，每股面額新臺幣 500 元，股款須一次繳足，募款期限爲 1956 年 1 月 4 日起至 1956 年 1 月 17 日止，期限內募足即停止招募。〔註84〕

　　1956 年，中國水泥公司籌立募股，發行股票五十萬股，每股面額 100 元，資本額爲新臺幣五千萬元；該公司另計畫向海外僑胞募集股本美金五十萬元，以備外匯進口所需機械設備；募股時提出的生產計畫爲年產十五萬公噸，年銷貨收入可達八千四百七十萬元，年盈餘預計二千二百餘萬元。〔註85〕這種爲募集股本而提出的生產計畫，主要目的是以前景可期爲誘因來使募集順利，也是當時不少公司在創立時會使用的招股方式之一。

　　綜上，新創公司的籌資順利與否，首重公信力，其次是發展前景，再次則是純利益誘因。有政府相關單位的投資，公信力就有保障，很容易就吸引到資金。再者，若有社會聞人發起成立公司，也會比較容易募集到資金。純利益誘使一般民眾投入資金，除非風險衡量的清楚，不然募集資金的難度就很高。從上述案例中可以發現，大資本的新創公司，基本都有政府相關單位

〔註82〕〈輔助自行車業　製三千六百輛〉，《聯合報》，1952 年 10 月 7 日，第 5 版。
〔註83〕熊國清，〈論民營工業的公開招股〉，《徵信新聞》，1954 年 5 月 2 日，第 1 版；〈建立塑膠及輪胎工業　已擬定設廠計畫〉，《聯合報》，1954 年 5 月 12 日，第 5 版；〈福懋塑膠公司來函〉，《聯合報》，1954 年 5 月 29 日，第 5 版。
〔註84〕〈永勝工業股份有限公司招募股份公告〉，《臺灣民聲日報》，1956 年 1 月 7 日，第 2 版。
〔註85〕〈中國水泥公司　募股月底止〉，《聯合報》，1956 年 9 月 2 日，第 4 版。

的參與，一般民間投資難以比較。

時至今日，這種只要有政府參與投資就有保障的思維依然根深蒂固，民間公開招募資本用以開創公司依然相當困難，反而都採親友間借貸以及抵押房產土地與銀行借貸來當作創業資金，才是現今民間創辦公司的多數情況。

四、股票發行市場規模

就理論而言，有多少股份有限公司就有多少股票發行，有多少資本就有多少股票發行規模，但是股票發行並不會都流通於市面，甚至不一定會印製股票。實際上，若參照前述臺灣股票市場流通情況可知，真正在市面上流通的股票僅十幾二十種左右，所以大部分股份有限公司所發行的股票，只有私人轉讓一途，至於委託證券商買賣，恐流於有行無市的狀況。

但這不妨礙理解當時臺灣股票發行的規模，隨著現代化與工業化的推展，股票發行量越大，對於推動集中交易制度及具管理效能的證券市場，是有足夠動力的，若股票發行市場不振，那麼臺灣建立證券交易所的時程，恐將推遲數年，甚至數十年。對臺灣證券市場的影響，乃至於整體經濟發展都將出現不利的影響。

若從經濟發展的角度而言，對於股票發行狀況的理解也是可以用以佐證經濟發展興衰的溫度計，經濟好時，新創公司必定增加，反之，當經濟衰退時，退出市場的公司必定也多，這一增一減，剛好呼應經濟發展的起落，所以觀察股票發行市場，對於經濟發展的掌握是有相當參考性的。

1950 年政府遷臺至 1962 年臺灣證券交易所開業前，臺灣股票發行市場的規模，可由股份有限公司增減家數、資本總額變化與國民生產毛額（Gross Domestic Product，GDP）之比較得出。

從表 5-2-1 可知，1950 年至 1961 年間臺灣本地股份有限公司數平均增長 317 家，平均增長比例為 19.34%，此與 1951 年至 1961 年臺灣本地國民生產毛額平均增長率 19.31%相較略高 0.03%。若扣除 1960 年與 1961 年公司數大幅增加後，平均增長 224 家，增長比例為 18.07%，與 1951 年至 1961 年臺灣本地國民生產毛額平均增長率 19.31%相較略低 1.24%。歷年股份有限公司數量均維持增加，這顯示此時期臺灣本地經濟發展是處於擴張階段。

表 5-2-1　1950 至 1961 年臺灣本地股份有限公司增減數及資本總額變化

年度	國民生產毛額GDP（百萬元）	GDP增減（百萬元）	增減%	公司數	增減數	增減%	資本額（元）	增減金額（元）	增減%	資本總額佔GDP比例
1950	－	－	－	593	－	－	989,154,000	－	－	－
1951	12,328	－	－	787	194	32.72%	1,114,236,000	125,082,000	12.65%	9.04%
1952	17,251	4,923	39.93%	912	125	15.88%	1,362,253,000	248,017,000	22.26%	7.90%
1953	22,955	5,704	33.06%	983	71	7.79%	2,560,580,000	1,198,327,000	87.97%	11.15%
1954	25,204	2,249	9.80%	1,187	204	20.75%	2,827,627,000	267,047,000	10.43%	11.22%
1955	29,981	4,777	18.95%	1,406	219	18.45%	6,012,189,000	3,184,562,000	112.62%	20.05%
1956	34,410	4,429	14.77%	1,689	283	20.13%	5,894,160,000	−118,029,000	−1.96%	17.13%
1957	40,173	5,763	16.75%	1,989	300	17.76%	6,799,895,000	905,735,000	15.37%	16.93%
1958	44,966	4,793	11.93%	2,254	265	13.32%	7,233,322,000	433,427,000	6.37%	16.09%
1959	51,883	6,917	15.38%	2,610	356	15.79%	8,354,237,000	1,120,915,000	15.50%	16.10%
1960	62,507	10,624	20.48%	3,240	630	24.14%	10,333,221,000	1,978,984,000	23.69%	16.53%
1961	70,043	7,536	12.06%	4,081	841	25.96%	11,596,214,000	1,262,993,000	12.22%	16.56%
平均值	37,427	5,772	19.31%	1,811	317	19.34%	5,423,090,667	964,278,182	28.83%	14.49%

資料來源：行政院主計處，〈國內生產毛額及其處分總帳——按當年價格計算〉（1951～1987），《中華民國統計年鑑》（臺北：行政院主計處，1988 年），頁 366～370；臺灣省政府建設廳，〈公司登記家數〉（1946～1967），《中華民國臺灣省統計提要》（南投：臺灣省政府主計處，1971 年），頁 398～403；臺灣省政府建設廳，〈公司登記資本總額〉（1946～1967），《中華民國臺灣省統計提要》（南投：臺灣省政府主計處，1971 年），頁 404～407。

　　歷年資本總額平均增加新臺幣 9.4 億元，平均增長比例為 28.83%。相較於 1951 年至 1961 年臺灣本地國民生產毛額平均增長率 19.31%高出 9.52%，且歷年資本總額佔國民生產毛額平均 14.49%。這顯示此時期臺灣本地投資意願也是處於擴張階段具有相當程度的積極性。

　　1955 年資本總額增加 112.62%，這是應為 1954 年實施耕者有其田搭發公營事業股票補償地價措施，不止發放股票的四家公營公司，包含其他公營事業也都以資產重估方式提高資本額所致。而 1956 年出現減福−1.96%，乃是工礦公司與農林公司因不堪虧損於 1955 年底實行減資，其中工礦公司資本額由一億八千餘萬元，減資約八千萬元，資本額降為一億元；農林公司資本額一億四千餘萬元，減資約九千萬元，資本額降為五千萬元。〔註 86〕兩者合計約

〔註 86〕　〈工礦農林兩公司　將辦理減資手續〉，《聯合報》，1955 年 12 月 4 日，第 4版。

減資一億七千萬元，而當年度資本總額減少一億一千萬元，乃是新創公司增加 1,689 家資本補足約六千萬元所致。

綜上，從圖 5-2-2 與圖 5-2-3 反映股份有限公司的成立家數與資本總額的增長，這也表示臺灣股票發行市場也是處於擴張階段。再從資本總額佔 GDP 平均 14.49%論，臺灣本地具有相當積極的投資動能，而這些投資將轉化爲包含臺灣股票市場在內的臺灣資本市場持續成長的燃料，也爲此後臺灣推動現代化與工業化以及經濟發展提供更好的基礎。

五、股票公開發行納入管理

1962 年 2 月 9 日臺灣證券交易所開業，按此前 1961 年 6 月 21 日公布實施之〈證券商管理辦法〉規定中將證券（含股票、公司債）發行公司納入該辦法管理。其主要規定如下：

（一）證券發行公司之發起人，依公司法募集設立方式公開招募股份時，須事先申請主管機關審核，未經審核不得招募股份及發行股票。

（二）公司發起人超過五十人時，其發起行爲須經主管機關審核。

（三）公司增資公開發行新股時，應由董事會向臺灣省政府建設廳核轉主管機關審核。

（四）公司連續二年虧損，而其事業性質也無須較長準備期間、無健全增資計畫、無確實改善營利能力、資產不足抵償債務者，不得公開發行新股。

（五）公司公開發行證券者，應即向證券交易所申請上市。

（六）公司須於營業年度終時造具各項財務報告，委託會計師依法簽證，並應將資產負債表及損益表經股東會承認後一個月內於日報公告之。

（七）公司公開發行之股票，須經主管機關獲其核定之機構簽證後方得公開發行。

綜上顯示，將股票公開發行行爲與股票發行公司納入管理，實際有諸多法規漏洞與矛盾。如公司公開發行股票，即向社會公眾募集資金，是必須由主管機關同意的，相反的，採取私募資金則不受限制。以當時的環境，公開發行與私募資金的界線僅爲是否有在新聞報紙上公告而已，這也留下許多足

以規避的空隙。公司發起人超過五十人時其發行行為須強制由主管機關審核，那低於五十人就無須審核。公司公開發行應即向證券交易所申請上市，這又讓只想籌集資金而不想上市的企業陷入矛盾與困難。

圖 5-2-2　1950 年至 1961 年臺灣本地股份有限公司增減數變化

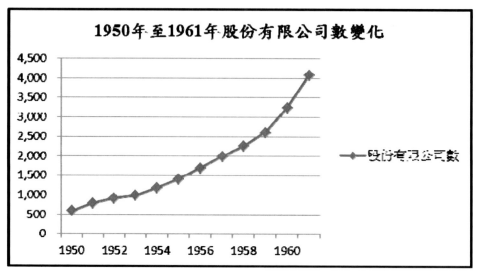

資料來源：本研究製作。

圖 5-2-3　1950 年至 1961 年臺灣本地股份有限公司資本總額變化

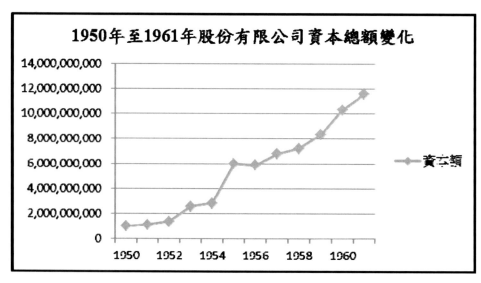

資料來源：本研究製作。

　　將公司公開發行股票納入管理，雖然對於投資者有保護作用，但也限制民營企業公開籌集資本的機會。該管理辦法將股票公開發行納入管理，實際上只規範公司已達到一定規模的企業，中小企業或是新創公司是難以達到標準的。按臺灣證券交易所開業時制定的證券上市標準，實收資本額須達新臺幣五百萬以上、股東人數不得少於五十人、且開業兩年以上能公開報導其業務及財務狀況者、最近兩年均有盈餘並連續發放股利、股票發行額在十萬股以上且 20%須由未滿五百股的股東持有等標準。〔註87〕

　　在當時可達此標準的公司，除公營事業外，民營企業達此標準的沒幾家，這點從臺灣證券交易所開業時掛牌上市公司總數十八家，其中公營事業佔十三家，民營企業僅五家便可瞭解。再者，未達標準的企業或已達標準的企業，只要不公開發行股票就完全規避管理，實務上透過口耳相傳、舉辦投資說明會或雇用業務員販售等方式一樣可以向公眾籌集所需資金，這也足證當時主管官員對證券市場的認識不足與思慮不周延。

第三節　政府遷臺後證券業之發展

　　臺灣的證券業，日治時期稱為有價證券業，雖然是受日本引進西方金融體制下的產物，但卻又是市場供需下自然形成的產業。在日治時期，日人開設的證券商主要以受託買賣在日本內地證券市場交易的標的，而臺灣本土證券商（下稱臺灣證券商）主要以受託買賣僅在臺灣流通的股票標的，即臺灣島內株市場。雖日商與臺商間也會因顧客委託之故，而相互下單交易，但彼此主要的分工不同，各自經營領域劃分也不同。

一、戰後臺灣證券業發展概況

　　1945 年日本戰敗，屬於日本的資本力量被逐出臺灣，所遺留的資本空間被政府以接收日偽資產等名義將大部分臺灣企業收歸國有，並予以公營化。公營化的結果便是股票籌碼的高度集中與壟斷，這使本可取代日本證券商遺留市場空間的臺灣證券商，連帶喪失市場份額，加上戰後臺灣經濟疲弊與金融混亂，臺灣整體工商業發展全面受阻，使得臺灣證券市場同樣陷入蕭條與

〔註87〕臺灣證券交易所，《臺灣證券交易所三十年史》（臺北：臺灣證券交易所，1992年），頁 61。

停滯，也使原本在日治時期相當活躍的臺灣證券商不是歇業就是轉為以他業為主的兼營型態。

　　1950 年政府遷臺後，忙於穩定臺灣經濟、金融、民心士氣的工作，為此推出一連串的政策，無暇顧及包含股票市場在內的證券市場。此時仍從事證券交易的的商號，除交易愛國公債外，只有極少量民營企業股票可供交易，公營事業股票也只有少量從公營事業員工手中收購再轉售的交易。整體而言，這些交易活動都不明顯，甚至僅存零星的私下交易。由於市場規模縮小到不受重視，政府基本上也沒有任何管理措施。

　　讓臺灣證券商浮出檯面並受到政府注意，是 1952 年政府為扶持自耕農而規劃推行耕者有其田政策開始。〔註 88〕由於耕者有其田政策必須徵收土地，為了補償地主地價，是以發放實物土地債券七成與公營事業股票三成來補償地價。而為了發放公營事業股票並將其轉為民營，政府打算重估公營事業的資產價值，並調升其資本額。

　　消息經披露後，不少人認為有利可圖，打算趁著這些公營事業股票市價較高時，拋出股票，然後再準備購進公營事業調整資本額後的新股票。這促使市面上本以流通的公營事業股票需求大增。然而，個人逐一接洽收購股票畢竟有難度，此時透過委託證券商來收購或轉賣，便是一種有效率的方式，這也使證券商的生意開始增加。

　　與此同時，因證券買賣交易的熱絡，相關交易糾紛也逐步增加，這引起政府開始注意這種現象，並改變證券管理上的忽視與搖擺立場。臺灣省政府於 1952 年 10 月 18 日起開始取締證券商的仲介交易，〔註 89〕臺灣省政府建設廳也於 1953 年 12 月 17 日函覆高雄市政府，明確表示證券買賣業應不予商業登記，該業亦不做特種營業解釋。〔註 90〕

　　1954 年 1 月 29 日公布實施〈臺灣省證券商管理辦法〉，規定從事證券買業業務的商號，必須依規定申請核准以及將保證金新臺幣三萬元存入臺灣銀

〔註 88〕〈扶植自耕農方案　已全部草擬完成〉，《聯合報》，1952 年 5 月 18 日，第 2 版。

〔註 89〕〈省府奉政院令　取締証券商號〉，《聯合報》，1952 年 10 月 18 日，第 5 版。

〔註 90〕臺灣省政府，「准函為商業登記之土地實物債券買賣及房屋出租介紹業是否屬於特種營業釋示一案」，〈臺灣省政府建設廳函〉（中華民國四十二年十二月時七日（四二）建商字第二九四五三號），《臺灣省政府公報》，1953 年冬字第 69 期，頁 786。

行後才能開業。〔註 91〕由於當時從事一般行業只需做公司登記便可營業，並非許可制。〈臺灣省證券商管理辦法〉實施後將證券業改爲許可制行業，這是臺灣證券業自日治時期臺灣總督府於 1941 年 5 月 11 日實施〈有價證券業取締規則〉改採許可制以來，再度實施的證券業許可制度。而此項許可制的實施，讓證券業從此脫離一般行業的範圍，成爲特許行業至今。

然而，該管理辦法頒佈實施一年多以來，主管機關臺灣省政府財政廳始終未完成相關施行細則的制定，所以該管理辦法根本沒施行。這造成從事證券交易的證券商都未能完成合法登記，無所適從。〔註 92〕時任經濟部長尹仲容也對當時臺灣股票市場已經出現證券商操縱股票行情的情況，認爲證券商應予以管理：〔註 93〕

> 據查最近證券商已彼此聯絡行情，以各證券商交易行情，在數月前彼此相差約在一、二角之間，而最近由於取得聯繫，已相差甚微。且最近一般證券商叫價拚命提高，如買主探盤，則證券商可大量售出，如賣主探盤，則證券商不願大量吸進，可見證券商有親自參與交易之行爲，如管理證券商後，則此項現象即不可能出現，因依照規定證券商僅可代客委託買賣，而不可參與交易行爲。

時任立法委員崔唯吾也於 1955 年 3 月 23 日爲政府未依法實施該管理辦法，而向行政院提出書面質詢。該質詢指出：〔註 94〕

> 現公營四公司既歸民營，大量股票移轉，需要證券市場最爲急迫。而主管機關財政廳因起草實施細則尚未完成，對於行政院即予實施的命令又置之不理，對於行政院制定公佈之臺灣省證券商管理辦法延不執行，此種措施實有損於政府的威信。如果因公佈的辦法不合事實需要，不能執行，在制定前的起草審議主管機關例須派員參加，何不及時提出修正意見，而於管理辦法公佈後竟延不執行？即使是不能執行，亦應趕速提出修正辦法以應需要，而維政府威信。

〔註91〕 彭光治，《股戲：走過半世紀的臺灣證券市場》（臺北：早安財經文化有限公司，2003 年），頁 24。

〔註92〕 〈證券商昨集會　呼籲頒佈管理辦法〉，《聯合報》，1954 年 10 月 2 日，第 5版。

〔註93〕 〈尹仲容說：證券商應予管理　俾禁其參與交易〉，《聯合報》，1955 年 3 月 9日，第 4 版。

〔註94〕 〈管理辦法爲何不實施　立委崔唯吾提出質詢〉，《聯合報》，1955 年 3 月 24日，第 1 版。

何以事已經年，未見任何措施。

於是行政院於 1955 年 7 月 21 日通過修訂該管理辦法，主管機關臺灣省政府財政廳也於同年 8 月 9 日依據該管理辦法受理證券商申請開業。於此同時，臺灣省政府財政廳也對辦理證券商登記的業者提出四項注意事項：〔註95〕

（一）在證券商管理辦公布施行日以前，證券商事實上已經如營業者，限於本年九月十日以前依管理辦法之規定向財政廳申請核准為證券商，在申請審核期間暫准遵照管理辦法維持營業，惟不依照規定申請或申請不予核准者，應即停止營業。

（二）上項在九月十日以前申請為證券商而尚未完成公司或行號之登記者，其依管理辦法第七條規定應檢繳之公司登記執照或商業登記證，應於本年九月底以前補繳之，逾期未繳者，應即停業。

（三）在管理辦法公布施行日以後，證券商非依管理辦法之規定，申請核准，並領得證券商營業執照後，不得開業，如有擅先開業，應予停業，並不准補行申請為證券商。

（四）證券商交易之證券，除政府發行之債券，在債券上載明准許自由買賣者可以自由交易外，其餘交易證券之發行事業機構，限於本年九月三十日以前，依管理辦法第十九條之規定，向財政廳申請核准證券商得為交易之證券，在申請審核期間，暫准證券商自由交易，逾期不依規定申請，或申請不予核准者，證券商應予停止交易。

臺灣省政府財政廳為向社會表現積極管理證券商之態度，於 1955 年 8 月 17 日起派出監查證券商人員（即俗稱經濟警察）二十八人分五組赴臺北市各已營業之證券商，查核其過往交易帳簿記載情形。其分組情形如下：〔註96〕

（一）第一組七人，監查區域為博愛路、武昌街、漢口街，今臺北市中正區。

（二）第二組五人，監查區域為甘谷街、延平北路二段，今臺北市大同區。

〔註95〕〈財政廳訂定注意事項　即日受理券商申請開業〉，《聯合報》，1955 年 8 月 9 日，第 4 版。
〔註96〕〈財聽派員監查證券買賣〉，《聯合報》，1955 年 8 月 17 日，第 4 版。

（三）第三組六人，監查區域為延平北路一段，今臺北市大同區。

（四）第四組五人，監查區域為衡陽路、中正路、平陽路、南陽路、沅陵街、館前街、詔安街、重慶南路，今臺北市中正區。

（五）第五組五人，監查區域為長安西路、民生路、迪化街、重慶北路、南京西路、承德路、成都路、中華路、華亭街，今臺北市大同、萬華、中山區。

但財政廳派員監查的成效仍有待商榷，股票市場買空賣空的情況依然存在，只是從檯面上轉為檯面下，如當時新聞媒體的報導：〔註97〕

> 自財政廳派員監視證券商，並嚴格執行禁止買空賣空交易之後，本市（臺北市）證券商對於買空賣空之行為已頗具戒心。但仍然有少數人秘密交易。……有少數證券商便利用這種機會，來個「黑吃黑」的手法。這些少數人買空賣空的交易情形為：首先散戶必須覓得一家小證券商之擔保，給予小證券商若干利潤，然後再由小證券商介紹散戶和證券商交易，散戶只要送進保證金，由證券商打個條子，背後註明時價，及「購」或「售」為記號，以表示該散戶是買空，還是賣空。散戶假定是賣空，到市價跌得相當程度，立即要買空來交割，在這時候，證券商故意把證券價格提得比市價高。散戶因繳有保證金，且交易為違法行為，只好照高價買空，結果，差額利益又被證券商吃去不少。

1955 年 9 月 14 日臺灣省政府公告證券交易各項稅捐稽徵要點，正式對證券交易課稅。實施課稅的結果，引起證券商爭議與不滿，其爭議與不滿之處主要有三項，其一，為政府要追繳課稅辦法實施日前的稅款，即依前三個月平均價格追溯補行代扣一時所得稅，由於在課稅實施日前的證券買賣並未向客戶收取，證券商必須承擔追繳稅款，難以接受。其二，課稅手續太頻繁，客戶整數買進後再分批零星賣出，或分批零星買進後再整數賣出，買賣在好幾家證券商處交易，必須將所有交易明細列在一張成交單，憑以課稅，其過程繁複，徒耗時間。其三，對股票之賣主課徵一時所得稅，會降低賣主出售股票之意願，連帶影響證券商居中撮合的生意。

基於前述爭議與不滿，造成證券商於公告當天 9 月 14 日起紛紛閉市休業，不少證券買賣交易轉入地下。在民意代表、學者、媒體、證券商等建議

〔註97〕〈買空賣空仍有其人〉，《聯合報》，1955 年 8 月 26 日，第 4 版。

暫緩課稅實施或研議課稅辦法改善方案的呼籲下，時任財政部長徐柏園於 9
月 25 日核定課稅辦法改善方案如下：〔註98〕

　　（一）有成交單者，就買入賣出之差價，課征一時所得稅，如無差
　　　　　價則不予課稅。

　　（二）無成交單如係原持有人自己賣出時，則以該持有人向四大公
　　　　　司過戶同日的市價（以徵信新聞所登載者爲準）作爲買入價
　　　　　格，計算有無差價，課征一時所得稅。

　　（三）如係原地主自己賣出時，則以票面額作爲計算有無差價之標
　　　　　準。

　　（四）既無成交單又非過戶爲自己之證券時，則以財政部所公佈的
　　　　　平均價爲標準。

　　（五）財政部所定的平均價爲：水泥股 14.4 元，紙業股 8.5 元，工
　　　　　礦股 9 元，農林股 8.8 元，華南銀行股 242.4 元，第一銀行股
　　　　　93.2 元，彰化銀行股 93.2 元，台糖股 334.2 元，台電股 229.3
　　　　　元，台機股 65 元，糖米債券 89.9 元，愛國公債 162.8 元，土
　　　　　地實物債券 812.4 元，本息券 112.2 元。

　　（六）關於追繳九月十三日以前的稅捐問題，財部爲體恤證券商之
　　　　　困難，准予免除證券商代爲扣繳之義務，所有追繳工作由稅
　　　　　捐稽征處酌量情形自行處理。

　　證券商在財政部長核定課稅辦法改善方案公布後，決定如仍有需要向當
局建議事項，即在復業後再行向當局陳情。同時證券商也決定於隔日（9 月
26 日）一起開市恢復營業。

　　但究其課稅辦法改善方案，對於證券商有所爭議與不滿的訴求，實質上
並未改變甚麼，僅讓與證券商些微小利而已。即爲不採較高的平均股票市價
（課稅辦法實施日，9 月 13 日以前一個月計算）課徵，改爲以較低平均股票
市價（證券商管理辦法實施日 8 月 8 日以前一個月計算）課徵。〔註99〕以及
免除證券商代客戶扣繳稅額，改由稅捐稽征處酌量情形自行處理。即便如此，
以當時的時空環境論，政府至少已經表態願意接納民意拋出改善方案，證券

〔註98〕〈證券交易課稅辦法　財政部長核定〉，《聯合報》，1955 年 9 月 25 日，第 4
　　　　版。
〔註99〕〈證券商今復業〉，《聯合報》，1955 年 9 月 26 日，第 4 版。

商也無力再對抗政府或爭取政府更多的讓步，別無選擇只得開市復業。

　　1955 年 12 月 30 日立法院通過〈證券交易稅條例〉，臺灣省政府於 1956 年 1 月 1 日起實施。政府爲杜絕操縱市場行爲，在〈證券交易稅條例〉中第二條明訂：「有價證券之買賣應在證券行紀營業處所爲之。證券行紀不得自行買賣證券。」，禁止與限制證券商不得從事自行買賣證券（自營業務）。

　　此前證券課稅辦法的實施，證券商雖然勉強開市復業，但生意已大受影響，交投清淡。如今政府又限制證券商不得自行買賣證券，這讓股票市場的成交量雪上加霜，並引發一波股價崩盤形成 1956 年一整年空頭走勢，以 1955 年年底的股價與 1956 年年底的股價比較，紙業公司股價由每股 11.55 元跌至 5.25 元，水泥公司股價由每股 18.8 元跌至 9 元，工礦公司股價由每股 10.6 元跌至 4.3 元，農林公司股價由每股 10.55 元跌至 2.8 元，四大公司股價幾乎呈現腰斬以下的價格。〔註 100〕證券商的生意受此影響而一落千丈可見一斑。

　　1956 年 4 月時便已傳出有五家證券商資金週轉不靈。〔註 101〕5 月時已經出現證券商倒閉風潮，除小型證券商外，少數幾家具有相當規模與客戶眾多的證券商也突然宣布結束營業。〔註 102〕在此倒閉風潮中，也有證券商利用停業來規避管理，轉爲地下交易藉機炒作股票行情。到了 8 月時，臺北市證券商公會甚至建議臺灣省政府建設廳，因此前證券商申請執照審核過於鬆弛，造成時常發生不正常的證券商倒閉事件，希望對於新申請的證券商執照應予以嚴格審核。〔註 103〕

　　1956 年 7 月起至該年年底，出現多起交割糾紛，這也導致不少證券商不敢貿然交易，股票市場行情一片慘澹，又有大戶操縱行情過甚，交易秩序混亂，迫使臺北市證券商公會要求部分證券商會員暫時停業以清理內部。〔註 104〕有些證券商乾脆休市停業不作生意。臺北市證券商公會針對證券商管理與交割制度多次向政府建議與陳情，臺灣省財政廳也允諾將會修定現行證

〔註 100〕　〈經濟分析　證券交易缺乏管理〉，《聯合報》，1955 年 12 月 29 日，第 3 版。
〔註 101〕　〈股市波濤洶湧　五家券商週轉不靈〉，《聯合報》，1956 年 4 月 19 日，第 4 版。
〔註 102〕　〈四大金剛三缺一　幾番沈浮股市中〉，《聯合報》，1956 年 5 月 16 日，第 4 版。
〔註 103〕　〈證券商公會建議當局慎發執照〉，《聯合報》，1956 年 8 月 25 日，第 4 版。
〔註 104〕　〈市場混亂交易受阻　券商多家今起停業〉，《徵信新聞》，1956 年 7 月 28 日，第 3 版。

券商管理辦法，但仍然解決不了證券商面臨的困境。

證券商的困境難以解決的根本原因，就是店頭式市場的根本缺陷，因店頭市場是由眾多商號自然形成的體系，缺乏集中性與協調性，形容其為各自為政或多頭馬車不為過，同一商品（股票），報價不一致的情形很正常，而所謂的公開行情也缺乏公正性，只是為方便生意而採相同或近似價格報價。

即便政府予以管理，也只能流於形式對業者與商品做基本規範而已，對於交易細節中的貓膩與各種投機操縱手段的防範，除了派員監查證券商交易帳本外，別無他法。根本解決之道還是需要建立集中交易的市場，採單一窗口集中化管理，並統一列管所有交易明細，才能盡量維持市場交易秩序以及抑制投機操縱猖獗。只是當時政府並未積極面對臺灣股票市場發展與證券商管理等問題。當時新聞媒體甚至有政府袖手旁觀任其自生自滅之嘆。〔註 105〕

自 1956 年初起臺灣股票市場就陷入空頭走勢，這個空頭走勢走了將近三年，直到 1958 年底才又翻轉向上，在此期間證券商合法現貨交易經營艱難，但違法期貨交易以及地下交易〔註 106〕卻相當猖獗，政府往往視若無睹與置若罔聞，被媒體批評管理消極粉飾太平云云：〔註 107〕

> 以目前本市（臺北市）博愛路及延平北路一帶的證券交易來說，盡人皆知十、九均為期貨交易，而主管官署的財政廳對於這種非法交易，總是視若無睹，甚至其向上級官署呈報時，還會粉飾太平的說並無期貨。就因為這種緣故，期貨交易，在無人管理的情形下，愈來愈猖獗。其中記帳辦法，三日一變五日一改，多頭貼息，今日可以小到五分，明天可以高到兩毛，進出距離，一會兒拉長，一會兒縮短，在交易鼎盛的時候，價格有漲落，即是在沒有一筆交易的時候，由於證券商的操縱，其黑板上的牌價，同樣的會發生千變萬化，並且是萬變不離其宗，結果總是以利己損人為目的。

為解決臺灣股票市場僵局以及改善證券商經營環境，證券商公會多次陳情建議儘速設立證券交易所，每次召開證券商會員大會，此議題不斷被提出。社會輿論也多支持應設立證券交易所，政府方面也給予允諾，但除了研議、

〔註 105〕 〈當局手袖觀　自生難自滅〉，《聯合報》，1956 年 7 月 30 日，第 4 版。
〔註 106〕 〈證券商的意見〉，《聯合報》，1958 年 11 月 3 日，第 5 版。
〔註 107〕 〈證券交易無定所　一篇爛賬到如今〉，《聯合報》，1956 年 4 月 27 日，第 4版。

研究、召開證券商與工商業座談會等動作外，無一進展。直到 1959 年 12 月美國國際合作總署駐華安全分署（以下簡稱爲美國國際合作駐華分署）主任郝樂遜（W. C. Haraldson）對臺灣政府提出八點財經改革建議備忘錄中，建議臺灣應發展資本市場以及公營事業民營化。〔註 108〕

政府在研究美方備忘錄後，認爲其範圍不夠周延，於是擬定「十九點財經改革措施」，並於 1960 年 1 月公布。其內容包括經濟發展、預算、金融及外匯貿易等四大類，其中對於建立資本市場部分，將積極籌設證券交易所列爲重要措施目標。〔註 109〕至此政府對於證券市場與證券商管理才開始有較爲積極的作爲。

政府爲積極推動資本市場的發展以及爲籌設證券交易所鋪路，於 1961 年 5 月 5 日由立法院制定〈證券商管理辦法〉，並於 1961 年 6 月 21 日公布實施，該辦法爲全國性法令，主管機關由臺灣省政府財政廳變更爲經濟部證券管理委員會，同時廢止〈臺灣省證券商管理辦法〉，至此由臺灣省政府對於臺灣本地證券市場與證券商的管理權限轉爲由中央辦理。

該管理辦法除原本對於證券商管理外，也將股票發行公司納入管理：公司募股或增資時若採公開發行方式進行者，須按管理法規辦理，若是採發起人認購方式，則不受管理限制。對於證券商禁止自營買賣業務的部分予以解禁，並採經紀人分業制度，〔註 110〕將證券商分爲甲種經紀人：代客買賣者，設立資本額須達新臺幣六十萬元以上，以及乙種經紀人：自行買賣者，設立資本額須達新臺幣一百萬元以上兩類，但此兩類經紀人只得各自獨立經營不得相互兼營。同時也核准可以成立以承募代募或承銷代銷公司股票、證券之專業公司，即爲證券承銷商。

證券商的財務與業務全部納管監督，每半年需編制財務報告並經會計師簽證後報主管機關備查。強制證券商與證券承銷商須參加同業公會，並限制

〔註 108〕張紹台、王偉芳、胡漢楊等編，《臺灣金融發展史話》（臺北：財團法人臺灣金融研訓院，2005 年），頁 88。

〔註 109〕張紹台、王偉芳、胡漢楊等編，《臺灣金融發展史話》（臺北：財團法人臺灣金融研訓院，2005 年），頁 89。

〔註 110〕經紀人分業制度：即將證券商分爲甲種證券商，業務爲受託代客買賣，以及乙種證券商，業務爲證券商自行買賣（自營業務）。對集中交易市場的證券商都稱之爲「經紀人」，經紀人都是公司制法人，而非自然人。參見彭光治，《股戲：走過半世紀的臺灣證券市場》（臺北：早安財經文化有限公司，2003 年），頁 40。

在此管理辦法實施前已核准開業的證券商仍可持續營業至證券交易所開業，
證券交易所開業後必須停止營業，同時轉向證券交易所登記註冊。

關於證券交易場所部分，由店頭式交易改爲集中市場交易。以除發行
公司直接募銷，承銷人在承銷期內或非屬常業性之私人間讓受行爲外，不得
在證券交易所場外爲之之規定取代原有證券商應採個別交易方式，不得設
置場所爲類同交易所之集合開拍之規定。這標示證券交易所開業後，臺灣
股票市場將結束自日治時期以來的店頭市場走向另一個嶄新的集中市場方向
發展。

綜上，從政府遷臺後臺灣證券業的發展不難發現，一路篳路藍縷，發展
艱辛。當市場規模有限時尚不構成問題，一旦市場規模開始增長，店頭式各
自爲政的經營方式就會面臨挑戰。無論是投機炒作、操縱行情、買空賣空，
店頭市場都提供足夠的空間與條件，讓有心人恣意揮灑。應在市場規模開始
擴張時，就要予以導入與之相符的市場機制，使其運作順暢。

所以當政府於 1954 年發放公營事業股票使其流通於市面時，就應該予以
配套，建立集中交易之市場並妥善管理相關業者，若能如此，股票市場與證
券商之發展也不至於陷入困境。但政府作爲相當消極，直至經由美國方面提
出財經改革備忘錄後才有較爲積極的作爲。

顯見當時政府對於包含股票市場在內的證券市場，以及資本市場對經濟
發展的重要性認識不足、過於愚昧。對於證券商的管理也是呈現一個由鬆散
管理到嚴格管理的過程，這也突顯主政者實際上是走一步算一步，缺長遠眼
光的施政策略，或許就是因爲在當時臺灣經濟發展有美援可以倚靠的時空環
境下，才形塑出政府顢頇依賴的心態，而當美援自 1957 年起將原本贈與轉爲
贈與貸款並行，並開始逐漸減少時，政府感受危機感後才不得不振作起來。
所以臺灣股票市場以及臺灣證券業應該早在 1954 年就可以獲得更好的發展，
而不是延遲至 1962 年臺灣證券交易所開業後始得以發展。

二、證券商家數與分布

政府遷臺後證券商的數量在 1954 年 1 月 29 日公布實施〈臺灣省證券商
管理辦法〉前，由於當時並未將證券業視爲特殊的行業，僅以一般商業類別
視之故並無證券商家數的數量統計。而在該管理辦法實施前夕，曾有爲購買
法院標售的證券，臺灣本地證券業者有過非正式的集會，參與的證券業者家

數約有一百家，臺北市則約佔二十多家。〔註111〕

　　然而這僅是有參與的業者，此前政府於1952年10月18日起對買賣證券的業者展開取締，業者全部轉爲地下交易，許多業者爲規避查緝，不是以跑單幫的方式就是以經營他業（銀樓、當鋪）爲掩護兼營私下交易的證券買賣。當時證券商資本大者會設立公司行號，資本小者即以一張紅紙貼於門上，書明「收購股票債券」等字樣，做生意的手法形形色色，不一而定。〔註112〕眞要鑑別屬於專業經營還是兼營相當不易，故全臺各地的證券業者應多於上述百家之數。

　　1955年8月9日臺灣省政府財政廳依據該管理辦法受理證券商申請開業前，新聞媒體估計全臺證券商家數約有二百餘家，其中臺北市佔七十四家。〔註113〕而截至1955年底時已完成證券商登記並開業的合法證券商家數共計一百零五家，其中臺北市六十四家、臺中市二家、臺中縣一家、彰化縣一家、嘉義縣三家、臺南市十四家、高雄市十七家、屏東縣三家（表5-3-1）。仍有經營私下交易的證券商並未申請或取得合格證券商登記，以當時地下買空賣空交易盛行，這類非法營業的證券商爲數恐亦不少，時至今日仍未杜絕虛設行號從事地下期貨現貨買空賣空之違法證券商。

表5-3-1　1955年12月時臺灣本地合法登記證券商家數

縣市	家數	證券商號名稱
臺北市	64	一大、大公、大永、大有、大利、大信、大通、大發、大華、大興、三泰、三和、川惠、元大、中央、中美、中國、天健、天一、天裕、日盛、五振、五福、台一、臺灣、正一、正大、永順、永豐福、民豐、延平、安利、先鋒、良友、利大、利益、協發、金記、幸運、恆生、恆安、信通、信亨、南洋、保餘、美麗、國際、產安、朝宗、裕通、萬利、源利、福昌、義通、新大豐、薈飛、廣合、維昌、鼎康、匯通、億中、興源、興業、寶源
臺中市	2	永豐、大豐
臺中縣	1	泉益
彰化縣	1	彰化
嘉義縣	3	忠明、大春、寶興

〔註111〕〈證券商管理辦法　經政院制訂公布〉，《聯合報》，1954年2月20日，第5版。
〔註112〕〈證券交易與管理〉，《聯合報》，1955年6月21日，第4版。
〔註113〕〈證券交易與管理〉，《聯合報》，1955年6月21日，第4版。

縣市	家數	證券商號名稱
臺南市	14	延平、永泰、金經成、金順興、慶成、一萬、安昌、瑞珍、八一、華珍、大豐、金成山、亨利、正錦昌
高雄市	17	東榮、振中、元寶珍、南風、高港、豐信、合利、聯興、國元、大成、建源、足美、信記、金玉山、高大、富大、東源
屏東縣	3	泰益、萬豐、麗華
合　計	105	

資料來源：〈全省登記合格券商共有一零二家〉，《徵信新聞》，1955 年 12 月 19 日，第 2 版。

　　合格證券商的分布以臺北市最多，高雄市與臺南市居次。臺北市證券商的分布大致可以以臺北車站為界，分為南北兩區最為集中（圖 5-3-1）。其中以南區三十餘家（圖 5-3-2）較北區二十餘家（圖 5-3-3）為多。南區以博愛路為中心，業者以原在上海證券市場交易之業者，尤以上海籍業者居多，而稱之為「上海幫」或「海幫」；北區則大致集中於延平北路一段、長安西路、甘谷街一帶，並以延平北路一段為其中心，業者為自日治時期以來便從事證券交易之本省籍業者，而被稱之為「臺灣幫」或「省幫」。兩幫比較以南區上海幫較佔優勢，資金較為雄厚，也擁有不少大戶，成交量較多，對股票行情有一定影響力；北區臺灣幫則掌握利用場內場外價差套利之暗盤交易與地下交易。不論南區還是北區大都同時經營合法與非法的證券交易。〔註 114〕

　　再根據前項合法證券商登記，臺北市以街道分布計，博愛路共有十四家證券商登記最多，其次為延平北路一段共有十一家證券商登記，再次則為武昌街有六家證券商登記。

　　1961 年 6 月 21 日〈證券商管理辦法〉公布實施後，臺灣證券交易所於同年 10 月 23 日成立，並於 11 月 27 日開始辦理發行公司股票上市以及證券經紀人申請註冊登記。經紀人執照合計僅開放三十張，分別為甲種經紀人二十張，乙種經紀人十張。

　　經紀人註冊申請日期自 1961 年 11 月 27 日起至 1961 年 12 月 12 日截止，總計有四十三家申請註冊，分別為中央信託局、交通銀行，臺灣省合作金庫、華僑銀行、臺灣銀行、華南銀行、中華開發信託公司、第一銀行、彰化銀行、臺灣土地銀行等十家公營金融行庫。

〔註 114〕　〈本市券商鐵路為界　各守畛域劃分南北〉，《徵信新聞》，1955 年 12 月 19 日，第 2 版。

圖 5-3-1　1955 年 12 月臺北市證券商以臺北車站鐵道為界之分布圖

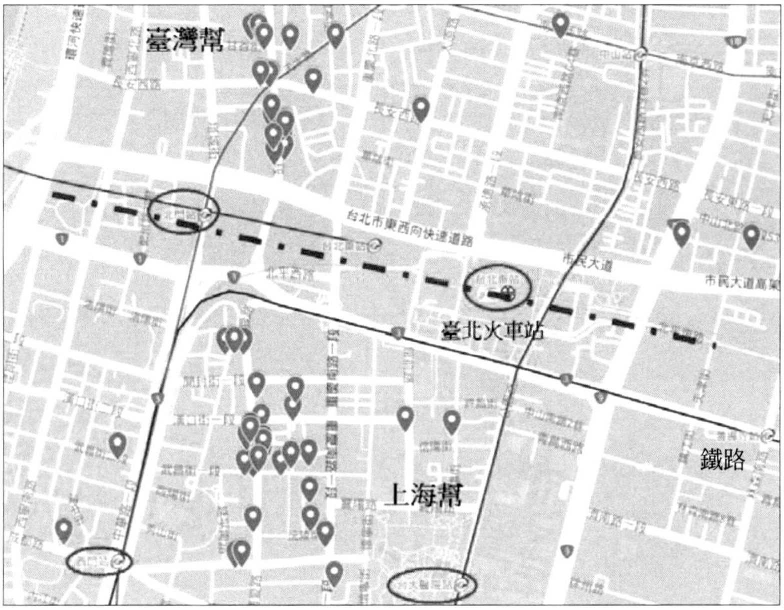

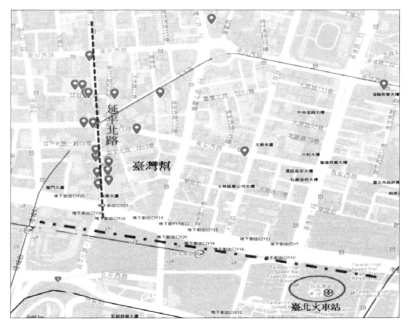

資料來源：本研究製作。

圖 5-3-2　1955 年 12 月臺北市證券商臺北車站以北之分布圖

資料來源：本研究製作。

圖 5-3-3　1955 年 12 月臺北市證券商臺北車站以南之分布圖

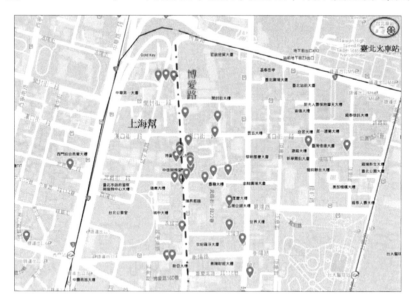

資料來源：本研究製作。

　　民營公司則有開大證券公司、厚生證券公司、幸福證券公司、新生證券
公司、鼎康證券公司、大信證券公司、公誠證券公司、匯豐證券公司、華僑
證券公司、嘉定證券公司、天健證券公司、新朝宗證券公司、恆大證券公司、
中壢證券公司、金元證券公司、第一證券公司、勝興證券公司、正大證券公
司、仁信證券公司、匯通證券公司、日盛隆證券公司、公大證券公司、祥瑞
興證券公司、元大證券公司、齊魯公司、五大證券公司、永利證券公司、啓
新證券公司、亞洲證券公司、遠東證券公司、申一證券公司、勝和證券公司、
永豐證券公司等三十三家。〔註115〕

　　1961 年 12 月 25 日經濟部證券管理委員會第十六次委員會審查臺灣證券
交易所所送證券經紀人註冊申請，最後通過二十三家合格經紀人，其中甲種
經紀人十八家，分別爲中央信託局信託處、臺灣省合作金庫儲蓄部、臺灣銀
行信託部、華僑銀行儲蓄部、遠東證券股份有限公司、金光證券股份有限公
司、新光證券股份有限公司，勝和證券股份有限公司、永利證券股份有限公
司、天健證券股份有限公司、正大證券股份有限公司、仁信證券股份有限公
司，申一證券股份有限公司、日盛隆證券股份有限公司、恆大證券股份有限

<hr />

〔註115〕　〈證券經紀人昨截止申請〉，《聯合報》，1961 年 12 月 13 日，第 5 版。

公司、啓新證券股份有限公司及嘉定證券股份有限公司。乙種經紀人五家，分別為交通銀行儲蓄部、彰化銀行儲蓄部、第一銀行儲蓄部、華南銀行儲蓄部及中華開發信託公司。〔註116〕

　　1962年2月9日臺灣證券交易所開業時註冊證券商家數（表5-3-2），分別為甲種專業證券商為二十四家，甲種公營行庫兼營有五家，乙種證券自營商有五家（皆為公營行庫），合計三十四家。其中二家證券商申請通過卻始終未嘗營業，其後有八家證券商分別於1962年至1963年間申請停業，這十家證券商均由主管機關撤銷執照。截至1988年7月底政府重新開放證券商執照為止，專營證券商為十四家，兼營證券商為十四家，證券自營商為十家，合計共三十八家。〔註117〕

表5-3-2　1962年臺灣證券交易所開業時註冊登記證券商一覽表

甲種經紀人（代客買賣，不得自行買賣）				
經紀人名稱	代號	簡稱	代表人	住　　址
中央信託局信託處	101	中信	毛恭祥	臺北市懷寧街4號之1
合作金庫儲蓄部	102	金庫	鄭瑞麟	臺北市博愛路81號
臺灣土地銀行儲蓄部	103	土銀	潭連照	臺北市襄陽路4號
臺灣銀行信託部	104	臺銀	洪　軼	臺北市衡陽路63號
華僑銀行儲蓄部	105	僑銀	郭文秀	臺北市衡陽路102號
遠東證券公司	106	遠東	莊　福	臺北市南京西路78號
金光證券公司	107	金光	黃白成枝	臺北市博愛路70號2樓
新光證券公司	108	新光	樂嗣宗	臺北市博愛路152號
勝和證券公司	109	勝和	陳境河	臺北市甘谷街3號
永利證券公司	110	永利	熊幼翔	臺北市延平南路75號
天健證券公司	111	天健	呂　坤	臺北市中正路1786號
正大證券公司	112	正大	黃奇正	臺北市長安西路286號
仁信證券公司	113	仁信	徐烈昌	臺北市博愛路138號3樓

〔註116〕〈證券經紀人核准廿三家〉，《聯合報》，1961年12月26日，第5版。
〔註117〕臺灣證券交易所，《臺灣證券交易所三十年史》（臺北：臺灣證券交易所，1992年），頁153～154。

經紀人名稱	代號	簡 稱	代表人	住　　　　址
申一證券公司	114	申一	溫鼎貴	臺北市甘谷街 7 號
日盛隆證券公司	115	盛隆	殷許寶貴	臺北市甘谷街 5 號
恆大證券公司	116	恆大	黃威廉	臺北市延平北路 2 段 89 號
嘉定證券公司	118	嘉定	吳邦護	臺北市重慶南路 1 段 115 號 2 樓
第一證券公司	119	第一	林德富	臺北市博愛路 3 號
中壢證券公司	120	中壢	王新順	臺北市峨嵋街 115 號
亞洲證券公司	121	亞洲	張　財	臺北市重慶北路 2 段 58 號
鼎康證券公司	122	鼎康	陳鼎臣	臺北市懷寧街 4 號 2 樓
公誠證券公司	124	公誠	田文光	臺北市漢口街 1 段 11 號
新朝宗證券公司	125	新朝宗	黃陶渭	臺北市甘谷街 6 號
大信證券公司	126	大信	馬錦文	臺北市懷寧街 4 號之 2
元大證券公司	127	元大	朱泰耀	臺北市重慶南路 1 段 31 號 2 樓
五大證券公司	128	五大	陳天賜	臺北市中正路 1915 號
匯豐證券公司	129	匯豐	王元祥	臺北市衡陽街 30 號
乙種經紀人（自行買賣，不得代客買賣）				
經紀人名稱	代號	簡 稱	代表人	住　　　　址
交通銀行儲蓄部	201	交銀	馬懷璋	臺北市懷寧街 2 號
中華開發信託公司	202	中華	黃孝如	臺北市中山北路 2 段 181 之 4 號
彰化銀行儲蓄部	203	彰銀	吳金川	臺北市衡陽路 68 號
第一銀行儲蓄部	204	一銀	鄭錦樹	臺北市重慶南路 1 段 30 號
華南銀行儲蓄部	205	華銀	洪登祥	臺北市重慶南路 1 段 38 號

資料來源：彭光治，《股戲：走過半世紀的臺灣證券市場》（臺北：早安財經文化有限公司，
　　　　　2003 年），頁 41～42；臺灣證券交易所，《臺灣證券交易所三十年史》（臺北：
　　　　　臺灣證券交易所，1992 年），頁 153～154。

　　綜上，證券商家數可以分為 1955 年以前無登記時期、1955 年後實施許可登記制時期與 1962 年臺灣證券交易所開業後三個時期。在無登記時期證券商家數約有二百餘家之多，開始實施證券商登記後剩下一百餘家，到了臺灣證券交易所開業後僅為三十四家。這顯示從臺灣股票市場由店頭市場跨入集中

交易市場，政府管理的態度相當不同，是由鬆散轉為嚴格的態度。

以證券商設立最低資本額為例，在無登記時期沒有資本額限制，所以小店林立；進入登記特許制時期，資本額限制不得低於新臺幣十萬元，又採許可登記制，這就讓許多資本不足的小型證券商、跑單幫及兼營商號（銀樓、當鋪）被淘汰；到了臺灣證交所開業時，管理法規制訂的較為周延，資本額限制為甲種經紀人新臺幣六十萬元，乙種經紀人一百萬元，符合此財務標準的證券商更少，以前述民營證券商提出申請註冊的僅三十三家，便可足以證明資本淘汰在證券商發展與他業無異。

再以政府對證券商管理態度演變為例，無登記時期基本上沒有太多的管理，雖有取締交易，以及完成管理辦法之制定，但僅為徒具形式的管理，所以證券商家數不受影響。進入 1955 年許可登記制時期，主管機關的管理力道有所增加，也常派員稽查，但就如媒體所批判的，僅為管理消極粉飾太平而已，即便如此，仍然有抑制一些不合格證券商的數量，只是成效有待商榷，因為轉入地下交易的商號同樣也不少。臺灣證券交易所開業後，管理層級上升至中央，交易制度也由店頭市場轉為集中市場，從申請證券商註冊的初期僅開放三十張證券商執照就可以探知，此時政府管理態度轉趨嚴格，嚴格到有矯枉過正之感，這點從 1988 年 7 月底為止證券商僅有三十八家可得知。此前政府對於證券商家數多寡是不予限制的，證券商家數增減完全按市場自由機制運行。〔註118〕

資本限制與政府管理態度的核心其實都一樣，就是交易制度與管理制度的建立，而制度的建立，僅市場自然發展是不足的，仍是需要政府審時度勢的積極推動。

三、證券商同業公會

臺灣證券業公會最早的起源，在 1930 年代（昭和初期），已有證券商為證券交易需求與溝通有無，按日人、臺人以及各地區分別創立各自的同業組合，如日治時期末期出現的臺灣有價證券組合。其性質與清末民初出現在上海的股票商茶會組織相近，主要為會員間提供市場情報、證券行情、證券交換交易、證券調撥等合作提攜之用。

清末民初在上海所出現的股票商茶會組織，是由當時在上海從事股票買

〔註118〕〈證券流通與證券商管理〉，《聯合報》，1953 年 12 月 18 日，第 2 版。

賣的行號與股票掮客等為交易便利之故，逐漸聚集自然形成的，沒有專門固定的鬆散組織，也無人管理，完全是業者之間自由往來交易，形成的時間約為 1909 年至 1911 年間﹝註 119﹞。成員的組成分為近似專營與兼營兩種，近似專營者為較具股票知識的洋行買辦與股票掮客為主，兼營者通常都有本業，股票交易僅為副業，如茶商、錢商、皮貨商、古董商、雜貨商等等。

茶會組織的成員人數不多，常以上海大新街福州路轉角之惠芳茶樓為日常集合之地，此為茶會之由來。通常每日上午在茶會中交換市場行情與買賣交易，下午則各走銀行或商幫行號（京津幫、山西幫、廣幫等）兜攬生意，同時亦有顧客攜帶證券來茶會求售。一切交易，都為現期買賣，價格一旦敲定即可成交，手續極為簡便。﹝註 120﹞

就性質而論，茶會的形成具有將股票交易之交易時間與交易場所集中固定化的趨勢，雖然各股票商往來自由、交易自由，但參與者並非一家，而是眾多股票商，這就具備會員制的雛形。

日治時期臺灣證券商形成同業組合也與日治初期臺灣米穀市場有臺灣正米市場組合相關，當時不少經營有價證券的業者是由米穀商沿生而來，或本來就是由米穀商兼營有價證券業而來。

臺灣證券商形成公會組織的發展，與上海股票商的茶會組織一樣，都是自發形成的，這是證券商品流通過程必然會出現的現象。只是臺灣證券同業組合在日治後期因受戰爭、戰時經濟統制以及戰後臺灣接收等緣故，在證券市場萎縮與日資色彩較大的同業組合不是被政府接收就是被解散。這些證券同業組合最終在臺灣本地消失。

政府遷臺後，因耕者有其田政策搭發公營事業股票措施，促使臺灣股票市場復甦。政府為公營事業股票發放流通及其所衍生之證券市場與證券商管理所需，於 1954 年 1 月 29 日公布實施〈臺灣省證券商管理辦法〉。該管理辦

﹝註 119﹞ 茶會出現時間有幾種說法，民國初年學者楊蔭溥認為是民國元年（1911 年），參見楊蔭溥，《中國交易所論》（上海：商務印書館，1937 年），頁 132；民國學者陳善政 1946 年撰寫的《我國證券市場之發展史》中認為是 1909 年至 1911 年，大陸學者劉逖便是採此說，參見劉逖，《上海證券交易所史（1910～2010）》（上海：上海人民出版社，2010 年），頁 63～64；大陸學者鄧華生 1988 年所撰《舊上海的證券交易所》中則認為是宣統二年（1910 年），大陸學者田永秀便是採用此說，參見田永秀，《中國近代股票市場研究——晚清、北洋政府時期》（北京：人民出版社，2015 年），頁 113。

﹝註 120﹞ 楊蔭溥，《中國交易所論》（上海：商務印書館，1937 年），頁 132～133。

法賦予證券商合法經營的地位，也讓證券業者感到未來可期。

於是臺北市證券同業爲證券交易發展順遂以及聯絡同業間感情，由萬利證券行等四十二家證券同業於 1955 年 2 月 12 日召開「臺北市證券商聯誼會」籌備會，希望藉此聯合同業力量共頭發展。此爲證券同業間所組成類似商業公會性質的同業組織，同時也是戰後臺灣證券業同業公會之源起。〔註 121〕

臺北市證券商聯誼會籌備委員會爲順利運作以及約束所屬證券商會員，於 1955 年 3 月 5 日制定規約如下：〔註 122〕

（一）本規約在證券商管理辦法未頒布前適用之。

（二）本會會員受客戶委託買賣每次交易收取手續費千分之一。

（三）營業時間每日上午自九時半至十二時半，下午一時半至下午五時止，逢星期六自上午九時一刻至下午一時，星期日及假日全日休息。

（四）同業交時間凡上午所做之交易均於下午二時前交收。下午所做於翌日上午十一時前交收。但會員與會員之間互相劃帳約定者不在此限。

（五）股票交收數量之增減不得超過或少於左記金額之規定：未滿二千股百分之五未滿五千股百分之二五千股以上百分之一。

（六）四大公司股票之交收標準，賣方應具備印鑑念書及過戶書作爲交易轉讓之根據。

（七）不符手續之股票限三天內掉換，或以當日上午收盤價作價以清手續。

（八）四大公司股票報價標準於該公司宣佈發息後即由本會公告訂定日期即以除息價格報價。

（九）本會設仲裁委員會，由委員中互推五人并互推一人爲召集人，處理委員間有糾紛調解或仲裁事項，若仲裁決定，任何會員必須遵守。

（十）凡有新會員申請加入，必須經由會員二家介紹，并經籌備委員會通過後，通告各會員，方得爲本會會員。

臺北市證券商聯誼會除對所屬證券商會員有所約束外，同時也常向主管

〔註 121〕　〈證券商聯誼會　昨組籌備會〉，《聯合報》，1955 年 2 月 13 日，第 4 版。
〔註 122〕　〈聯誼籌備會　訂交易規約〉，《聯合報》，1955 年 3 月 6 日，第 4 版。

機關提供諸多建言，如降低證券交易稅、簡化課稅手續、保障合法證券商、嚴厲逞辦違法證券商、准予證券商比照金融機構免開統一發票、勿凍結證券商保證金並由聯誼會統一代為收繳運用等建議事項，充分發揮證券業代表的身份。政府方面雖承認其證券商代表身份，也接受其部分建言，但主管機關處於前述有法卻不執行的狀態，故並未因此有明顯積極之作為。

臺灣省政府財政廳於 1955 年 8 月 9 日起正式受理合法證券商登記，為配合政策實施，臺北市的證券商於 1956 年 2 月 7 日召開「臺北市證券商業同業公會」籌備會，會中選出十七名籌備委員推動證券商公會的成立，於同年 2 月 23 日召開成立大會，由朱逸競（任期：1956 年 2 月至 8 月）當選為第一屆公會理事長，並設立調解、基金保管、經濟調查研究、稅務、設計、福利等六個委員會。〔註123〕會址設於臺北市漢口街一段 74 號。

該同業公會以配合政府經濟建設、鼓勵國民儲蓄、購買上市公司股票、投資生產事業為其宗旨，並經主管機關核准設立。此時期臺北市證券商家數約有六十家，惟登記會員家數共二十四家。〔註124〕參與證券商數反而不如證券商聯誼會時期。

1962 年 2 月 9 日臺灣證券交易所開業後，為合乎〈證券商管理辦法〉規定，證券商同業公會於 1962 年 7 月 26 日奉令改組，並於 1962 年 9 月更名為「臺北市證券經紀商業同業公會」。隔年 1963 年 1 月，奉臺北市政府核定，再度更名為「臺北市證券經紀人商業同業公會」。1968 年 4 月〈證券交易法〉公布實施後，將證券商同業公會組織明訂於法規範圍。為配合法令，證券商同業公會於 1969 年奉准擴大改組並更名為「臺北市證券商業同業公會」。

從前述證券商同業公會多次奉命改組更名，又一證明當時政府在臺灣證券交易所開業後，對於證券商管理日趨嚴格的態度，以及將民間商業公會透過法令明訂規範，使其逐漸改變其原本是由民間自發成立，充滿民營色彩的組織，轉變為泛官方色彩的政府附隨組織。

該證券商同業公會成立後之會員數一直維持二十四家，直至 1962 年臺灣證券交易所開業當年才增加至二十八家，但隔年便又降為二十四家。此後由於政府嚴格控制證券商執照之核准，從 1956 年創立截至 1987 年為止，同業

〔註123〕 〈朱逸競當選　證券商公會理事長〉，《聯合報》，1956 年 2 月 25 日，第 4 版。
〔註124〕 中華民國證券商業同業公會，《證券公會 50 週年特刊》（臺北：中華民國證券商業同業公會，2006 年），頁 18。

公會歷年平均會員數為三十一家，歷年最多會員家數為四十二家，歷年最少
會員家數為二十三家（表 5-3-3）。

表 5-3-3　1956 年至 1988 年證券商同業公會會員家數

年　度	會員數	年　度	會員數	年　度	會員數	年　度	會員數
1956	24	1964	24	1972	31	1980	39
1957	24	1965	24	1973	31	1981	39
1958	24	1966	23	1974	32	1982	39
1959	24	1967	24	1975	33	1983	39
1960	24	1968	24	1976	33	1984	41
1961	24	1969	25	1977	34	1985	40
1962	28	1970	25	1978	35	1986	42
1963	24	1971	25	1979	38	1987	42

資料來源：中華民國證券商業同業公會，《證券公會 50 週年特刊》（臺北：中華民國證券商業同業公會，2006 年），頁 28。

　　證券商同業公會成立後，仍繼續發揮證券商聯誼會時期證券商代表的身份，對內約束證券商會員，對外則持續對政府提供建議與提出證券市場發展與證券商管理、稅務等相關建言，尤以敦請政府儘速籌設證券交易所以及建立資本市場等建言最為積極，對於催生臺灣證券交易所有著相當重要的貢獻。

第六章　臺灣證券集中市場制度之建立（1954～1962）

　　本章旨在探討臺灣建立證券建立集中交易市場與設置證券交易所的過程，其中包含政府對於建立證券集中市場以及管理證券業者的施政態度由消極轉爲積極之演變原因分析、爲建立證券市場打造適當投資環境之法律規章的制定與修正、證券交易所籌設階段所採行的各項方法，如赴海外考察團、成立證券市場研究小組、派員赴海外受訓考察、聘請外籍顧問等、美援經費的積極支持臺灣建立證券市場等方面之討論。其次爲臺灣證券交易所建立後初創時期各項制度設計、修正等演變情況之討論。

第一節　政府施政態度之演變

　　政府遷臺後，對於證券市場與證券業的管理等施政態度，大抵爲從消極轉爲積極的過程。政府遷臺初期由於主管財經領域的官員，因恐懼上海證券市場管理失敗之經歷，在施政態度採相當保守敷衍的消極態度。而施政態度轉變爲積極，則是因爲來自內部改革派官員取得主導性以及外部來自美援終止、美方要求開放資本市場要求等因素，迫使政府必須積極面對。其相關探討展開如下：

一、政府施政態度消極階段

　　政府遷臺初期，由於採行各項穩定經濟金融政策措施達到成效，使臺灣逐漸恢復並走回經濟發展的軌道上，對於促進臺灣工業化發展以及提供資金

活水的資本市場開放，逐漸開始受到民間的重視。代表資本市場開放的指標
——證券交易所，其籌設建議與呼籲，開始從民間輿論中不斷被提出，同時
也吸引民意代表予以熱切的關注，並利用議會開議時積極向政府拋出相關議
題與詢問。

　　但政府主管機關對此問題抱持相當消極的態度。故本研究以臺灣省臨時省
議會對臺灣建立股票集中交易市場制度與設置證券交易所相關之提案與質詢，
以及主管官員對此之答覆為例，藉以突顯政府主管官員消極態度的表現。

　　選擇以臺灣省臨時省議會為討論核心，主因為當時民意機關的構成，係
以隨政府遷臺，來自於大陸各省之國民大會代表與立法委員，相較於臺灣省
臨時省議會透過選舉產生的省議員，皆為臺灣本土出身之臺籍精英，更具有
臺灣本地民意之代表性。

（一）以臺灣省臨時省議會提案質詢與官員答覆為例

　　1952 年 1 月 16 日臺灣省臨時省議會時任省議員何傳〔註1〕（1897～1989）
提案認為本省（臺灣省，下同）目前臺灣銀行辦理之優利存款與低物價政策
背道而馳，故應設立證券交易市場以吸引游資投於生產，以減少因優利存款
而付出鉅額利息之負擔，如此不但可以協助生產並可穩定本省經濟。該提案
獲全體議員贊同，通過決議請政府設置證券交易所。〔註2〕雖未見政府對此提
案的直接答覆，但仍可從其後臺灣省政府財政廳廳長發表相關意見得知當時
政府的意見。

　　據 1952 年 4 月 5 日《徵信新聞》所刊載的報導，時任臺灣省政府財政廳
長任顯群〔註3〕（1912～1975）針對設立證券交易所相關問題發表意見時表
示：〔註4〕

> 各方所期望設立證券交易所一事，短時間內還不可能獲得實現，……
> 應該要等幣信（貨幣信用）建立後才是當局應有的舉措，目前似乎
> 還略嫌言之過早。……且本年度（1952 年）商業會計法的實施，就

〔註1〕　何傳（1897～1989），臺南安平人，曾任臺灣省第一屆臨時省議員，為永豐餘
　　　　集團創辦人。
〔註2〕　〈省臨時議會通過設證券交易所〉，《聯合報》，1952 年 1 月 17 日，第 2 版。
〔註3〕　任顯群（1912～1975），江蘇宜興人，上海東吳大學法學院畢業，曾任臺灣省
　　　　行政長官公署交通廳長、臺灣鐵路局長、臺灣省政府財政廳長等職，並在財
　　　　政廳長任內推動統一發票與愛國獎券。
〔註4〕　〈證券交易所短期內尚難成立〉，《徵信新聞》，1952 年 4 月 5 日，第 1 版。

是爲使各公司業務趨於合理。……政府正力求穩定人民的購買力，
使大家相信幣値，樂於儲蓄；投資於生產事業，須待財經情勢獲得
相當穩定之後，投機取巧者無法存在，資金走上正途後，設立證券
交易所才能達成它的特定任務。

顯見當時政府對於臺灣經濟與金融是否已經安定仍抱持懷疑，故認爲設
立證券交易所的時機尙未來臨。

同年 6 月，時任省議員何傳在臺灣省臨時省議會第一屆第二次定期大會
質詢時任臺灣省主席吳國楨（1903~1984）時稱：證券交易所創設確爲時代
所需要，政府既決心開放一部份公營事業給民間參與經營，證券市場，就非
創設不可；目前公營事業中，有不少缺少資金，而剛發行公司債以充長期建
設資金亦需要市場性，非證券交易所不能發揮其作用；證券交易所因交易股
票、公司債，可替各種企業開拓一個資本市場，疏導廣潤的大眾資金。〔註5〕
時任臺灣省主席吳國楨在答覆時表示：〔註6〕

證券交易所問題，證券交易，配合季節，確有必要，高見甚爲贊同，

政府對此，數經討論，現已正在籌備中。

同年 12 月，時任省議員蘇東芳〔註7〕（1912～？）於臺灣省臨時省議會
第一屆第三次定期大會總質詢中，針對設立證券交易所相關問題向時任臺灣
省主席吳國楨質詢：證券交易所何時成立？其機構組織大體如何？是官營還
是民營？〔註8〕時任省主席吳國楨答覆稱：證券交易所，正由中央經濟部研究
中。〔註9〕

〔註 5〕　「詢問人：何議員傳」，〈詢問及答覆——總詢問〉，《臺灣省臨時省議會第一
　　　　屆第二次大會專輯》，1952 年 6 月 10 日，臺灣省議會史料總庫藏，典藏號：
　　　　002-01-02OA-00-6-8-0-00590，頁 910。

〔註 6〕　「答覆人：吳主席」，〈詢問及答覆——總詢問〉，《臺灣省臨時省議會第一
　　　　第二次大會專輯》，1952 年 6 月 10 日，臺灣省議會史料總庫藏，典藏號：
　　　　002-01-02OA-00-6-8-0-00590，頁 910。

〔註 7〕　蘇東芳（1910～？），雲林北港人，日本早稻田大學畢業，日治時期曾任臺北
　　　　縣羅東區區長（今宜蘭羅東），1950 年時任職宜蘭縣建設局長，1951 年當選
　　　　臺灣省臨時省議會第一屆省議員。

〔註 8〕　「詢問人：蘇議員東芳」，〈詢問及答覆——總詢問〉，《臺灣省臨時省議會第
　　　　一屆第三次大會專輯》，1953 年 12 月 15 日，臺灣省議會史料總庫藏，典藏號：
　　　　002-01-03OA-00-6-8-0-00471，頁 801。

〔註 9〕　「答覆人：吳主席」，〈詢問及答覆——總詢問〉，《臺灣省臨時省議會第一屆
　　　　第三次大會專輯》，1953 年 12 月 15 日，臺灣省議會史料總庫藏，典藏號：
　　　　002-01-03OA-00-6-8-0-00471，頁 802。

從時任臺灣省主席吳國楨對於設置證券交易所聞提的答詢相當空泛，顯見政府對於設置證券交易所問題是沒有足夠的認識與思想準備，甚至是以相當消極的態度面對。此項答詢還不如前述時任臺灣省政府財政廳長任顯群所表達之反對設置相關意見具體。

1953 年 7 月 24 日臺灣省臨時省議會議員何傳再度以「請政府迅速設置證券交易所或類似機構以利債券及股票買賣」（財字第三十六號）為案由於臺灣省臨時省議會定期大會中提案，經大會表決為送請政府研究。〔註10〕

對於這項來自於臺灣臨時省議會的提案，臺灣省政府於同年 9 月 1 日以書面函覆（民國四十二年九月一日肆貳申東財八字第二〇一五之一號）該提案稱：〔註11〕

> 該案實際問題之檢討，本府具陳意見呈報行政院彙案核奪，並抄副本送貴會在案。嗣奉行政院臺（四二）秘〇三八二號令，關於設置證券交易所一案，暫行保留，適時再議到府。查買賣有價證券，設置證券交易所或類似機構，依交易所法之規定，非經主管官署經濟部核准，不得設立，且證券交易所之設置，牽涉問題較廣，須先縝密計議，本案經轉呈行政院核示，一俟奉復當再奉達。

從此函覆可知，行政院的答覆與臺灣省政府一致，是以相當空泛與空洞的官方語言敷衍了事，也無對於是否設置證券交易所做出規劃或說明。以當時政府體制與威權性格論，臺灣省政府基本沒有置喙餘地，一概仰仗中央政府鼻息，故省府意見即是秉承中央政府之意見，透過轉呈中央行政院核示，無非僅為一種拖延應付的方式。同時也突顯當時政府財經主管官員從上到下對於設置證券交易所，是以不置可否的消極態度面對，甚至可說根本沒有任何對於證券交易方面的施政作為或打算。

1954 年 3 月 1 日起發放因耕者有其田政策徵收土地補償地價之公營事業股票，使大量的公營事業股票湧入市面，使原本店頭市場形式的股票流通市

〔註10〕 「何傳提案請政府迅即設置證券交易所或類似機構以便利債券及股票買賣」，臺灣省臨時省議會，中央研究院臺灣史研究所臺灣史檔案資源系統，識別號：002-61-300-42002，網址：http://tais.ith.sinica.edu.tw/sinicafrsFront/search/search_detail.jsp?xmlId=0000070932，檢索日期：2018 年 9 月 8 日。

〔註11〕 「請政府迅速即設置證券交易所或類似機構以便利債券及股票買賣案」，《臺灣省臨時省議會公報第二卷合訂本》（第一期至第二十七期），1953 年 9 月 1 日，臺灣省議會史料總庫藏，典藏號：002-01-04OA-02-5-4-02-00658，頁 1015。

場交易量激增，交易糾紛與投機炒作也同步增加，加上缺乏對證券商的管理，不肖券商充斥市面，雖然政府當局採取取締措施，並制定〈臺灣省證券商管理辦法〉予以規範，但政府消極的態度並未產生多大的成效。

　　一方面民間擁有公營事業股票買賣流通之強烈需求，另一方面對於保障證券商正派合法經營之秩序規範，使民間對於創建擁有集中交易與管理機制之證券交易所的呼籲聲浪始終不絕於耳。

　　臺灣臨時省議會省議員以民意需求為依歸，持續在臨時省議會針對設置證券交易所不斷提案與質詢，而該項議題幾乎成了臺灣省臨時省議會每一屆召開定期大會時必定會出現的議案。但政府對此問題之態度依然如故，一概以籌備中、研究中、考慮中等空泛的官方語言敷衍應付。臺灣臨時省議會歷年關於設置證券交易所之提案、質詢與答詢情況如表6-1-1。

表6-1-1　1952年至1958年臺灣臨時省議會就設置證券交易所案詢答一覽

時　　間	會期	省議員	類別	答　覆　人	答詢或決議
1952 年 01 月	1-1	何　傳	提案	臺灣省臨時省議會	決議請政府設置證券交易所。
1952 年 06 月	1-2	何　傳	質詢	臺灣省主席吳國楨	現已正在籌備中。
1952 年 12 月	1-3	蘇東芳	質詢	臺灣省主席吳國楨	中央經濟部研究中。
1953 年 07 月	1-4	何　傳	提案	臺灣省臨時省議會	送請政府研究。
1953 年 12 月	1-5	何　傳	質詢	臺灣省主席俞鴻鈞	正慎重考慮中。
1954 年 06 月	2-1	何禮棟	質詢	省府財政廳長陳漢平	此問題俟再有另外的機會詳細答覆。
1954 年 08 月	2-1	何禮棟	提案	臺灣省臨時省議會	送請省政府轉請中央採納。
1955 年 01 月	2-2	劉闊才	質詢	省府財政廳長陳漢平	是否設置問題，因牽涉太多。
1955 年 04 月	2-2	何禮棟	提案	臺灣省政府	中央檢討考慮中。
1955 年 12 月	2-4	何禮棟	質詢	臺灣省主席嚴家淦	中央對此問題，正在密切注意研討。
1956 年 06 月	2-5	林永樑	質詢	省府財政廳長陳漢平	我只承認問題的存在，應該研究解決。
1956 年 12 月	2-6	何禮棟	質詢	臺灣省主席嚴家淦	中央當局正在考慮中。
1957 年 12 月	3-2	王雲龍	質詢	臺灣省政府	中央有關機關審慎研議中。
1958 年 06 月	3-3	王雲龍	提案	臺灣省政府	曾送據各方建議修改有案。

說明：會期 1-1 表示為第一屆第一次定期大會，依此類推。
資料來源：依據 1952 年至 1958 年臺灣省議會史料總庫藏《臺灣省臨時省議會公報》及各屆
　　　　《臺灣省臨時省議會大會專輯》所載〈議事錄〉、〈提案〉、〈公函〉等整理製作。

　　綜上，透過議員質詢與官員答覆的情形，揭示政府主管官員對於臺灣建立股票集中交易市場制度與設置證券交易所等問題的答覆，不脫官僚形式的消極答覆，如「研究中」、「籌備中」、「研討中」等，並未展現積極提出方案規劃或進度等政策宣示性的表現。

（二）政府態度消極之因

　　探究政府當局設置證券交易所抱持消極態度之因，可由當時中央政府主管經濟事務的相關官員在面對各方關於設置證券交易所問題的詢問時所答覆的意見窺得部分原因。

　　1955 年 2 月 25 日，時任行政院長俞鴻鈞在立法院答覆時任立法委員劉全忠關於公營公司股票轉發民營後，交易頻繁，證券商大量增加，政府應加以管理，並建議政府應即設立證券交易所的質詢時表示：〔註12〕

> 目前有設立證券交易所之必要，不過政府對此一問題極為慎重，仍須詳盡研究妥予處理。

　　1956 年 12 月臺灣省臨時省議會第二屆第六次定期大會總質詢中，時任臺灣省主席嚴家淦在答詢時任省議員何禮棟（1902～？）對於設置證券交易所問題的質詢時表示：〔註13〕

> 創辦證券交易所，這是不是要創設？現在各方面意見都不相同，有的主張創設，有的主張不要創設，……有價證券買賣照理應當也該設立交易所的市場，但反面的顧慮到過去在大陸，曾有許多交易所都變成賭博的市場，投機取巧者興風作浪，反而使經濟遭受影響，……現在中央政府正在考慮這問題，倒不是交易所要不要成立的問題，而是什麼有效方法能夠使弊害減少或防止，……根據我所知道中央當局正在考慮中，就是如果能夠得到一個方式能使資本市場建立，並能防止投機取巧的方式者，政府定會採用。

　　1957 年 3 月 19 日時任財政部長徐柏園於立法院受到時任立法委員曲直生〔註14〕（1900～1969）以政府當局曾表示關於證券交易所的設置「俟上軌道

〔註12〕　〈證券交易所　設立有必要〉，《聯合報》，1955 年 2 月 26 日，第 4 版。

〔註13〕　「答覆人：省政府嚴主席」，〈詢問及答覆——總詢問〉，《臺灣省臨時省議會第二屆第六次大會專輯》，1956 年 12 月 17 日，臺灣省議會史料總庫藏，典藏號：002-02-06OA-00-6-8-0-00353，頁 1324～1326。

〔註14〕　曲直生（1900～1969），河北邢臺人，北京大學經濟系、英國倫敦政治經濟學院畢業，農業經濟學專家，曾任中央大學教授、河北省蠡縣縣長、河北省建設廳秘書主任、國民政府國防設計委員會專員、國民大會代表、立法委員等職。

後，成立交易所」爲題，質詢財政部長徐柏園，在什麼情形下才是上軌道，目前離軌道是遠還是近？時任財政部長徐柏園答詢表示：〔註15〕

> 證券交易問題本人曾屢次向貴院財政委員會等有關會議席間予以陳述，所謂上軌道爲三個條件：一、發行股票或公司債，其公司經營必健全，帳目能公開者；二、上市股票或債券數量要有相當多；三、經紀人本身一定要依照政府法律規定，經營業務。目前股票市場尚不具備以上各條件，關於證券管理，在省爲財政廳，在中央爲經濟、內政及本部各機關經常檢討研究，凡所能改善者必力求改善。

1959 年 11 月 21 日，時任立法委員張九如〔註16〕（1895～1979）在立法院經濟委員會對時任經濟部長楊繼曾〔註17〕（1899～1993）提出質詢，並促請經濟部在半年至一年內，應將證券交易所創設。時任經濟部長楊繼曾答覆時表示：〔註18〕

> 關於設立證券交易所問應，經濟部正在愼重研究中，經濟部當然不能同意像以前上海交易所的那種作法。但是，如果不那樣，證券經紀人恐亦不易維持，因此，對於證券交易所的設立問題，仍在愼重研究中。

甚至以改革派官員著稱的尹仲容，在 1954 年致函時任臺灣省政府財政廳長長徐柏園時表示，對於設立證券交易所是抱持反對立場。尹仲容稱：〔註19〕

> 一般人動輒以爲證券交易所可以吸收游資，……吸收眞正之投資可能性很小，游資則可能循不正常途徑，流入證交市場。……假令經

〔註15〕 〈證券交易問題　立委提質詢〉，《聯合報》，1957 年 3 月 20 日，第 3 版。

〔註16〕 張九如（1895～1979），江蘇武進人，江蘇省第三師範學校畢業，曾任國民革命軍總司令部參議、軍政部秘書、中央政治學校軍事政治教官、蘭州榷運局局長、國民黨中央宣傳委員、中央銀行經濟研究所專門委員、江蘇省參議會副議長、國民大會代表、立法委員等職。

〔註17〕 楊繼曾（1899～1993），安徽懷寧人，同濟醫工專門學校、德國柏林工科大學畢業，曾任軍政部兵工署兵工研究委員、漢陽兵工廠副廠長、上海兵工廠副廠長、兵工署行政司長、兵工署製造司長、經濟部政務次長、國防部常務次長、臺灣糖業公司董事長兼總經理、經濟部長、國民大會代表等職。

〔註18〕 〈設證券交易所問題　正愼重考慮中〉，《聯合報》，1959 年 11 月 22 日，第 3 版。

〔註19〕 尹仲容，〈對臺灣設立證券交易所之意見〉，《我對臺灣經濟的看法全集》（臺北：美援運用委員會，1963 年），頁 24～26。

濟穩定，管理制度嚴密，無其他流弊發生，則其作用最多不過如抗
戰前之上海證券交易所，開拍之證券有限，而且交易者限於少數投
機機關，與一般人民儲蓄及產業資金，不發生關係。……設立證券
交易所，增加一投機者合法活動之場所，對於經濟穩定，多一有力
之擾亂者。

綜上相關官員答覆關於證券交易所設置問題，顯示當時政府當局對於此
問題態度消極的原因，很大一部份就是處理不了證券交易過程中，一定會存
在投機取巧的炒作問題。這個問題，實際是屬於交易與管理制度規劃設計的
問題。這點可以從時任財政部長徐柏園所稱上軌道三個條件得出，如公司經
營健全，帳目能公開者，這牽涉會記制度的稽核管理；上市股票數量要夠多，
這牽涉公司申請股票上市核准的條件與規定；而經紀人要依法經營業務，這
涉及經紀人資格申請與業務稽查。這些都是政府管理範圍內能獲得解決的技
術問題。

而政府可作爲而無所作爲，突顯出當時政府對於 1946 年至 1949 年出現
於上海證券市場投機炒作風氣盛行，造成金融市場混亂，而當時政府的處
理亦舉措失當使得混亂局面更加惡化，鑒於這段經歷，導致政府對於設立
證券交易所相關問題深具戒心，寧可研究再研究的拖延。〔註 20〕這點可由
1960 年 1 月 9 日媒體報導時任經濟部常務次長王撫洲〔註 21〕（1900～1978）
的對設置證券市場仍然提及當年在上海所發生的證券交易混亂的說法得到佐
證：〔註 22〕

政府爲改善投資環境，便利中外人士之投資，擬議中的證券市場，
將盡可能提前於本年上半年成立，計劃的證券市場，決定採取官督
民營的方式。以免有操縱把持之現象！再蹈上海時期證券交易所之
覆轍。

政府主管財經事務的相關官員的恐懼心理，加上政府遷臺後財經主管官
員普遍屬於保守派官僚，作風相當因循保守且昧於時事，對於財經方面的改

〔註 20〕〈證券交易所難產記〉，《徵信新聞報》，1960 年 4 月 22 日，第 5 版。
〔註 21〕王撫洲（1900～1978），河南正陽人，留學美國華盛頓州立大學、俄亥俄州立
大學，獲工商管理碩士，曾任教河北大學、北京政法大學、臺灣大學等校，
並曾任西安剿總司令部黨政處長、財政部貨運管理局副局長、直接稅署署長、
錢幣司司長、鹽務總局局長、經濟部常務次長、國大代表等職。
〔註 22〕〈改善投資環境　籌設證券市場〉，《聯合報》，1960 年 1 月 9 日，第 5 版。

革一方面充滿疑懼。〔註23〕另一方面則爲官僚本身的學識不足，難以認知資本市場以及證券市場對於經濟發展的重要性。

因疑懼而抗拒改革的現象，不僅針對證券交易所設置問題上，在其他財經領域的改革政策推動方面同樣如此。如時任經濟安定委員會秘書長尹仲容於 1957 年起開始推動外匯貿易改革，最大的阻力便是來自於政府本身。當時政府內主管財政金融的官員，從時任行政院長俞鴻鈞、時任財政部長兼外貿會主委徐柏園、時任經濟部長江杓〔註24〕（1900～1981）等一致反對改革，其中尤以任內完成若干外匯管制措施與採多元匯率政策的時任財政部長徐柏園反對最爲激烈。最終於 1958 年 3 月，在嚴家淦支持尹仲容的改革主張，並說服時任副總統陳誠採納該改革方案後，以陳誠取代俞鴻鈞兼任行政院院長，以及徐柏園辭去財政部長與外貿會主委兩職由嚴家淦接任，才使尹仲容推動的外匯貿易改革得以施行。〔註25〕

1958 年尹仲容等人所推動的外匯貿易改革，將 1950 年政府遷臺後的進口替代政策，改爲以鼓勵出口爲主的政策方向，並從此啓動臺灣出口導向的快速成長，成爲戰後後進國家中第一個主動轉型的經濟體，臺灣這種政策創新，成爲日後其他後進國家學習的榜樣。〔註26〕

而臺灣證券交易制度的建立與證券交易所的設置問題，如同前述推動外匯貿易改革時所面臨的阻礙一樣，就在政府當局財經主管相關官員的恐懼過往、疑懼改革以及保守心態下延宕多年，若無自內部要求財經改革的呼聲與自外部由美國要求建立資本市場以及美援將結束無償提供資金轉爲貸款的壓力，在此內外兩種壓力交互影響下，臺灣證券交易制度的建立與證券交易所的設置恐將繼續延宕，臺灣證券交易所是否能於 1962 年 2 月 9 日順利開業營運，使臺灣正式開啓現代化集中交易制度的股票市場，則尚在未定之數。

〔註23〕 郭岱君，《臺灣經濟轉型的故事》（臺北：聯經出版事業股份有限公司，2015年），頁 189。

〔註24〕 江杓（1900～1981），上海市人，於德國求學並考取德國特證工程師，曾任經濟部長、行政院政務委員等職。

〔註25〕 郭岱君，《臺灣經濟轉型的故事》（臺北：聯經出版事業股份有限公司，2015年），頁 147～159。

〔註26〕 瞿宛文，《臺灣戰後經濟發展的起源》（臺北：中央研究院、聯經出版事業股份有限公司，2017 年），頁 273。

二、政府施政態度轉變階段

1958 年下半年，政府對於建立資本市場、證券交易所設置以及證券交易管理等相關政策開始改變以往消極的態度轉爲較積極的態度。這種轉變可以由內部的改革需求以及外部美國改變美援政策之壓力，以此兩方面解釋政府當局對於財政、經濟、金融等改革施政態度由消極轉爲積極的原因。

（一）內部因素

以內部因素來說，自政府遷臺以來，臺灣經濟情勢及其後勢發展都充滿樂觀的未來性，1951 年至 1961 年 10 年間平均 GDP 增長爲 19.31%，每年 GDP 幾乎都以兩位數在成長（表 6-1-2），政府施政傾向與以管制爲基調的保守作爲以及所制定的相關法規，已不敷臺灣經發展的實際需要。

表 6-1-2　1951 年至 1961 年國民生產毛額（GDP）增減情形一覽

年　度	國民生產毛額 GDP（百萬元）	GDP 增減（百萬元）	增減%
1951	12,328	－	－
1952	17,251	4,923	39.93%
1953	22,955	5,704	33.06%
1954	25,204	2,249	9.80%
1955	29,981	4,777	18.95%
1956	34,410	4,429	14.77%
1957	40,173	5,763	16.75%
1958	44,966	4,793	11.93%
1959	51,883	6,917	15.38%
1960	62,507	10,624	20.48%
1961	70,043	7,536	12.06%
平均值	37,427	5,772	19.31%

資料來源：依據行政院主計處，〈國內生產毛額及其處分總帳——按當年價格計算〉（1951～1987），《中華民國統計年鑑》（臺北：行政院主計處，1988 年），頁 366～370 整理製作。

所以民間方面對於包含放鬆外匯、貿易管制以及建立證券市場等促進臺灣經濟發展必須推動財經改革的呼籲聲浪相當大，不論是媒體、學者、專家以及工商業大佬等各界都不斷多次透過各式各樣的管道，如新聞社論、媒體

撰文投書或政府所召開座談會與之對談等方式向政府當局表達改革訴求。

　　在政府部門方面，政府遷臺後主管財經事務的官員主要分爲兩派，一派以俞鴻鈞、徐柏園爲代表，傾向計畫經濟思想，主張謹愼的漸進式改革，是屬於保守派的作風。另一派則以嚴家淦、尹仲容爲代表，雖無明顯傾向於何種經濟思想，但主張正本清源，從根本解決問題，而不是頭痛醫頭式的只求問題解決，是屬於實務派的作風。

　　俞鴻鈞、徐柏園等人在大陸時期就已擔任財經領域重要職位，兩人對於當年政府在大陸金融政策的失敗都負有相當的責任，其慘痛教訓使其心中留下難以磨滅的烙痕，且此兩人比較重視官場上下分際，上面沒指示，他們不會貿然採取大動作改變政策。反觀嚴家淦、尹仲容較敢於表達自我意見，也容許部屬提出不同意見，且較爲年輕，並無中央政府在大陸執政失敗的包袱，故在解決問題上，比較客觀，也較具彈性。〔註27〕

　　以嚴家淦、尹仲容等爲首的務實派對於當時臺灣經濟現況有著較爲清晰的認識，同時也認爲政府應該大刀闊斧的採行一系列經濟改革，爲臺灣塑造一個有利於臺灣經濟發展且能吸引投資的大環境。

　　1958 年 3 月尹仲容獲得嚴家淦、陳誠等支持接任外匯貿易審議委員會主任委員，開始推行外匯貿易等財經改革，4 月時行政院公布「改進外匯貿易方案」及〈外匯貿易管理辦法〉，對當時外匯貿易制度作全面革新，改革過程相當順利，使臺灣經濟活動及外貿管制鬆綁，當時世界正逢貿易自由化的浪潮，臺灣對外貿易突飛猛進，整體經濟體質獲得提升，這種變化使得政府推動財經改革的信心獲得增加，爲此後一系列的財經改革措施立下基礎。到了 1958 年底，政府關切的經濟問題已不再是「經濟安定」與「物價穩定」，而是如何加速投資，擴大經濟規模。〔註28〕

　　想要加速投資就必須吸引資金，尤其是民間游資。將游資吸收後轉變爲企業資本，再由企業來創造獲利，吸引更多的投資，如此循環才能將經濟規模不斷擴大。那麼建立資本市場並使其正常發揮功能，便是政府推動財經改革施政規劃上必須得重視的地方，而建立證券交易制度以及設置證券交易所便處於創建資本市場的核心位置。

〔註27〕　郭岱君，《臺灣經濟轉型的故事》（臺北：聯經出版事業股份有限公司，2015年），頁 230～233。

〔註28〕　郭岱君，《臺灣經濟轉型的故事》（臺北：聯經出版事業股份有限公司，2015年），頁 171。

　　時任財政部長嚴家淦是最爲主張臺灣應建立資本市場與證券市場。如《聯合報》於 1958 年 4 月 5 日及 8 月 21 日都曾報導嚴家淦的對於建立資本市場與證券市場的主張：〔註29〕

> 資本市場的本身即是工業化，現在我們提倡工業化，故很需要建立起一個現代化的資本市場。……建立一個正常化的證券市場是需要的，……政府爲了建立證券市場，已派員赴美考察，俟考察人員歸來，即可著手建立。

1958 年底左右，已有經濟部官員對外界表示：〔註30〕

> 政府對於設立證券交易所一事，已有初步結論，原則上決定設立。政府設立證券交易所的目的，乃在融通工業資金及靈活證券交易，故其設立的條件，必須在技術上達到下列數項：（一）民間資金投入後，獲得安全的保障；（二）所投入的資金，能夠獲得合理的報酬；（三）投入的資金，必須應用在生產事業。

　　當務實派改革主張獲得當局支持，就產生開始推動改革政策的內在動力。但單純的內部因素仍是不足以順利推動包含建立資本市場在內的財經改革，至少在改革速度與效率上是不理想的，僅能提供政府相關官員做好相關心理建設以及改革不能避免的共識而已。眞正關鍵還是來自於外部因素的刺激，但若無內部因素所形成的共識，外部因素縱使刺激，改革能否順利仍值得商榷。

（二）外部因素

　　在外部因素部分，主要是來自於美國方面要求開放資本市場以及建立現代化金融制度系統的壓力。據李國鼎的回憶稱：美方從 1950 年代初期開始，就希望推動臺灣建立票據市場或證券市場。〔註31〕

　　在美國方面，1956 年下半年時，美方因自己國內經濟發展遇到瓶頸，民間資金急於向外尋求新的投資機會，且美國長期對外投資、軍事援助、經濟援助以及本身軍費負擔，使美國國際收支失衡，財政預算也出現大量赤字，促使美國政府不得不重新評估其對外援助政策。因此，自 1957 年起，美國不

〔註29〕 〈嚴家淦昨表示　需建資本市場〉，《聯合報》，1958 年 4 月 5 日，第 4 版；〈嚴家淦昨表示須建證券市場〉，《聯合報》，1958 年 8 月 21 日，第 4 版。

〔註30〕 〈設證券交易所　政府原則決定〉，《聯合報》，1958 年 11 月 13 日，第 5 版。

〔註31〕 李國鼎口述、劉素芬編著，《李國鼎：我的臺灣經驗》（臺北：遠流出版事業股份有限公司，2005 年），頁 416。

再單純提供贈與性質的金錢資助，轉而將美援經費以貸款方式用在協助受援對象改善本身經濟環境以及開放國內市場讓美國民間企業去投資，藉此使受援對象能經濟自立，不再需要仰賴美援挹注。

1959 年 11 月 7 日，《徵信新聞》報導剛從美國休假返臺之美國國際合作駐華分署署長郝樂遜（W. C. Haraldson）就美援趨勢警告稱：〔註32〕

> 美國一般輿論均主張逐漸減少援外款項，因為大量黃金及美元外流，美國在財政上已有顯著的逆差，基於此種情勢，中國政府應即審慎擬訂一項能配合此種不可避免的美援減少情勢之整套計劃，包括稅務、信用、銀行、儲蓄及投資等各方面尋求能夠加速刺激經濟發展的方法。……中國現在並未各方配合盡其全力於發展經濟，人才、技術及資源也未曾全部利用，中國應採取步驟。凡人所能為者均需拿出來刺激經濟發展。……希望我修改稅法，鼓勵儲蓄及修正外人投資法以吸收外人資本。

1959 年 12 月 3 日至 4 日，美國國際合作總署副署長沙希奧（Leonard J. Saccio）和美國國務院援外計劃協調處副處長貝爾等人來臺訪問。沙希奧表示：美國援外政策即將改變，臺灣必須及早因應，雖美援即將減少，甚至停止，但運用美援良好的國家仍然可以得到重點補助。〔註33〕

1959 年 12 月 30 日，郝樂遜與美國駐華大使館經濟參事葉格爾（Joseph A. Yager）一同赴時任副總統陳誠的官邸時，提出一份關於美國方面對臺灣財經改革要求的建議備忘錄，臺灣方面與會參與討論該建議者有陳誠、嚴家淦、尹仲容、李國鼎四人。〔註34〕郝樂遜所提美方建議包含軍費限制、防止通膨、設立證券交易所、稅制改革等八項建議：〔註35〕

1. 自所有財源中每年用於軍事方面款項之限額應有所規定。

2. 防止通貨膨脹之金融及放款政策。

3. 稅制之改革。

〔註32〕〈今年美援金額　總數接近億元　明年度預算將減少　郝樂遜盼我國早做準備〉，《徵信新聞》，1959 年 11 月 7 日，第 1 版。

〔註33〕郭岱君，《臺灣經濟轉型的故事》（臺北：聯經出版事業股份有限公司，2015 年），頁 180。

〔註34〕李國鼎口述、劉素芬編著，《李國鼎：我的臺灣經驗》（臺北：遠流出版事業股份有限公司，2005 年），頁 269。

〔註35〕李國鼎口述、劉素芬編著，《李國鼎：我的臺灣經驗》（臺北：遠流出版事業股份有限公司，2005 年），頁 562～568。

4. 單一及切合實際之匯率。

5. 放寬外匯管制。

6. 設立公用事業費率委員會。

7. 證券之登記與交易所之設立。

8. 公營事業移轉民營。

此八項建議又稱為「郝樂遜八點財經改革建議」。〔註 36〕美方希望以此八項建議為基礎要求臺灣進行財經改革，並最終取得不依賴美援達到臺灣經濟自主的目的。參照前述美國國際合作總署副署長沙希奧的表示，美援運用良好才能繼續獲得美援補助，若美方所提建議臺灣方面不配合，是否表示美方將不再提供美援呢？

故在美方援外政策轉變以及對臺灣不斷施壓，希望臺灣改善投資環境與匯率政策，使臺灣經濟能加速發展，並方便美國民間企業來臺投資等壓力下。尹仲容等財經官員開始推動財經改革，無疑是受此影響而不得不被迫回應有關。在充分了解美方訊息，知道美援終有停止的一天，為避免臺灣經濟將來受到美援停止的衝擊影響，政府當局必須提升臺灣經濟發展的自立能力。

綜上，在內外兩種因素的交互作用下，政府當局不得不轉變以往消極的態度，改以積極推動改革的姿態回應美方。政府在研究美方所提的建議備忘錄後，認為其範圍不夠周延，〔註 37〕於是由時任美援運用委員會專門委員王作榮（1919～2013）奉命草擬「十九點財經改革措施」，由行政院院會決議交由各主管單位切實執行，並於 1960 年 1 月公布施行，同時成立一小組監督，由時任行政院副院長王雲五（1888～1979）主持。〔註 38〕

「十九點財經改革措施」內容依序為經濟發展（含鼓勵儲蓄節約消費、資本市場、改善民間投資環境等三項八點）、預算（含支出方面、收入方面、預算制度等三項六點）、金融（未分項三點）、外匯與貿易（未分項二點）等四大類，而其中關於資本市場的部分被列入「十九點財經改革措施」中經濟

〔註 36〕 郭岱君，《臺灣經濟轉型的故事》（臺北：聯經出版事業股份有限公司，2015年），頁 184。

〔註 37〕 張紹台、王偉芳、胡漢楊等編，《臺灣金融發展史話》（臺北：財團法人臺灣金融研訓院，2005 年），頁 89。

〔註 38〕 王作榮，《壯志未酬：王作榮自傳》（臺北：天下遠見出版股份有限公司，1999年），頁 195。

發展類中的第二項，以全部共十九點的排序論，等於是處於第二點的位置，也突顯其重要性。其內容如下：〔註39〕

> 缺乏良好之資本市場，亦爲妨礙經濟發展之主要原因，中國政府除已採取保證民營企業發行公司債，協助成立開發公司，命令交通銀行復業及籌備設立證券交易所等措施外，現正聘請美籍專家就證券交易所及資本市場問題加以研究，提供意見（計畫可能實現之日期：一年）。

其次該改革措施中的第三點雖非列在資本市場項目下，而是列在改善民間投資環境項目下，但也與發展資本市場及證券交易等相關領域有所關連，故仍將其內容抄錄如下：〔註40〕

> 中國政府已經過去爲應付經濟危機所採取支各種管制措施，或予解除，或予放寬，現擬就此一方面再作檢討，務使民營企業有充分之活動自由。（計畫可能實現之日期：隨時檢討不斷改進）

若僅從上述政府公布實施之「十九點財經改革措施」要點內容來看，似乎與此前政府在面對民意代表、輿論的答覆都有「研究」的詞彙相仿，但從1960年9月1日證券管理委員會成立以及臺灣證券交易所於1961年10月23日成立、1962年2月9日開業營運觀之，在不到二年的時間，便已實現「十九點財經改革措施」中關於證券交易所的設立，政府態度與效率確實由消極轉變爲積極。

就嚴家淦、尹仲容等人於1958年3月起開始推動臺灣財經改革與1959年12月郝樂遜提交美方建議臺灣財經改革備忘錄相較，促使政府轉變態度的因素中，顯然外部來自於美方的因素大於內部要求改革的因素。故美援政策的轉變，是臺灣加速經濟改革的關鍵因素。〔註41〕與此同時，若無內部因素所形成的改革共識之配合，政府是否能順利推行財經改革則有待商榷。但就在內外因素交互配合影響下，最終還是催生出臺灣證券交易所的設立以及使

〔註39〕 李國鼎口述、劉素芬編著，《李國鼎：我的臺灣經驗》（臺北：遠流出版事業股份有限公司，2005年），頁562；王作榮，《壯志未酬：王作榮自傳》（臺北：天下遠見出版股份有限公司，1999年），頁596。

〔註40〕 李國鼎口述、劉素芬編著，《李國鼎：我的臺灣經驗》（臺北：遠流出版事業股份有限公司，2005年），頁563；王作榮，《壯志未酬：王作榮自傳》（臺北：天下遠見出版股份有限公司，1999年），頁596。

〔註41〕 郭岱君，《臺灣經濟轉型的故事》（臺北：聯經出版事業股份有限公司，2015年），頁175～176。

臺灣股票市場由店頭市場交易時代轉型邁入具有現代化意義的集中市場交易時代。

第二節　美援支持下的臺灣證券市場籌設

　　政府在規劃設置證券交易所以及研擬相關法令規章的籌備階段，首先是邀集財經相關領域的學者專家成立「證券市場研究小組」，用以研究並提出施政時所需之理論依據，同時修改現行證券法規，將法規層級由地方提升至中央層級，並成立專責的主管機關「證券管理委員會」主導各項準備工作。

　　證券管理委員成立後為順利完備證券交易所設置工作，除選派人員赴海外考察證券相關制度運作情形外，還特別透過美援管道聘請美國與日本的證券專家來臺協助，並提供研究意見供政府參考。

　　臺灣證券集中市場得以順利建立，政府所採取的各種籌備措施是具有積極與正面的意義。美援的積極支持，提供贈與性經費及技術指導等援助，更是推動臺灣順利建立證券集中市場最大的助力。故對於各種政府在籌備階段所採取的措施分別討論如下。

一、證券市場研究小組

　　1959 年 2 月時，在「十九點財經改革措施」尚未出台前，經濟部為回應民間輿論對於設立證券交易所的呼籲，以及鑒於民間企業發行公司債踴躍，為做好設立證券市場的準備。

　　經濟部邀集國內財經專家張峻，徐澤予、宋作霖、陳振銑、梅仲協、袁則留、翁之鏞及財政部、臺灣省政府、臺灣銀行、中央信託局等有關單位代表，組織成立「證券市場研究小組」，並由張峻任召集人，對設置證券市場相關法律及程序問題予以研究，並根據研究之結果，作為未來籌設證券市場的準備。〔註42〕

　　該研究小組正式於 1959 年 3 月 16 日成立，並分為三個小組分別針對（一）有關證券市場的設立原則、制度及方案；（二）會計及財務制度有關事項；（三）有關證券市場設立的法律問題等三個題目進行研究。〔註43〕

〔註42〕〈經部邀集專家　籌設證券市場〉，《聯合報》，1959 年 2 月 26 日，第 5 版。
〔註43〕〈籌設證券市場　研究小組成立〉，《聯合報》，1959 年 3 月 17 日，第 5 版。

當時市場學專家大學教授林希美〔註44〕（1918～？）曾撰文批評該研究小組人員組成專業素質不佳，且態度敷衍頗有虛應故事之感：〔註45〕

> 經濟部成立了一個建立證券市場研究小組。該小組組成分子爲十二名研究委員，委員均爲兼任，亦非選聘對本問題向有素養之人士所組成，祇是受聘後每週聚會一次，故進展滯緩，於曾於7月7日函邀工商團體專家於經濟部會議室舉行一次座談會，……筆者當時榮幸忝爲專家之列，……在開會當時，研究小組先提出八個問題，主席説，他們内部意見尚未有一致的主張和決定，請大家提供意見。但是，這些問題，都是證券交易最普通的問題，令人很懷疑成立了四個月的研究小組，竟致未曾研議而胸無成竹以至於此，其所以提出討論，想爲集思廣益，以供參考而已？

在經過半年多的時間内多次召開會議與討論，證券市場研究小組於1959年9月16日初步提出研究報告，其重點約略有五項，分別爲：（一）證券市場組織採公司方式，凡發行證券之公司行號，須公開其財務與業務狀況，俾社會人士能了解各種證券之眞正價值，以免盲目投機；（二）任何證券須在證券市場内買賣，不得作場外交易；（三）對期貨交易之期限，須嚴格限制，交割期間不得太長；（四）經紀人資格應有嚴格之規定；（五）上市之證券，須經政府審核，審核合格後始准上市。〔註46〕

1960年9月時，證券市場研究小組根據前項研究報告，更進一步提出證券交易所設立問題之研究報告供政府研議，其主要内容共分爲證券管理委員會、證券公開發行之管理、證券交易所之組織、證券交易所之業務、有關證券之稅捐、有關法律之修訂等六大類：〔註47〕

（一）證券管理委員會：

　　1.證券管理委員會爲全部證券市場的指導機構，隸屬於經濟部。

　　2.證券管理委員會設主任委員一人、副主任委員一至二人、委員

<hr>

〔註44〕林希美（1918～？），浙江黃巖人，上海復旦大學畢業，曾任經濟部專員、臺灣大學教授、東吳法學院教授、證券管理委員會小組委員、臺灣省政府財政廳第二科科長等職。

〔註45〕林希美，〈對於建立證券市場的認識〉，《中國經濟》，第107期（1959年8月），頁12。

〔註46〕〈籌設證券市場　商獲具體結論〉，《聯合報》，1959年9月17日，第5版。

〔註47〕經濟部建立證券市場研究小組編，《經濟部建立證券市場研究小組報告書》（臺北：經濟部建立證券市場研究小組，1959年），頁8～34。

　　　若干人，由經濟部遴選後呈請行政院核派之，財政部與中央銀行得派代表參加爲當然委員。

3. 證券管理委員會業務執掌：

（1）證券公開發售之管理。

（2）證券交易所之登記與管理。

（3）經紀人業務之許可與管理。

（4）經紀人同業公會之核定與管理。

（5）投資銀行業證券承銷業務之許可與管理。

（6）投資顧問之核定與管理。

（7）發行證券公司財務與業務之定期報告。

（8）發行證券公司負責人（包括董事監察人及總經理）及股權十分之一以上大股東持有股權之登記與管理。

（9）發行證券公司有關股東權利之文件（如代表出席股東會委託書等）之規定。

（10）其他有關證券市場應行監督輔導之事項。

（二）證券公開發行之管理：

1. 管理範圍以公開發售的證券爲限。

2. 扶植投資銀行承銷上市證券及提倡投資顧問之職業。

3. 創立公司證券之優先購買權。

4. 發行股票須設發行登記人及過戶代理人，發行公司債須設受託人。

5. 公司發行普通股，須爲記名之股票。

6. 證券管理委員會之任務，在提高證券信用增加其流通性，使市場健全發展。

7. 公司的所有權，屬於全體股東。

8. 發行證券之公司對財務與業務力求自治。

9. 新證券以從事投資銀行的業務機構爲承銷人，證券交易所的經紀人，均可參加承銷人，並可雇用或委託他人代理售賣。

（三）證券交易所之組織：

1. 證券交易所採用股份有限公司組織爲宜，而以民營爲原則。

2. 交易所資金募集，宜以一般民營事業以國民爲對象，如一般不

能認募足額，可由政府或公營事業參加投資。

3. 交易所設在臺北市，即以臺北市區域為營業區域，經紀人均須在市區內設有營業處，本省各地投資者，又透過證券商各地分支營業處買賣證券。

4. 股份有限公司的交易所與經紀人劃分為二，交易所本身不從事證券買賣，完全處於超然地位，經紀人的買賣行為，經常受交易所嚴密監視。

5. 交易所內部組織以董事會為公司最高決策機構，設分組評議會，審議業務政策制度與方法，並指導管理部門規章之擬訂。

（四）證券交易所之業務：

1. 上市證券，分為政府債券及公司證券兩種，中央政府或地方政府發行債券，不必向證券管理委員會辦理登記手續，可即由主管機關通知委員會轉知交易所上市買賣，但公司證券，必須先向委員會辦理登記手續，並向交易所申請上市。

2. 上市公司證券，交易所將其區分為正式上市及試行上市兩種，試行上市證券暫定兩年，必要時得繼續延展，交易所並得收費。

3. 經紀人為場內交易主體，在初創時期，交易數量定不繁多，經紀人名額可依交易所容量決定，經紀人分為代理業務及自營業務兩類，採取分職制度，不得兩者兼營，經紀人將在臺北市區以外設立分支機構。

4. 經紀人應有財務能力，要能取得投資者的信任，經紀人應繳納保證金於交易所，歇業時可發還。

5. 經紀人收取投資者佣金率，交易所有統一規定，不許私自增減，對受託者，應忠誠可靠，不得對外洩露投資者姓名及委託買賣任何內容。

6. 證券貿易，暫以貨款現繳為限，將來如有必要，得呈准兼行保證金交易。

（五）有關證券之稅捐：

1. 證券交易稅應予取消。

2. 成交單上之印花稅應由從價課稅改為從件課稅。

3. 投資證券的資本所得收益，不計課稅所得，倘有損失，亦不得

在課稅所得內減除。

4.關於外幣帳務的處理，各公司必須公開，因外幣匯價變動發生
困難，應有一解決辦法。

（六）有關法律之修訂：

1.現行法律中關於證券市場者，除民法、刑法及民刑責任之基本
權利義務外，其他〈交易所法〉、〈公司法〉、〈商業會計法〉、
〈會計師法〉，為直接有關牽涉較多之法律，均有部分修正之必
要。

　　而當時經濟部透過美援管道自美國所聘請的證券市場專家符禮思（George
M. Ferris，1927～2008）則對於證券市場研究小組所提研究報告中的建議事
項，認為規章過於嚴格與繁瑣，政府應扶助證券交易所及其會員建立信譽，
增加投資者信心。同時，對於公開發行證券公司須向證券交易所辦理申請證
券「正式上市」或「試行上市」之手續，此規定，對投資者固有保障，但有
信用疑慮的證券，不易摒除在外，一有信用問題，勢必損壞交易所聲譽。另
外，禁止場外交易一節，似難實行，且可能發生黑市交易；對於代理經紀人
與自營經紀人之業務劃分，將使具有承銷能力之經紀人，無從承銷證券，此
乃不合實際之限制。〔註48〕

二、聘請外籍專家顧問

　　政府籌設證券交易所階段，除將國內相關學者與專家納入經濟部成立之
「證券市場研究小組」參與研究討論並提供建議外，也透過美援運用委員
會利用美援管道由美國聘請證券相關領域的專家來臺，專門研究證券行政
管理與證券交易實務，並將其研究意見提供政府用以創設證券交易所之參
考。〔註49〕

〔註48〕〈符禮思的看法　研究報告過於嚴格〉，《聯合報》，1960 年 9 月 22 日，第 5
版。

〔註49〕〈籌設證券市場　當局洽聘專家〉，《聯合報》，1959 年 7 月 24 日，第 5 版；
「准貴會函轉安全分署對證券市場工作組計劃所提修正意見復請察核轉洽
由」（中華民國 49 年 8 月 11 日，經台（49）商字第 11037 號），經濟部函，
受文者：行政院美援運用委員會，1960 年 8 月 11 日，中央研究院近代史研究
所檔案館藏，《1961 至 1962 年度美援臺幣基金設立證券市場計畫》，館藏號：
36-10-011-017。

　　1960 年 1 月 10 日，由美國國際合作駐華分署以美援經費技術援助款下出資聘請的美國證券市場專家符禮思來臺，並開始展開有關臺灣現有證券交易、證券流通籌碼、經濟現況、金融環境等情形研究與分析以及對經濟部證券市場研究小組所提出的研究報告經分析研究後予以修正。符禮思完成該研究報告修正後，將成為證券交易所的藍圖，行政院將依據這份修正後的研究報告著手建立證券市場與設置證券交易所。〔註 50〕

　　符禮思經過九個月的研究，於 1960 年 9 月發表〈設立證券市場研究報告〉，全文共分為提要、當前投資環境、設立證券交易所目的、對證券市場研究小組建議事項評議、修改稅法、其他必要條件、證券交易所、結論等八個項目分別討論，其研究報告要點如下：〔註 51〕

（一）提要：

　　1. 臺灣證券市場如不建立，則健全之資本形成無從實現，無健全之資本形成，勢將阻礙工業之發展，美援計畫之效果亦將短暫而有限度。

　　2. 建立證券市場的前提為：（1）修改稅法；（2）成立證券交易管理委員會並制定或廢止現行有關證券及交易所之管理法令；（3）建立一經特別考試合格之會計師制度；（4）修訂有關銀行之管理法規。以此四項步驟改善投資環境，否則不宜建立證券市場。

（二）當前之投資環境：

　　1. 當前臺灣投資環境，工業投資稅後淨收益最高年息 10%至15%，而商業投資高利潤於工業投資利潤；臺灣銀行保證發行公司債年息 20%，六個月定期存款利息 12.6%；民間抵押及信用放款年息竟高達 39.6%至 46.8%，市場資金供求失衡，競爭激烈。

　　2. 民間缺乏信心，民間資金不願投放於現代公司組織之企業，而一般企業缺少信賴之會計處理與報告，亦助長民間對企業管理

〔註 50〕〈籌設證券市場　美籍專家下月來臺〉，《聯合報》，1959 年 11 月 25 日，第 5版；〈設資本市場決加速完成〉，《徵信新聞》，1959 年 12 月 25 日，第 6 版；〈美籍專家明來臺〉，《徵信新聞報》，1960 年 1 月 9 日，第 6 版。
〔註 51〕〈美籍專家符禮思　設立證券市場研究報告全文〉，《徵信新聞報》，1960 年 9月 22 日，第 2 版、第 5 版。

之不信任，尤其不斷之通貨膨脹，更加深民間對企業投資的恐懼。必須採取有效措施培植可靠資金來源。

3. 大多數公司，包括規模較大之企業在內，常以短期借款支應長期資金之需要，使周轉金成為負數。

4. 目前本省證券商中，其業務較為活躍者只有八家，大多屬於證券商相互間之自營買賣，間有少數顧客，亦多為與發行證券公司有直接利益之董監事，或公司主要負責人員有密切關係者，現行證券商管理法規中若干條文頗不切實際，已為證券商所公開違背；現行證券商教育程度與財力均感不足，難以承當健全證券交易所之會員。

（三）設立證券交易所之目的：

1. 建立大眾投資信心，使民間儲蓄導入生產途徑，促進資本形成，並進而加速臺灣經濟與工業之成長。

2. 證券交易所雖非抑制通貨膨脹之工具，但可視為健全資本形成之副產物，所以工業擴展將導致政府稅收增加，並進而達到預算平衡，此為抑制通貨膨脹之最有效力量，亦為任何金融政策所應努力之方向。

3. 證券交易所應導入財務健全的證券商參與證券承銷業務，因為證券承銷人的職能便是從民間獲得長期資金融通的主力。

4. 具備一正常活動之證券交易所，有助於吸收國外資金。

（四）對經濟部建立證券市場研究小組建議事項之評議：

1. 規章過於嚴格，單靠法律不能創造有真正意義之證券交易所。經濟部證券小組報告所擬議各項規章，似過於繁瑣，證券交易管理委員會將難以實施。政府應扶助證券交易所及其會員自立信譽，進而增加大眾投資者信心，而非制定各種繁雜規章及實施經常監督。

2. 證券交易所應擇信用卓著之公司證券予以上市交易，以及審慎選擇合格的證券商會員，以避免喪失證券交易所信譽，使投資者失去信心。

3. 禁止場外交易，似難實行，政府雖以法令禁止場外交易，必然有黑市交易發生，應以積極輔導工作替代，讓大眾投資者瞭解

證券交易所上市證券具有安全、保障及利益所在。

4. 設立健全之證券承銷機構，實為資本形成重要步驟之一，將證券經紀人限制分為受託代理經紀人與自營買賣經紀人，且互不兼營，將降低證券經紀人獲利機會，也減弱承銷業務的能力，不切合實際。

（五）修改稅法：

1. 對公司營利所得與股東分配股利之重複課稅，應予以廢止。僅需對公司營利所得課稅，股利不需課稅則可使依靠短期借款周轉的公司轉而發行股票以健全資本結構，放棄高利借款。

2. 持有證券一年以上出售獲得利益者，應予以免除課稅，而持有證券不足一年出售獲得利益者，為避免投機，應全部課稅。因出售證券而發生虧損者，應得自課稅額內扣除。政府對長期持有證券者課稅，並不會增加重大稅收，反而會使投資者無限期持有證券，導致可用於投資新事業之資金減少或凍結，阻礙創新發展。

（六）其他必要條件：

1. 證券交易管理委員會應即成立，其職權主要在監督市場動態，並執行財務報告之公開，對證券交易所制定基本規章，使其自行釐定業務細則。設立證券交易管理委員會所依據之法令，應同時修改（或代替）現行各種交易及證券商管理法規。

2. 證券交易管理委員會應視為一獨立機關，其地位不一定與部會相等。應羅致社會上有聲望人士充任委員，避免有個人或團體對管理委員會施以不當之壓力。此外，主管市場信用與管制，如中央銀行及其他有關單位官員不宜充任管理委員會委員。

3. 會計師之職業水準必先予以提高，應規定會計師查帳後必須簽具詳開證明書，以提高其職業道德；若干會計師素質低下，現行辦法規定凡大學畢業，曾在政府機構擔任會計單位主管三年者，不須經由考試即可申請甄別登記發給會計師證書，或以著作替代考試。為獲取大眾投資者信心，建議會計師應由考試院予以考試獲取資格。

4. 證券交易管理委員會應另設一小組委員會，由若干有權威之會計師及大學會計學教授組成，此等委員均登記爲特約會計師，且須經管理委員會考試合格。公開發行證券之公司，其帳冊應每年由特約會計師簽核並發給證明書後，始得對外發表。

5. 證券交易所須與貸款機構合作，因貸款機構比其他機構更對借款公司財務要求更高，此與公開發行證券公司上市條件可互爲配合。

6. 現行銀行法規應予修改，使商業銀行及政府銀行參加證券交易所爲有限業務會員，使其他會員能獲得銀行貸款之便利。

（七）證券交易所：

1. 證券交易所組織形式，經濟部證券小組報告所建議採用股份有限公司組織，不易實施；證券交易所應爲一非營利及免課稅之同業會員組織，其理事會中若干理事，應由非會員身份且有聲望之社會人士充任，藉以增強大眾對證券交易之信心。

2. 交易所會員必須爲公司組織，如此可充分公開財務狀況，並易於管理；會員名額應加以限制，其轉讓必須經交易所核准。

3. 收受大眾存款之銀行，如交通銀行、華南銀行、彰化銀行、第一銀行等，應限制僅能從事受託代客買賣業務，使其不至誤用大眾存款從事自營買賣或承銷證券業務；如中華開發信託公司與中央信託局等不收受大眾存款之機構，似可准予經營證券買賣與承銷證券業務。

4. 應規定所有上市證券或公債，必須限在交易所內買賣，並利用過戶代理人以達成此項目的。

5. 發行證券公司除年終公布其財務報表外，並應每半年將其經會計師簽核之報表送交易所存查。

（八）結論

1. 建立證券交易所確有必要，對於一國經濟之穩定與工業之成長，至屬需要。

2. 有利之投資環境必須先於證券交易所設立前，藉修改稅法，成立證券交易管理委員會，及改善會計處理等有效措施，是必要先決條件。

3. 在證券交易所籌設期間，應在證券交易管理委員會之下，設立兩個臨時工作小組。一為負責輔導企業證券之上市及選擇適當會員參與組織；一為負責擬訂證券交易之詳細規則。

4. 美國經合總署將對證券交易所之建立，提供重大之援助。在證券交易所籌設期間能給予財務上之援助。但此項援助，必須在各項先決條件完成後，始可實現。

　　符禮思的研究報告受到政府相當的重視，除少部分建議未被接納外，如證券交易所組織以會員組織組成之建議，政府採用的則是以股份有限公司組織組成，以及投資虧損不列入課稅額之建議，政府仍列入課稅額、解禁場外交易之建議，政府仍採禁止等。基本都是按照符禮思的研究報告以及經濟部證券市場研究小組的研究報告所規劃的內容步驟施行建立證券市場與籌設證券交易所。

　　不過，符禮思的研究報告與證券市場研究小組的研究報告，這兩方所提的研究報告內容都於 1960 年 9 月 22 日同一日經由新聞媒體刊載公布給公眾知曉，顯示兩方對於臺灣證券市場的建立規劃，應是取得相當大的共識。〔註52〕

　　1961 年 12 月 28 日，證券管理委員會透過我國駐日本大使館經由日本政府大藏省，聘請日本籍證券交易顧問時任東京證券交易所理事兼主任佐藤舜來臺，研究有關證券交易法令規章及實際業務，供我政府改進參考。〔註53〕

　　當時證券管理委員會原擬定聘請佐藤舜來臺一個月擔任該委員會顧問，將給付報酬美金一千元（含生活費）及往返東京臺北間交通費用，後因日本證券交易所理事長對於我方所送聘請合約，希望能改為邀請方式，不取酬金，並退還我方原聘請合約，請我方再考慮。

　　證券管理委員會鑒於日方之美意，應其所請，重新修正日籍顧問費用預算，改為給付往返機票費用美金三百三十元連同有關結匯費用共計新臺幣一萬四千元，在臺期間膳宿費按臺北地區每日美金十六元標準折付新臺幣六百四十元，臺北以外地區按每日美金十一元折付，三十日膳宿費用合計新臺幣一

〔註52〕　參見《徵信新聞報》，1960 年 9 月 22 日，第 2 版、第 5 版；《中央日報》，1960 年 9 月 22 日，第 6 版；《聯合報》，1960 年 9 月 22 日，第 5 版。

〔註53〕　〈交易所開業可能延期　日籍證券專家昨飛抵臺〉，《聯合報》，1961 年 12 月 29 日，第 5 版。

萬九千二百元，總計日籍顧問費用預算爲新臺幣三萬三千二百元。〔註54〕

　　臺灣證券交易所開業後，證券管理委員會於 1962 年 3 月邀請在美國富有證券交易經驗之美籍華裔 Hoy Quon（關紓）來臺擔任該委員會顧問一個月，其在擔任顧問期間所需膳宿費以每日美金十六元計算，一個月共需美金四百八十元，按 1：40 比率折付新臺幣一萬九千二百元，另招待費用新臺幣二千元，合計新臺幣二萬一千二百元，該項經費將在 1962 會計年度「證券市場設立計劃」用人費預算準備金項下按實列支。〔註55〕後該項邀請預算已獲核准支付，但因 Hoy Quon 另有事務羈絆無法成行，故該邀請案最終以作罷收場。〔註56〕

　　1962 年 7 月間，爲研議擬訂〈證券交易法〉用以替代〈證券商管理辦法〉，證券管理委員會聘請已受國有財產局聘任爲該局顧問的日本證券交易法起草人橋本正次郎，請其協助研究臺灣證券交易法規之研訂，並請橋本正次郎參與證券管理委員會工作小組會議，就相關方面發表意見。〔註57〕

　　臺灣證券交易所成立時，時任籌備委員會主任委員辜振甫也特別聘請兩位外籍顧問，分別是前述曾來臺協助研究證券交易相關法令規章的日籍顧問佐藤舜，以及原任美國紐約證券交易所理事的美籍顧問富樂（John Fowler Jr.）協助創辦證券交易所相關工作。〔註58〕

〔註54〕「爲本會聘請日籍顧問一案現改爲邀請方式爰再重編「證券市場設立計劃」一九六一會計年度修正經費預算申請書函請核辦由」（中華民國 50 年 12 月 11 日，證管（50）秘字第 00306 號），經濟部證券管理委員會函，受文者：行政院美援運用委員會，1961 年 12 月 11 日，中央研究院近代史研究所檔案館藏，《1961 至 1962 年度美援臺幣基金設立證券市場計畫》，館藏號：36-10-011-017。

〔註55〕「爲編撥本會所邀美籍華裔證券顧問一人在臺期間膳宿等費標準函請核備由」（中華民國 51 年 3 月 15 日，證管（51）秘字第 00115 號），經濟部證券管理委員會函，受文者：行政院美援運用委員會，1962 年 3 月 15 日，中央研究院近代史研究所檔案館藏，《1961 至 1962 年度美援臺幣基金設立證券市場計畫》，館藏號：36-10-011-017。

〔註56〕「爲本會前擬邀請美籍華僑來臺擔任顧問一案現已作罷函請核備由」（中華民國 51 年 5 月 22 日，證管（51）秘字第 00590 號），經濟部證券管理委員會函，受文者：行政院美援運用委員會，1962 年 5 月 22 日，中央研究院近代史研究所檔案館藏，《1961 至 1962 年度美援臺幣基金設立證券市場計畫》，館藏號：36-10-011-017。

〔註57〕〈經部將聘日專家　研討證券交易法〉，《微信新聞報》，1962 年 7 月 29 日，第 6 版。

〔註58〕黃天才、黃肇珩，《勁寒梅香：辜振甫人生紀實》（臺北：聯經出版事業股份有限公司，2005 年），頁 344。

　　綜上，臺灣在建立證券市場以及籌設證券交易所的過程中，整個政策措施藍圖得以實現，使臺灣得以進入包含股票市場在內的證券市場現代化，此與美援經費的支持，不論是聘請顧問還是派員考察受訓，所須經費皆由美國國際合作駐華分署以美援經費技術援助款項下支應，以及來自於美國、日本兩國之證券專家提供其證券相關實務經驗供我政府參考施政等協助密切相關，甚至其貢獻相當的大。

三、成立證券管理委員會

　　為實現 1960 年 1 月公布實施之「十九點財經改革措施」中關於設立證券交易所的政策，經濟部於同年 6 月便著手研擬證券管理委員會組織章程，並經行政院 1960 年 8 月 13 日台 49 經字第 4497 號令核定「經濟部證券管理委員會暫行組織規程」，並於 9 月 1 日正式成立證券管理委員會，〔註59〕證券管理委員會首任主任委員由時任經濟部常務次長王撫洲兼任。會址原設於臺北市福州街經濟部內，後遷往臺北市羅斯福路三段 267 號（今臺北市羅斯福路三段臺電大樓附近）。

　　證券管理委員會成立後，經濟部又於 1960 年 9 月 13 日另成立暫時組織之「建立證券市場工作小組」協助證券管理委員會推行建立證券市場之工作，並聘請徐澤予、鄒昌、林希美、蔡同璵、劉鳳文、何顯重、張震復等七人為工作小組委員，並聘翁之鏞、戚聞人、徐澤予等三人為顧問。〔註60〕正式展開籌辦證券交易所以及法令規章修正擬訂等相關工作。

　　根據證券管理委員會組織章程，證券管理委員會設置主任委員一人綜攬會務、並設置委員四至六人，委員分別由經濟部代表一人、財政部代表一人、中央銀行代表一人、有關機關代表一至三人組成。

　　證券管理委員會下設秘書、證券發行、證券交易、調查研究四個組，各組主要職能為：〔註61〕

　　（一）秘書組：機要、研考、議事、文稿審核、文書、印信、出納等事項。

〔註59〕〈券管會昨成立〉，《聯合報》，1960 年 9 月 2 日，第 5 版。
〔註60〕〈券管會工作小組　委員人選經聘定〉，《聯合報》，1960 年 9 月 11 日，第 5 版。
〔註61〕〈證券管理委員會組織條例草案〉，《徵信新聞報》，1962 年 12 月 18 日，第 6 版。

（二）證券發行組：

　　1. 關於公司申請募集證券之審核事項。

　　2. 關於公司證券上市之複核事項。

　　3. 關於申請為承銷人之審核及其有關從業人員之登記事項。

　　4. 關於申請從事證券投資信託事業之審核事項。

　　5. 關於證券發行公司、承銷人及證券投資信託事業等經常業務之監督事項。

　　6. 關於承銷人同業公會業務之輔導與監理事項。

　　7. 其他有關證券發行承銷及證券投資信託等之管理事項。

（三）證券交易組：

　　1. 關於證券交易所設立之審核及監理事項。

　　2. 關於經紀人之審核及其有關從業人員之登記事項。

　　3. 關於經紀人及其同業公會業務之輔導與監理事項。

　　4. 其他有關證券交易之間裡事項。

（四）調查研究組：

　　1. 關於證券發行公司，承銷人及證券投資信託事業等業務及財務之調查統計研究事項。

　　2. 關於證券交易所及經紀人業務財務之調查統計研究事項。

　　3. 關於證券市場動態之調查統計與分析事項。

　　4. 其他有關證券發行暨交易之會同調查研究事項。

　　證券管理委員會的成立，顯示臺灣證券市場正式出現專業的政府管理機關，同時也是臺灣證券市場現代化的標誌，但其後實際對於證券市場以及證券交易的管理運作情形不甚理想。

　　時任美援運用委員會專門委員王作榮對此頗有批評稱：當時籌備及主持證券市場者完全不懂證券交易的性質；對於證券上市的審核，交易過程的監督，法令不全、執行不嚴，以致成為詐賭的場所；政府當局因不懂證券市場性質，動輒政策干預，賠錢、賠威信，而徒貽笑柄；證券市場的功能雖亦有發揮，然而所付代價甚大。〔註62〕

〔註62〕 王作榮，《壯志未酬：王作榮自傳》（臺北：天下遠見出版股份有限公司，1999年），頁123～124。

四、制定〈證券商管理辦法〉

為實現建立資本市場及設置證券交易所並為其提供法源依據，政府於依據國家總動員法第十八條制定〈證券商管理辦法〉，於 1961 年 6 月 21 日公告實施，並以行政院令（台 50 經字第 3738 號）公告廢止 1954 年 1 月 29 日施行的〈臺灣省證券商管理辦法〉。

就政府關於證券交易管理相關法令，最早僅有一部 1929 年 10 月 16 日公佈實施，1935 年修訂，屬工商部主管的〈交易所法〉。1954 年 1 月 29 日施行的〈臺灣省證券商管理辦法〉為政府遷臺後首部關於證券交易管理之法令。而〈臺灣省證券商管理辦法〉雖由立法院通過，且也經多次修正、修訂，但法律位階被定位為地方法規的層級，主管機關臺灣省政府財政廳（表6-2-1）。

表 6-2-1　1945 至 1962 年臺灣證券市場管理法令一覽表

法令名稱	公布施行	主管機關	法律層級	施行地區
交易所法	1929 年 10 月 16 日	工商部	中央	全　國
臺灣省證券商管理辦法	1954 年 01 月 29 日	臺灣省政府財政廳	地方	臺灣省
臺灣省證券商管理辦法	1955 年 07 月 23 日	臺灣省政府財政廳	地方	臺灣省
修正臺灣省證券商管理辦法	1956 年 02 月 02 日	臺灣省政府財政廳	地方	臺灣省
證券商管理辦法	1961 年 06 月 21 日	經濟部證券管理委員會	中央	全　國（暫以臺灣省）
證券商管理補充辦法	1961 年 12 月 27 日	經濟部證券管理委員會	中央	全　國（暫以臺灣省）

資料來源：本研究製作。

而為建立資本市場，僅憑地方之力難已達成，況且當時又處於動員戡亂時期的戒嚴時代，地方本就毫無權限，執行成效不彰，徒具形式。若不重新制定符合中央層級的法規，將不利於政策執行與推動，以及不合時宜，且也便於中央統籌指揮。〈證券商管理辦法〉就是在此背景下誕生出來的。

〈證券商管理辦法〉分為七章共計條文六十六條，其重點如下：〔註63〕

〔註63〕總統府第一局編，〈證券商管理辦法〉，《總統府公報》（臺北：總統府第三局，1961 年），第 1238 號，頁 3～9。

（一）第一章　總則：

1. 本辦法之主管機關為經濟部證券管理委員會。

2. 證券商分為兩種，區分為代客買賣者稱甲種經紀人，自行買賣者稱乙種經紀人。

3. 經主管機關核准公開發行股票及公司債之股份有限公司，稱之為證券發行公司；公開發行指對不特定之公眾，募銷證券。

4. 本辦法所稱之證券，係指政府債券、公司股票、公司債券及經政府核准得公開發行之其他有價證券。

5. 證券交易除發行公司直接募銷、承銷人在承銷期間募銷或非屬常業性之私人間讓受行為者外，不得在證券交易所場外為之。

6. 證券商及證券發行公司之業務及財務，應受主管機關之調查、監督或糾正。

（二）第二章　發行公司：

1. 公司增加資本公開發行新股時，應由董事會備妥相關申請文件，由該管省建設廳核轉主管機關審核。

2. 公司增加資本，有連續二年虧損者，資產不及抵償債務者，不得公開發行新股。

3. 公司有發行之股份未收足股款者；已發行公司債但有違約或延遲支付本息者；最近三年或開業不及三年之稅後平均淨利未達擬所發公司債年息總額120%者，不得發行公司債。

4. 公司公開發行證券者，應即向證券交易所申請上市。

5. 公司公開發行之股票，應經主管機關或其核定之機構簽證後方得公開發行。

（三）第三章　承銷人：

1. 證券承銷人應為專業之公司、銀行或經紀人，且具備資本額至少有新臺幣一百萬元，並有合格之代表人及營業員，以及董事、監察人、經理人均未受有期徒刑以上刑之宣告。

2. 承銷人募銷之證券，應以核准公開發行之新證券為限。

3. 承銷人或聯合承銷人接受募銷證券時之資本淨值，不得少於承銷證券總額之 50%，其流動資產減去流動負債之餘額，不得少於承銷證券總額之 25%。

4. 承銷人募銷之期限，不得逾三十日；募銷結束獲募銷期限屆滿，應即呈報主管機關備查。

5. 承銷人之代銷手續費或承銷報酬計算最高額，由主管機關規定。

（四）第四章　經紀人：

1. 證券經紀人非經主管機關核准註冊，不得經營。

2. 經紀人之資格，由證券交易所以章程規定之。

3. 經紀人應置代表一人，參加證券交易所場內買賣，得另置代理人一人代表，並應酌置營業員；代表人、代理人、營業員之資格，由證券交易所於章程內規定，其登記或撤銷登記，由證券交易所核轉主管機關核備。

4. 經紀人買賣證券，應於證券交易所內集會時間中為之。

5. 甲種經紀人與乙種經紀人不得兼營；甲種經紀人接受委託買賣時，應向委託人收取證據金或提存出售之證券，其標準由證券交易所轉呈主管機關核准。

6. 經紀人兼營證券承銷代銷及保管業務者，應報由證券交易所轉呈主管機關核准。

7. 經紀人不得空報價格、通謀不實交割之買賣、含有沖銷性之買賣、營造利己之供求趨勢或價格變動、散播謠言影響市場。

8. 經紀人不得收受計息存款或放款於其委託人。

（五）第五章　同業公會：

1. 承銷人及經紀人應分別參加其同業公會。

2. 主管機關經由同業公會指導監督或業務、徵信之查核事項，承銷人或經紀人應切實遵辦，並提供有關資料。

（六）第六章　處分：

1. 經紀人有違反從事工商業或誠實信用有關法條受有期徒刑以上形之宣告者；對主管機關作虛偽陳報者；主管機關查核帳冊、憑證單據、契約時，拒絕或規避者；證券交易所或所屬同業公會除名者；違反法令情節重大者；主管機關得撤銷其註冊。

2. 承銷人有對主管機關作虛偽報告、偽證者；有違反法令行為者；廢止營業停業會被撤銷營業許可者；主管機關得撤銷其登記。

（七）第七章　附則：

　　　　1. 本辦法暫以臺灣省爲施行區域。

　　　　2. 本辦法公布施行前已具有證券交易記錄及公開行市報導之證券
　　　　　視爲已公開發行，並得於證券交易所開業時准予上市。

　　1961 年 12 月 27 日，行政院制定公布〈證券商管理補充辦法〉（行政院令
台 50 經字第 7630 號），用以與同年 6 月 21 日公布施行之〈證券商管理辦法〉
一併施行。就其內容較似〈證券商管理辦法〉法令疑義之解釋或施行細則，
如其中第二條條文：〔註64〕

　　　　證券商管理辦法第八條所稱「非屬常業性之私人間讓受行爲」，係指
　　　　自然人間未經兜攬而直接出讓自己所有或自己受讓證券之行爲，且
　　　　其前後兩次之讓受行爲，以相隔不少於三個月者爲限。

　　第二條條文既解釋「非屬常業性之私人間讓受行爲」，又增加「前後兩次
之讓受行爲，以相隔不少於三個月者爲限」之細項規定。

　　又如其條文第五條：〔註65〕

　　　　證券商管理辦法第十六條、第二十條及第二十一條所稱「課稅後之
　　　　平均淨利」，係指發行公司財務報告所載之帳面盈餘，扣除實際繳納
　　　　稅額後之平均淨利。前項平均淨利之計算，如發行公司之業務合於
　　　　獎勵投資條例減免稅之規定，得將其以往各該年度已繳納稅額，減
　　　　去按該條例稅率算出稅額後之餘額，視爲淨利之增加數額。又擬發
　　　　行之優先股或公司債用以償還公司原債務者，其已列做費用之原債
　　　　務利息，亦得視爲淨利之增加數額。

　　同樣在解釋「課稅後之平均淨利」後，又增加經獎勵投資條例減稅後之
餘額以及已列做費用之債務利息，均須列入淨利計算之規定。

　　該補充辦法共計十四條條文，除有法令解釋意涵之條文外，尚有增列較
爲細部之規定，如簽證問題、手續費、承銷報酬、分支機構等，茲列舉其增
列部分主要內容如下：〔註66〕

〔註64〕總統府第一局編，〈證券商管理補充辦法〉，《總統府公報》（臺北：總統府第
　　　　三局，1961 年），第 1292 號，頁 3。
〔註65〕總統府第一局編，〈證券商管理補充辦法〉，《總統府公報》（臺北：總統府第
　　　　三局，1961 年），第 1292 號，頁 3。
〔註66〕總統府第一局編，〈證券商管理補充辦法〉，《總統府公報》（臺北：總統府第
　　　　三局，1961 年），第 1292 號，頁 3～4。

（一）事業主管機關根據審計機構審定之資料發給證明文件，可替代會
　　　計師之簽證。

（二）政府持有之證券已經核准上市而擬整批出售者，得視同為新證
　　　券，委由承銷人銷售。

（三）證券承銷人之代銷手續費或承銷報酬，其計算最高額定為千分之
　　　十五（1.5%）。

（四）甲種經紀人得設置分支機構；分支機構必須為分公司，且先經證
　　　券交易所核轉主管機關核准後，再依公司法規定申請，經核准為
　　　分公司設立登記後，方得營業。

（五）甲種經紀人每增設分公司一所，應由總公司按其資本額繳納 1%
　　　保證金。

（六）經紀人之分公司得就地收取證據金，於成交後由其總公司一併向
　　　證券交易所繳納之。

　　從上述〈證券商管理辦法〉以及〈證券商管理補充辦法〉的內容論，除
了為臺灣證券市場提供法源依據外，也可較為清晰的理解當時政府在證券交
易制度方面的擘劃，諸如股票公開發行及核准制度、會計師及專家審查簽證
制度、公司債受託人制度、證券承銷制度、證券經紀業務與自營業務分離制
度、公開發行股票強制上市制度、集中交易嚴禁場外買賣制度、現貨現款交
割制度等。

　　雖然有這些制度面的擘劃，但是初期運作並不是很順暢，直到 1968 年 4
月 30 日〈證券交易法〉完成立法程序並公布實施後，才使臺灣證券市場、股
票交易、證券商管理等制度得以定型，逐步走上現代化的軌道。

五、派員赴美國、日本考察取經

　　為建立證券市場以及籌設證券交易所，政府曾多次派員赴美、日等先進
國家考察參訪關於資本市場、證券市場、金融體系等發展運作情形。

　　1957 年 9 月 2 日，為考察美國資本市場運作及其體系，時任中央信託
局局長俞國華〔註 67〕（1914～2000）授命擔任金融考察團團長，並率領金克

〔註67〕俞國華（1914～2000），浙江奉化人，國立清華大學畢業，美國哈佛大學碩士，
　　　曾任蔣委員長侍從室秘書、中央信託局局長、財政部長、中央銀行總裁、經
　　　濟建設委員會主任委員、行政院長等職。

和〔註68〕（1916～2001）、張心洽、姚守中等人赴美考察關於美國資本形成、資本市場以及外人投資等領域之運作情形。希望以此借鏡美國的經驗，爲臺灣尋找解決如何引導國內儲蓄以及吸引外資，使其能引導與投資於臺灣工業化發展上，並設法減少依賴銀行借款，避免造成信用膨脹之現象。於此同行的尚有代表臺灣出席國際貨幣基金及國際復興開發銀行第十二屆年會的嚴家淦。〔註69〕

　　赴美金融考察團歷經三個月的考察，於 1957 年 12 月 6 日歸國，在考察期間與美國經濟、金融相關領域機構，如聯邦銀行、進出口銀行、商務部及國際經濟合作總署等進行相關討論，並參觀紐約、芝加哥等地之證券交易所，同時也與各參訪城市工商、金融界領袖交換意見。

　　俞國華赴美考察歸國後，深感美國證券市場，發展健全，全國持有證券人士近九百萬，無論新興事業之創辦或舊有事業之擴充，其所得之長期資金，幾無不透過發行股票、公司債等方式而徵集之。〔註70〕隨即向政府提出成立開發公司（或開發銀行）協助發展國內之工業，以及設立證券交易所使民間資金透過證券市場導入於工業投資等兩項建議。〔註71〕但此時政府當局尚未決心推動財經改革。

　　根據 1958 年底經濟部官員表示：政府在一年之前（指 1957 年），就已派時任中央信託局信託處副理袁則留〔註72〕（1913～1969）及時任美援運用委員會秘書王作榮兩人前往美國考察證券市場與蒐集相關資料，兩人赴美期間約几個月，其考察報告，將做爲我國設立證券交易所的重要參考依據。〔註73〕

〔註68〕 金克和（1916～2001），安徽全椒人，中央政治學校行政係畢業，曾任財政部錢幣司司長、中央銀行金融檢查處處長、臺北市銀行董事長、中國農民銀行董事長、中國國際商業銀行董事長、國際票券公司董事長等職。

〔註69〕〈俞國華一行將留美三月　考察美國金融市場投資〉，《聯合報》，1957 年 9 月 15 日，第 2 版。

〔註70〕〈金融考察團　昨由美返臺〉，《聯合報》，1957 年 12 月 7 日，第 2 版。

〔註71〕 俞國華口述、王駿執筆，《財經巨擘：俞國華生涯行腳》（臺北：商智文化事業股份有限公司，1999 年），頁 532。

〔註72〕 袁則留（1913～1969），江蘇崇明人，上海光華大學商學院畢業，美國紐約大學工商管理碩士。曾任軍政部兵工署會計處長、行政院物資供應局財務處長、中央信託局副理、美援運用委員會財務處長、經濟部建立證券市場研究小組委員、經濟部證券管理委員會委員、證券管理委員會主任委員、臺灣證券交易所首任總經理等職。

〔註73〕〈設證券交易所　政府原則決定〉，《聯合報》，1958 年 11 月 13 日，第 5 版。

　　1960 年 3 月時，在「十九點財經改革措施」1 月公布施行後，時任彰化商業銀行協理吳金川由美國國際合作駐華分署選派赴美參觀美國金融業，並研究信用分析、公司金融、商業銀行經營管理等問題，前後留美六個多月，於 1960 年 9 月返臺。歸國之後，吳金川隨即就赴美參觀、學習與研究結果發表意見認為：〔註74〕

> 當今美國經濟，在美國人民資本主義及羅斯特所提倡的高度大眾消費時代下，達到繁榮之極峰。惟美國經濟之能繁榮至此種地步，顯以「投資與經營之分離」為最大原因。……證券市場之發達，為促進投資與經營分離之途徑。不過要建立健全證券市場，上市股票之公司，必須公開其財務內容，並由會計師證明。目前我國即將設立證券市場，惟國內大部份公司，因稅捐關係，不願公開其財務情形，但我們必須儘量設法解除此項阻礙因素。

　　此時政府已決心推動財經改革並籌建證券交易所。吳金川之意見對於其後政府制定〈證券管理商管理辦法〉極具參考性，甚至在會計財務方面的條文與吳金川所提意見相符。

　　處於建立證券交易制度與籌設證券交易所第一線的經濟部及證券管理委員會，鑒於日本證券市場較為發達，對於日本經濟復興貢獻甚大，其證券交易業務規模與經驗，可為臺灣建立證券市場之借鏡。〔註75〕

　　故對於派員赴日本考察相當積極，僅 1961 年就二度派遣人員赴日考察日本大藏省、金融機關及各證券交易所之運作機制（表 6-2-2）。其派員赴日之經費，除交通銀行所選派一人由交通銀行自行負擔外，其餘人員赴日考察經費皆由美援運用委員會報請美國國際合作駐華分署核准以美援經費支付。〔註76〕

〔註74〕　〈投資與經營分離　促成美經濟繁榮〉，《聯合報》，1960 年 9 月 23 日，第 5 版。

〔註75〕　「為派員赴日考察證券市場一案，呈報鑒核並轉知外交部核發公務護照由」（經台（50）人字第 10727 號），1961 年 8 月 4 日，經濟部，《本部證券管理委員會人員赴日考察案》，檔號：A313000000G/0050/11992-116318/00001，國家發展委員會檔案管理局藏。

〔註76〕　「函復赴日證券交易考察團人選請核轉由」（經台（50）秘字第 07089 號），1961 年 5 月 22 日，經濟部，《本部證券管理委員會人員赴日考察案》，檔號：A313000000G/0050/11992-116318/00001，國家發展委員會檔案管理局藏；「函復袁委員等四人先赴日本考察已函請美國駐華安全分署查照由」（台美（四）（50）字第 4156 號），1961 年 8 月 8 日，經濟部證券管理委員會，《本部證券管理委員會人員赴日考察案》，檔號：A313000000G/0050/11992-116318/00001，國家發展委員會檔案管理局藏。

表 6-2-2　1961 年經濟部證券管理委員會派赴日本證券考察團名單一覽

時　間	考察期間	姓　名	機關名稱	職　　稱	經費來源
1961 年 8 月	三週	袁則留	證券管理委員會	委員	美援經費
		向英華	證券管理委員會	顧問兼證券發行組組長	美援經費
		陳厚侗	證券管理委員會	證券交易組組長	美援經費
		馬懷章	交通銀行儲蓄部	經理	交通銀行
1961 年 12 月	二週	張清治	證券管理委員會	執行秘書	美援經費
		辜振甫	證券管理委員會	顧問兼交易所籌備主任	美援經費
		陳運生	臺灣省政府財政廳	副廳長兼證管會委員	美援經費
		孫桂琳	財政部錢幣司	專門委員	美援經費

資料來源：依據國家發展委員會檔案管理局所藏經濟部檔案《本部證券管理委員會人員赴日考察案》，檔號：A313000000G/0050/11992-116318/00001 製作。

　　政府當局除派員赴美國、日本外，並未見派赴其他國家之考察團，顯示臺灣證券交易制度的建立與證券交易所組織規劃，是以美、日兩國證券交易相關制度為主要參照對象。前司法院院長賴英照曾提及 1965 年在草擬〈證券交易法〉第一次草案送交立法院審查時，就是以日本證券交易法，及美國 1933 年證券法與 1934 年證券交易法，做為草擬法案的重要參考。〔註 77〕

　　故臺灣證券交易制度與證券交易所組織實際是師法美國與日本的制度，是充滿美、日兩國血統的制度體系。且美國以美援經費積極支持臺灣建立證券市場功不可沒，若無美國的積極支持，臺灣想順利完成現代化的資本市場建設將會相當不易且阻礙重重。

六、美援經費的積極支持

　　1955 年，監督美援在臺灣運用績效的美國國際合作駐華分署，提出了一個「技術協助計劃」（Technical Assistant Program）。〔註 78〕透過這個計劃，使臺灣在建立證券市場與籌設臺灣證券交易所的過程中，得到美援經費相

〔註 77〕 賴英照，〈民國 57 年開始——證交法實施及大幅修正〉，《臺灣證券交易所 50 週年慶口述歷史專輯》（臺北：臺灣證券交易所，2012 年），頁 40。

〔註 78〕 臺灣證券交易所，《臺灣證券交易所 50 週年慶口述歷史專輯》（臺北：臺灣證券交易所，2012 年），頁 14。

當大的支持與挹注，不論是政府派員赴美國及日本考察證券市場、投資環境、資本市場、金融體系等或選派人員赴美、日等國受訓，以及經濟部證券管理委員會之運作，其所需經費之來源分別為美國國際合作駐華分署以美援經費技術援助款項以及美援相對基金（Counterpart Fund Agreement）款項支付。

1960 年 7 月 9 日，經濟部除正在規劃成立證券管理委員會屬政府機關單位自有經費預算外，還打算另成立「證券市場工作小組」，專責辦理對社會一般證券投資者與證券從業者從事教育性之輔導，以及研究證券交易、有關法令規章修訂等專門技術；經濟部規劃並提出一份暫為期三年、人員編制四十人、第一年所需經費新臺幣二百萬元預算的「證券市場設立計劃」（美援計劃編號：84-72-452，Project No.），其運作經費擬由美援相對基金撥款補助。〔註 79〕

後經行政院美援運用委員會於 1960 年 7 月 15 日以 C4-60-2708 號英文函轉詢美國國際合作駐華分署，美駐華安全分署於 7 月 21 日以 MC-197 號英文函提出對該證券市場工作小組之計劃，應修正為期限由原訂三年改為不得超過十八個月，工作人員編制不得超過十二人，援助經費須於新臺幣二百萬元以內，並依據前述意見修正該計劃再行申請美援經費。〔註 80〕

證券管理委員會於 1960 年 9 月 1 日成立後，並於 9 月 17 日簽訂美援相對基金撥款合約（合約號數：1034-374，Agreement No.），合約載明美援贈與款項為新臺幣 1,110,000 元；1960 年 12 月 30 日向美方提出修改合約，1961 年 5 月 6 日簽訂美援相對基金增補合約，將美援贈與款修改為新臺幣 1,758,000 元。〔註 81〕其經費預算編列情形如表 6-2-3。

〔註 79〕　未錄事由，（中華民國 49 年 7 月 9 日，經台（49）商字第 09672 號），經濟部函，受文者：行政院美援運用委員會，1960 年 7 月 9 日，中央研究院近代史研究所檔案館藏，《1961 至 1962 年度美援臺幣基金設立證券市場計畫》，館藏號：36-10-011-017。

〔註 80〕　「成立證券市場工作組一案經轉詢安全分署意見函請查照見覆由」，（中華民國 49 年 7 月 27 日，台美（四）（49）字第 3500 號），行政院美援運用委員會稿，送達機關：經濟部，1960 年 7 月 27 日，中央研究院近代史研究所檔案館藏，《1961 至 1962 年度美援臺幣基金設立證券市場計畫》，館藏號：36-10-011-017。

〔註 81〕　「相對基金撥款合約」（1960 年 9 月 17 日），「相對基金撥款合約——增補合約」（1961 年 5 月 6 日），中央研究院近代史研究所檔案館藏，《1963 年度證券市場設立計劃》，館藏號：36-10-011-018。

表 6-2-3　1961 年 12 月 8 日美援經費（1034-374）核准預算一覽

單位：新臺幣／元

經費項目	經費用途	預算金額	合　計
人員費用	25 人，1960 年 09 月至 1961 年 03 月薪資	356,506.4	1,108,200
	25 人，1961 年 04 月至 1962 年 12 月薪資	687,008.2	
	預備款（用以調整薪資用）	64,685.4	
運營費用	研究、學習、計劃和培訓費用	20,000	405,800
	翻譯費用	54,000	
	速記打字費	27,000	
	調查、監督、查核等所需旅行費和運輸費	40,000	
	工作組成員和顧問的交通津貼	63,000	
	採購（打字機、中文打字機、油印機、電腦）	62,000	
	印刷費	45,000	
	參考資料費	53,000	
	日籍顧問在臺期間接待費用（為期 30 日，期限為 1961 年 12 月至 1962 年 1 月）	41,800	
行政費用	辦公室租金（18 個月，每月 3,400 元）	61,000	244,000
	家具和設備	61,000	
	維護和燃料	10,000	
	公用事業（熱能、光源、水等）	10,000	
	通訊（電話、電報、郵資等）	18,000	
	用品、材料、文具及雜項	84,000	
總　　計			1,758,000

資料來源：依據中央研究院近代史研究所檔案館藏，《1961 至 1962 年度美援臺幣基金設立證券市場計畫》（館藏號：36-10-011-017）整理製作。

　　前述美援經費對臺灣設立證券市場計劃的贈與性撥款共計有三次，皆以「相對基金撥款合約」（中文本）、「COUNTERPART FUND AGREEMENT」（英文本）為名簽約，中文本分別由行政院美援運用委員會擔任甲方與經濟部證券管理委員會擔任乙方簽署（圖 6-2-1），英文本則由我方見證人與美國國

際合作總署美方代表簽署（圖 6-2-2）。而在相對基金撥款合約簽訂之前，美方都會先以公函答覆同意我方政府所編列之預算（圖 6-2-3、圖 6-2-4）。

圖 6-2-1　中文本「相對基金撥款合約」簽署示意圖

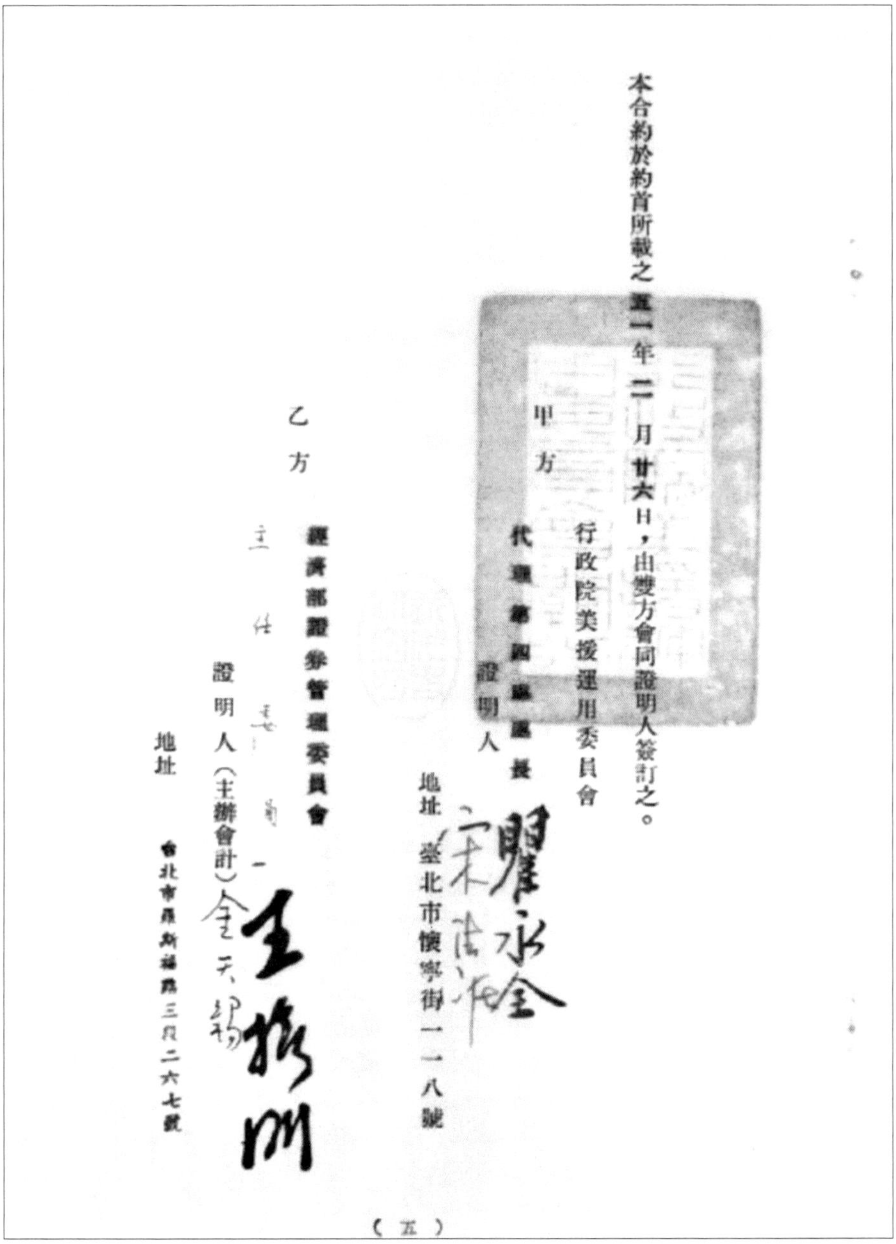

資料來源：中央研究院近代史研究所檔案館藏，《1963 年度證券市場設立計劃》。

圖 6-2-2　英文本「相對基金撥款合約」簽署示意圖

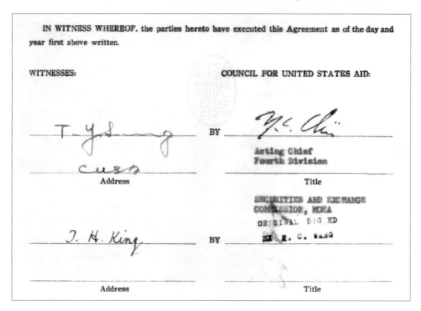

資料來源：中央研究院近代史研究所檔案館藏，《1963 年度證券市場設立計劃》。

圖 6-2-3　美方核准我方申請美援經費函件 MC-2241（1962 年 1 月 12 日）

資料來源：中研院近史所檔案館藏，《1961 至 1962 年度美援臺幣基金設立證券市場計畫》。

圖 6-2-4　美方核准我方申請美援經費函件 MC-2724（1962 年 2 月 20 日）

資料來源：中研院近史所檔案館藏，《1961 至 1962 年度美援臺幣基金設立證券市場計畫》。

　　除了前述 1961 年度（合約號數：1034-374）新臺幣 1,758,000 元之外，尚有 1962 年 2 月 26 日簽約（合約號數：2098-492）撥款新臺幣 446,400 元（表 6-2-4），以及 1962 年 8 月 25 日簽約（合約號數：3016-525）撥款新臺幣 613,600 元（表 6-2-5），三次贈與性撥款總額爲新臺幣 2,818,000 元（282 萬元）。〔註 82〕

　　其撥款流程爲：證券管理委員會擬訂「證券市場設立計劃」（Project No. 84-72-452）所需預算，送交美援運用委員會審議，再交由美國國際合作駐華分署核准撥款，計劃執行完畢後由行政院國際經濟合作發展委員會（前身爲美援運用委員會，1963 年 9 月改組成立）審查預算執行情形。

　　「證券市場設立計劃」實際執行二十八個月，分別按各會計年度以及主要預算與追加預算的方式，向美方申請美援經費，其運用情形如表 6-2-6。

〔註 82〕　「相對基金撥款合約」（1962 年 2 月 26 日），「相對基金撥款合約」（1962 年 8 月 25 日），中央研究院近代史研究所檔案館藏，《1963 年度證券市場設立計劃》，館藏號：36-10-011-018。

表 6-2-4　1961 年 12 月 30 日美援經費（2098-492）核准預算一覽

單位：新臺幣／元

經費項目	經費用途	預算金額	合　計
人員費用	25 人薪資	300,000	300,000
運營費用	製作統計圖表	20,000	88,000
	翻譯費用	8,000	
	速記打字費	6,000	
	調查、監督、查核等所需旅行費和運輸費	20,000	
	工作組成員和顧問的交通津貼	14,000	
	印刷費	14,000	
	參考資料費	6,000	
行政費用	辦公室租金	28,000	58,400
	家具和設備	4,000	
	維護和燃料	6,800	
	公用事業（熱能、光源、水等）	2,400	
	通訊（電話、電報、郵資等）	3,200	
	用品、材料、文具及雜項	14,000	
總　　　計			446,400

資料來源：依據中央研究院近代史研究所檔案館藏，《1961 至 1962 年度美援臺幣基金設立證券市場計畫》（館藏號：36-10-011-017）整理製作。

表 6-2-5　1962 年 6 月 26 日美援經費（3016-525）核准預算一覽

單位：新臺幣／元

經費項目	經費用途	預算金額	合　計
人員費用	25 人薪資	430,000	430,000
運營費用	製作統計圖表	21,000	87,000
	翻譯費用	12,000	
	速記打字費	9,000	
	調查、監督、查核等所需旅行費和運輸費	9,000	
	工作組成員和顧問的交通津貼	21,000	
	印刷費	15,000	

經費項目	經費用途	預算金額	合　計
運營費用	參考資料費	0	0
行政費用	辦公室租金	49,800	96,600
	家具和設備	3,000	
	維護和燃料	10,200	
	公用事業（熱能、光源、水等）	4,800	
	通訊（電話、電報、郵資等）	4,800	
	用品、材料、文具及雜項	24,000	
總　　　　計			613,600

資料來源：依據中央研究院近代史研究所檔案館藏，《1961 至 1962 年度美援臺幣基金設立證券市場計畫》（館藏號：36-10-011-017）整理製作。

表 6-2-6　1960 年至 1962 年「證券市場設立計劃」美援經費運用情形

單位：元

合約號數	額定撥款數	撥款金額	其他收入	實際支出	繳回餘款	預算執行率	執行期間
1034-374	1,758,000	1,693,314.60	1,289.31	1,477,383.61	217,220.30	87.25%	18 個月
2098-492	446,400	446,400.00	0.00	355,310.80	41,089.20	79.59%	4 個月
3016-525	613,600	613,600.00	0.00	553,800.70	59,799.30	90.25%	6 個月
合　計	2,818,000	2,753,314.60	1,289.31	2,386,495.11	318,108.80	86.68%	28 個月

說明：計劃執行期間：1960 年 9 月 1 日起至 1962 年 12 月 31 日止。
資料來源：依據中央研究院近代史研究所檔案館藏，《1961 至 1962 年度美援臺幣基金設立證券市場計畫》（館藏號：36-10-011-017）以及《1963 年度證券市場設立計劃》（館藏號：36-10-011-018）整理製作。

　　1961 會計年度為第一期，這是主要預算，美援經費（1034-374）新臺幣 1,758,000 元（176 萬元），執行期間由 1960 年 9 月 1 日起至 1962 年 2 月 28 日止，共計十八個月，符合美方要求。

　　1962 會計年度為第二期，此為追加預算，美援經費（2098-492）新臺幣 446,400 元（45 萬元），執行期間由 1962 年 3 月 1 日起至 1962 年 6 月 30 日止，共計四個月。

　　1963 會計年度為第三期，此亦為追加預算，美援經費（3016-525）新臺幣 613,600 元（61 萬元），執行期間由 1962 年 7 月 1 日起至 1962 年 12 月 31

日止，共計六個月。

工作人員編制也超過美方要求低於十二人之規定達二十五人，最後核准撥付金額爲新臺幣 2,818,000 元（282 萬元），也超出原美方要求低於新臺幣二百萬元以內之要求。

經濟部證券市場工作小組執行「證券市場設立計劃」於 1962 年 12 月 31 日結束，該小組執行計劃期間所購置之家具設備、圖書及其他固定資產帳面價值爲新臺幣 204,068.75 元，實際盤存價值爲新臺幣 203,139.15 元，證券管理委員會曾函請美援運用委員會予以無償移贈留用。〔註 83〕

關於計劃結束後，計劃編制之工作人員安置，由證券管理委員會預算核定名額內錄用，即證券管理委員會留用，原向其他機關調用者將遣返原服務機關，惟其中秘書一員，係於 1960 年 11 月 1 日依美援運用計劃所任用，擔任工作小組之英文翻譯。在計劃結束後，由於業務不需要，且不適任其他工作，將予以資遣，證券管理委員會曾於 1962 年 10 月 15 日函請美援運用委員會，是否能以計劃項下用人費結餘撥付該員二個月薪資新臺幣六千八百元，便其轉業。〔註 84〕

美援運用委員會於 1963 年 2 月 20 日函復稱：經洽美國國際開發總署（United States Agency for International Development，縮寫：USAID，前身爲美國國際合作總署，1961 年 11 月 3 日成立）駐華安全分署，駐華分署認爲美援計劃工作人員均係按臨時性且在較短期限之基礎聘用，計劃結束時，自不能發薪金以外額外給予，故未便發給遣散費。〔註 85〕

〔註 83〕 「爲前證券市場工作小組在美援「證券市場設立計劃」項下購置之固定資產擬請如數移贈本會函請查照惠允見復由」（中華民國 52 年 4 月 9 日，證管（52）秘字第 0185 號），經濟部證券管理委員會函，受文者：行政院美援運用委員會，1963 年 4 月 9 日，中央研究院近代史研究所檔案館藏，《1963 年度證券市場設立計劃》，館藏號：36-10-011-018。

〔註 84〕 「爲「證券市場設立計劃」結束後其中工作人員一人無法安置在用人費節餘項下發給遣散費二個月函請核辦見復由」（中華民國 51 年 10 月 15 日，證管（51）秘字第 01400 號），經濟部證券管理委員會函，受文者：行政院美援運用委員會，1962 年 10 月 15 日，中央研究院近代史研究所檔案館藏，《1963 年度證券市場設立計劃》，館藏號：36-10-011-018。

〔註 85〕 「據請發給計劃結束後無法安置人員遣散費一案函復查照由」（中華民國 52 年 2 月 20 日，台美（四）（52）字第 0836 號），行政院美援運用委員會稿，送達機關：經濟部證券管理委員會，1963 年 2 月 20 日，中央研究院近代史研究所檔案館藏，《1963 年度證券市場設立計劃》，館藏號：36-10-011-018。

　　「證券市場設立計劃」執行期間以及結束後，依據各會計年度，若有結餘款，按相對基金撥款合約之規定，結餘餘款均須繳還給美援運用委員會。

　　如 1961 會計年度經費收支結算餘額新臺幣 215,930.99 元，連同雜項收入新臺幣 1,289.31 元，合計新臺幣 217,220.3 元，如數繳還。〔註 86〕1963 會計年度經費收支結算結果，尚剩餘新臺幣 59,799.3 元（內計結餘用人費 49,481.2元，業務費 8,297.9 元，行政費 2,020.2 元），結餘款項如數繳還以茲清結。〔註 87〕

　　經濟部證券市場工作小組設立目的中有對社會一般證券投資者與證券從業者從事教育性之輔導以及研究證券交易之目的。故 1961 年時，證券市場工作小組關於證券專業書籍已經翻譯出版及正付印中之著作共計有十六種（表 6-2-7），其經費來源也是由前述「證券市場設立計劃」項下的美援經費支應。

表 6-2-7　1961 年 12 月 8 日經濟部證券市場小組書籍出版清單

美國 1933 年證券法	日本證券交易法	日本信託法	日本證券市場考察報告
美國 1934 年證券交易法	美國信託債券法	日本擔保公司債信託法	美國證券市場管理考察報告
美國 1935 年握股公司法	美國投資公司法	日本證券投資信託法	經濟成長與資本形成
美國 SMC 工作概況	美國投資顧問法	證券論叢	The Stock Market Investing

資料來源：中央研究院近代史研究所檔案館藏，《1961 至 1962 年度美援臺幣基金設立證券市場計畫》，館藏號：36-10-011-017。

　　據美援計劃相關規定：美援計劃內之出版物，原則不援助審查、編輯、校對等費用，但經美援運用委員會核准具有學術研究性之著作或翻譯，得於每千字新臺幣二十元範圍內統籌勻支；由於相關重要學術著作與翻譯，爲數

〔註 86〕 「爲繳還「證券市場設立計劃」一九六一會計年度節餘經費及雜項收入函請查照由」（中華民國 51 年 4 月 20 日，證管（51）秘字第 00173 號），經濟部證券管理委員會函，受文者：行政院美援運用委員會，1962 年 4 月 20 日，中央研究院近代史研究所檔案館藏，《1961 至 1962 年度美援臺幣基金設立證券市場計畫》，館藏號：36-10-011-017。

〔註 87〕 「爲繳還「證券市場設立計劃」一九六三會計年度剩餘經費函請查照由」（中華民國 52 年 3 月 11 日，證管（52）秘字第 0106 號），經濟部證券管理委員會函，受文者：行政院美援運用委員會，1963 年 3 月 11 日，中央研究院近代史研究所檔案館藏，《1963 年度證券市場設立計劃》，館藏號：36-10-011-018。

不少，除美援經費支應外，證券管理委員會也以自身預算支付。〔註88〕

　　綜上，制度的建立有賴於人員素質的培養、專業知識的傳播以及對既有經驗的研究等方面的推動，才能從基礎建立良好完備的制度體系。臺灣在建立證券市場的過程中，由美援經費所支持的「證券市場設立計劃」對於順利推動臺灣證券市場各項制度的建立，起著相當重要的作用，若無美援經費無償贈與的積極支持，恐將只會建立起一套缺乏現代化與專業化的證券市場制度。

第三節　臺灣證券交易所之建立

　　本節旨討論臺灣證券交易所建立之過程，以及建立當時各項初創制度的設計安排，透過諸如採用何種制度，籌資過程、組織架構、交易規則等探討，勾勒出一幅臺灣股票市場從店頭市場跨進集中市場的的發展變化圖像，並以臺灣證券交易所的開業爲標誌，宣告臺灣股票店頭市場時代的終結，同時也開啓臺灣股票市場現代化的新局面。

一、證券交易所建立之過程

　　政府決定臺灣證券交易所的設置，採用股份有限公司組織制度，故關於募集證券交易所股份之募股工作，經濟部委由中華開發公司、交通銀行、中央信託局等三個單位負責推行。〔註89〕

　　1961 年 6 月 22 日，臺灣證券交易所股份有限公司舉行第一次發起人座談會，會中決議爲便利籌集資本及辦理設立登記等手續，成立證券交易所籌備委員會，並通過籌備委員會組織法，推選臺灣銀行、交通銀行、中央信託局、中華開發公司、大同鋼鐵機械公司、遠東紡織公司、臺灣水泥公司等七個單位代表爲籌備委員會委員。〔註90〕同年 7 月 6 日，籌備委員會正

〔註88〕 「爲本會「證券市場設立計劃」項下之出版物凡具有學術研究性者擬在每千字二十元範圍內統籌勻支審查費及校對費函請核備由」（中華民國 50 年 12 月 8 日，證管（50）秘字第 00321 號），經濟部證券管理委員會函，受文者：行政院美援運用委員會，1961 年 12 月 8 日，中央研究院近代史研究所檔案館藏，《1961 至 1962 年度美援臺幣基金設立證券市場計畫》，館藏號：36-10-011-017。

〔註89〕 〈證券所籌股進行順利〉，《聯合報》，1961 年 3 月 29 日，第 5 版。

〔註90〕 〈設置證券交易所　籌委會昨成立〉，《聯合報》，1961 年 6 月 23 日，第 5 版。

式成立，由臺灣水泥公司代表辜振甫為主任委員、臺灣銀行代表為副主任委員、時任美援運用委員會財務長袁則留為總幹事，旋即展開籌備與募股等工作。〔註91〕

臺灣證券交易所股份有限公司在 1961 年 6 月 26 日籌備階段時，資本額定為新臺幣一千萬元，以每股新臺幣一萬元，共發行普通股一千股，並以「設立發起」〔註92〕方式籌集股金。當時共有十二家公營事業與二十三家民營事業表達認股意願（表6-3-1）。在表達認股意願之公營事業又可分為國營事業八家，共認購二百五十股，出資新臺幣二百五十萬元，省營事業四家，認購一百七十股，出資新臺幣一百七十萬元，合計公營事業共認購四百二十股，出資新臺幣四百二十萬元；民營事業共認購三百一十股，出資新臺幣三百一十萬元；總計共募集新臺幣七百三十萬元，尚餘新臺幣二百七十萬元未募足；募集不足部分，發起人會議決議公開向社會徵募，但以一個月為限，若仍不能募足，則由各發起人增認。〔註93〕然而，這些表達認股意願的公營事業或民營事業，到了臺灣證券交易所成立後，不論是參與的機構，還是出資金額亦多有所變動。

臺灣證券交易所自 1961 年 3 月中旬以來開始由中華開發公司、交通銀行、中央信託局等三個單位辦理籌募股本作業，歷經半年時間，所有認購股金均已於 1961 年 10 月 9 日前全數繳足。〔註94〕共計有十三家公營事業（表6-3-2）及三十家民營事業（表6-3-3）參與。其股權分布情形為三十家民營事業持有股份五百八十股，佔股權比重 58%，較十三家公營事業全體持有股份四百二十股，佔股權比重 42%為多，按此股權比重分布，達成政府將臺灣證券交易所股份有限公司民營化之目標。

〔註91〕 臺灣證券交易所，《臺灣證券交易所三十年史》（臺北：臺灣證券交易所，1992年），頁 28；黃天才、黃肇珩，《勁寒梅香：辜振甫人生紀實》（臺北：聯經出版事業股份有限公司，2005 年），頁 344。

〔註92〕 設立發起，係指有限公司或股份有限公司在設立時所採取的一種籌集股本的方式，所有股本均由公司設立發起人出資認足，不以向一般社會大眾公開發行方式募集股本。

〔註93〕 〈證交募股二七○萬　一月為限不足由發起人增認〉，《微信新聞報》，1961 年6 月 26 日，第 5 版。

〔註94〕 〈證券所發起人開會　通過章程選舉董監〉，《聯合報》，1961 年 10 月 24 日，第 5 版。

表 6-3-1　截至 1961 年 6 月 26 日臺灣證券交易所股份認購意願情形一覽

類別	單位名稱	認購（股）	出資（元）	類別	單位名稱	認購（股）	出資（元）
國營事業	交通銀行	50	500,000	民營事業	大同製鋼機械公司	10	100,000
	中央信託局	50	500,000		工礦公司	10	100,000
	中國銀行	30	300,000		中國醱酵公司	10	100,000
	臺灣糖業公司	30	300,000		太平洋電線電纜公司	10	100,000
	臺灣電力公司	30	300,000		永豐公司	10	100,000
	中國石油公司	30	300,000		申一紡織公司	10	100,000
	臺灣肥料公司	20	200,000		亞洲水泥公司	10	100,000
	臺灣鋁業公司	10	100,000		南港輪胎公司	10	100,000
省營事業	臺灣銀行	50	500,000		啓業化工公司	10	100,000
	彰化銀行	40	400,000		復興航業公司	10	100,000
	第一商業銀行	40	400,000		華僑商業銀行	10	100,000
	華南銀行	40	400,000		嘉新水泥公司	10	100,000
民營事業	臺灣水泥公司	30	300,000		臺灣伸鐵公司	10	100,000
	中國人造纖維公司	20	200,000		裕隆機械公司	10 至 20	100,000 至 200,000
	中華毛紡公司	20	200,000		臺灣塑膠公司		
	新竹玻璃公司	20	200,000		東南鹼業公司		
	臺灣紙業公司	20	200,000		中國化學製藥公司		
	遠東紡織公司	20	200,000				

資料來源：依據《微信新聞報》（1961 年 6 月 26 日，第 5 版）整理製作。

表 6-3-2　1962 年臺灣證券交易所設立時十三家公營事業持股名單一覽

單位名稱	出資（元）	認購（股）	持股比率	單位名稱	出資（元）	認購（股）	持股比率
中央信託局	500,000	50	5.00%	彰化銀行	300,000	30	3.00%
交通銀行	500,000	50	5.00%	臺灣土地銀行	300,000	30	3.00%
臺灣銀行	500,000	50	5.00%	臺灣電力公司	300,000	30	3.00%

單位名稱	出資（元）	認購（股）	持股比率	單位名稱	出資（元）	認購（股）	持股比率
中國石油公司	300,000	30	3.00%	臺灣糖業公司	300,000	30	3.00%
中國銀行	300,000	30	3.00%	臺灣肥料公司	200,000	20	2.00%
第一商業銀行	300,000	30	3.00%	臺灣鋁業公司	100,000	10	1.00%
華南銀行	300,000	30	3.00%	公營事業總計	4,200,000	420	42.00%

資料來源：依據蔣國屏，《中國證券市場發展史之研究（1883～1991）》（國立政治大學歷史研究所碩士論文，1991年），頁131整理製作。

表6-3-3　1962年臺灣證券交易所設立時三十家民營事業持股名單一覽

單位名稱	出資（元）	認購（股）	持股比率	單位名稱	出資（元）	認購（股）	持股比率
中華開發公司	700,000	70	7.00%	中國人造纖維公司	100,000	10	1.00%
臺灣水泥公司	700,000	70	7.00%	中國航聯保險公司	100,000	10	1.00%
亞洲水泥公司	300,000	30	3.00%	中國醱酵公司	100,000	10	1.00%
味全食品公司	300,000	30	3.00%	中華毛紡公司	100,000	10	1.00%
華僑商業銀行	300,000	30	3.00%	太平洋產物保險公司	100,000	10	1.00%
新竹玻璃公司	300,000	30	3.00%	太平洋電線電纜公司	100,000	10	1.00%
工礦公司	200,000	20	2.00%	永豐化工公司	100,000	10	1.00%
復興航業公司	200,000	20	2.00%	申一紡織公司	100,000	10	1.00%
裕台企業公司	200,000	20	2.00%	東南碱業公司	100,000	10	1.00%
臺灣紙業公司	200,000	20	2.00%	南港輪胎公司	100,000	10	1.00%
臺灣塑膠公司	200,000	20	2.00%	美亞鋼管廠	100,000	10	1.00%
臺灣農林公司	200,000	20	2.00%	啓新化工公司	100,000	10	1.00%
臺灣鳳梨公司	200,000	20	2.00%	華僑產物保險公司	100,000	10	1.00%
齊魯企業公司	200,000	20	2.00%	裕隆機械公司	100,000	10	1.00%
大同製鋼公司	100,000	10	1.00%	嘉新水泥公司	100,000	10	1.00%
民營事業總計					5,800,000	580	58.00%

資料來源：依據蔣國屏，《中國證券市場發展史之研究（1883～1991）》（國立政治大學歷史研究所碩士論文，1991年），頁131整理製作。

　　公營事業中持有股份最多者爲中央信託局、臺灣銀行、交通銀行等三家，各持有五十股，各佔股權比重 5%；民營事業中則以臺灣水泥公司及中華開發信託公司各持有七十股，各佔股權比重 7%爲最多。

　　1961 年 10 月 23 日，臺灣證券交易所於臺灣水泥公司大禮堂召開發起人會議，由時任證券交易所籌備委會主任委員辜振甫主持，與會人員包含政府官員時任經濟部長楊繼曾、時任美援運用委員會副主任委員尹仲容、時任經濟部證券管理委員會主任委員王撫洲、時任美援運用委員會秘書長李國鼎、時任經濟部商業司司長李潮年、時任財政部錢幣司司長金克和等以及公司發起人四十一人。

　　會中經討論通過股東會議事規則、公司章程、公司營業計劃、公司組織辦法以及董監事選舉辦法等規章，同時選出董事十一人，分別按得票數順序爲臺灣水泥公司，亞洲水泥公司，復興航業公司，新竹玻璃公司，臺灣糖業公司，臺灣電力公司，工礦公司，大同製鋼機械公司，中國銀行，臺灣紙業公司，味全食品公司；監察人三人，分別按得票數順序爲中國石油公司、裕台企業公司、臺灣鳳梨公司。〔註95〕

　　1961 年 10 月 31 日，臺灣證券交易所舉辦第一次董監事聯席會議，選出常務董事辜振甫、林挺生、鄒昌等三人，辜振甫當選爲董事長，張人偉當選爲常駐監察人，並聘請袁則留爲總經理，蔡同嶼爲副總經理。〔註96〕並依法呈請政府核准，臺灣證券交易所遂告成立，發起人會議日（1961 年 10 月 23 日）定爲公司成立日，公司核准設立登記日期爲 1961 年 12 月 15 日，1962 年 2 月 9 日爲開業日。

　　臺灣證券交易所開業當時，是租用臺北市懷寧街 4 號「工礦大樓」作爲辦公及營業地點，集中交易市場（或稱交易廳）設於 2 樓，面積約八十餘坪（圖 6-3-1），爾後鑑於證券市場規模逐漸擴大，證券交易量增加，原有設備不敷使用，遂於 1972 年 7 月 1 日購置新址並遷入臺北市延平南路 85 號「城中大樓」，交易廳設置於 10 樓，面積約一百七十坪左右；此後隨證券交易日趨活絡及採用電腦輔助交易撮合系統，爲配合未來發展，多次搬遷至現址：臺北市信義路 5 段 7 號，101 大樓之 3 樓、9 至 12 樓、19 樓。〔註97〕

〔註95〕　〈證交公司昨創立大會〉，《徵信新聞報》，1961 年 10 月 24 日，第 5 版。

〔註96〕　〈證券交易所董監會〉，《聯合報》，1961 年 11 月 1 日，第 5 版。

〔註97〕　臺灣證券交易所，《臺灣證券交易所三十年史》（臺北：臺灣證券交易所，1992年），頁 91。

圖 6-3-1　1962 年臺灣證券交易所開業時交易廳設置平面示意圖

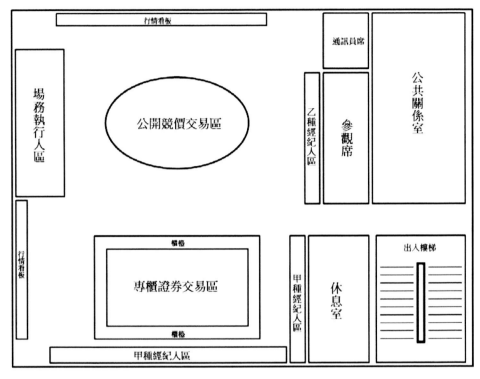

資料來源：依據彭光治，《股戲：走過半世紀的臺灣證券市場》（臺北：早安財經文化有限公司，2003 年），頁 46 重新繪製。

　　初創時期的組織編制（圖 6-3-2）以股東大會爲最高決策機構，下設董事會由含董事長在內十一名董事組成，另設監察人三人，監查公司業務與檢查財務（表 6-3-4）；董事會下設總經理與副總經理各一人，其下僅有業務部、財務部、秘書室、稽核室等四單位。業務部下設四個組，分別爲公共關係組、上市組、交易組、結算組。各部室執掌業務如下：〔註98〕

　　（一）業務部：

　　　　1.公共關係組：辦理對外公共關係及證券投資宣導等事項。

　　　　2.上市組：辦理證券上市及有關上市公司等事項。

　　　　3.交易組：辦理證券交易市場及證券經紀商、自營商之管理事項。

〔註98〕臺灣證券交易所，《臺灣證券交易所三十年史》（臺北：臺灣證券交易所，1992年），頁 32。

圖 6-3-2　1962 年臺灣證券交易所初創時期組織編制圖

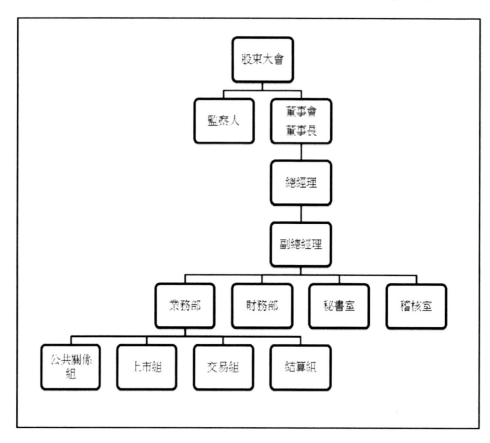

資料來源：本研究製作。

表 6-3-4　臺灣證券交易所第一屆經營幹部一覽

職　務	姓　名			職　務	姓　名		
董事長	辜振甫			常務董事	辜振甫	林挺生	鄒　昌
董　事	辜振甫	林挺生	鄒　昌	常駐監察人	張人偉		
	徐有痒	周兆棠	賴森施	監察人	張人偉	洪　軌	張桂芳
	朱江淮	張重羽	袁則留	總經理	袁則留		
	許金德	黃烈火		副總經理	蔡同嶼		

說明：第一屆任期爲 1961 年 10 月 23 日至 1963 年 3 月 27 日。
資料來源：依據臺灣證券交易所，《臺灣證券交易所三十年史》（臺北：臺灣證券交易所，1992
年），頁 200～201 整理製作。

4. 結算組：辦理證券交易之結算、交割等事項。

（二）財務部：辦理資金調度、出納、契據、保管、會計及股務等事項。

（三）秘書室：辦理董事會事務、各項會議之議事章則及文稿之撰擬、法律事務洽辦、業務檢核、文書處理、印信典守、檔案及財產保管、庶務、採購、與其他機構之聯繫、及不屬各部門之事務。

（四）稽核室：辦理交易所業務與財務之稽核，各證券經紀商、自營商業務與財務之稽核、調查等事項。

二、臺灣證券交易所初創時期制度

（一）證券上市制度

臺灣證券交易所於開業前便已釐定證券發行公司「證券上市審核準則」，凡合乎標準者列為「正式上市」，未合乎標準則為「試行上市」，以配合〈證券商管理辦法〉所規定之強制上市政策，即證券交易所開業前已公開發行股票者、未公開發行經補辦公開發行股票者、已具經常交易記錄且公開行情報導之股票，於交易所開業時准予上市。

其中正式上市之標準為：〔註99〕

1. 公司股票：

（1）公司實收資本額達新臺幣五百萬元以上。

（2）股東人數不少於五十人。

（3）開業兩年以上，並繼續經營，確能公開報導其業務及財務狀況者。

（4）最近兩年均有盈餘，並連續發放股利。

（5）股票發行額在十萬股以上，且有 20%為未滿五百股的股東所持有。

（6）如（1）、（2）兩項因特殊情形而未達標準者，經交易所轉報核准，亦得准予正式上市，但其市場股票流通量，須不少於兩萬股。

2. 公司債券：

（1）發行公司以前所發行公司債券，並無違約或遲延交付本息的事實者。

〔註99〕　臺灣證券交易所，《臺灣證券交易所三十年史》（臺北：臺灣證券交易所，1992年），頁61。

（2）發行公司具有兩年以上歷史，繼續經營，確能公開報導其業務及
財務狀況者。

臺灣證券交易所開業半年後，由於上市交易的股票多屬在交易所開業前
具有經常交易記錄即公開行市報導的股票，而依公開發行程序上市的新股票
殊屬有限，為鼓勵更多的股票上市交易，故於 1962 年 8 月將上市審查標準做
第一次修正，酌予放寬上市標準，其要點包括：〔註100〕

1. 公司資本額或淨值在五百萬元以上。
2. 股東人數不少於五十人。
3. 繼續經營並公開報導其財務狀況。
4. 當年度有盈餘並發放股利者，但其盈餘經公司股東會決議全部保留為
累積盈餘者，得視為發放股利。
5. 股票發行數額在十萬股以上，且股權達十分之一以上的股東所持有股
份總數，未逾發行額半數者。
6. 股東人數及股權分散標準，對公營事業不適用之。
7. 公司債券經奉准公開發行者，列為正式上市。

同時，臺灣證券交易所對通過上市審查之證券發行公司收取上市費，並
按「正式上市」與「試行上市」分別收取費用，證券發行公司須於每年年初
繳納，其費率及有關規定為：〔註101〕

1. 正式上市公司股票：依據上市股票發行公司之股票總值，股票總值以
實際發行股份數按市價計算之，無市價可資根據者按面值計算，分為
七個收費級距：
（1）未滿五千萬元部份，每一百萬元徵收六百元。
（2）超過五千萬元至一億元部份，每一百萬元徵收五百元。
（3）超過一億元至二億元部份，每一百萬元徵收四百元。
（4）超過二億元至三億元部份，每一百萬元徵收三百元。
（5）超過三億元至四億元部份，每一百萬元徵收二百元。
（6）超過四億元至五億元部份，每一百萬元徵收一百元。

〔註100〕 臺灣證券交易所，《臺灣證券交易所三十年史》（臺北：臺灣證券交易所，1992
年），頁 61～62。
〔註101〕 〈證券上市費率表〉，《聯合報》，1961 年 12 月 6 日，第 5 版；〈證券管理委
員會核准上市費率標準〉，《聯合報》，1962 年 1 月 23 日，第 5 版。

（7）超過五億元部份，每一百萬元徵收五十元。

2. 正式上市二年以上者，自第三年起得照前項費率減收百分之十（九折）。

3. 試行上市公司股票：按前項費率減收十分之一（九折），但以一年爲限。

4. 股票上市費率最高額爲新臺幣三十萬元，最低額爲新臺幣三千元。

5. 公司債券：正式上市之發行公司債券按實際發行餘額計算，面額每一百萬元徵收四百元。試行上市之債券得照前項費率減收百分之十，但以一年爲限。

按前述上市費收取費率級距，除 1962 年臺灣證券交易所開業後半年，股價總值二億元至五億元共三個級距未有上市公司達標之外，其餘收費級距各以一家上市公司爲例，計算其應繳納給臺灣證券交易所上市費結果如下：

1. 股票總值未滿五千萬元部份，每一百萬元徵收六百元：以臺灣工礦公司爲例，資本額新臺幣一億元，1962 年 6 月每股平均市價爲新臺幣 4.58 元，[註102] 股票總值爲新臺幣 4,580 萬元，若以此標準計算，當年度須繳交給臺灣證券交易所上市費爲新臺幣 27,480 元。

2. 股票總值超過五千萬元至一億元，每一百萬元徵收五百元：以味全食品公司爲例，資本額新臺幣六千萬元，1962 年 6 月每股平均市價爲新臺幣 163.48 元，股票總值爲新臺幣 9,808 萬元，若以此標準計算，當年度須繳交給臺灣證券交易所上市費爲新臺幣 49,044 元。

3. 股票總值超過一億元至二億元，每一百萬元徵收四百元：以中興紙業公司爲例，資本額新臺幣一億五千萬元，1962 年 6 月每股平均市價爲新臺幣 8.86 元，股票總值爲新臺幣 1.33 億元，若以此標準計算，當年度須繳交給臺灣證券交易所上市費爲新臺幣 53,200 元。

4. 股票總值達五億元以上，每一百萬元徵收五十元：以臺灣電力公司爲例，資本額新臺幣二十億元，1962 年 6 月每股平均市價爲新臺幣 58.64 元，股票總值爲 23.4 億元，若以此標準計算，當年度須繳交給臺灣證券交易所上市費爲新臺幣 117,280 元。

〔註102〕臺灣證券交易所，〈證券行情〉（1962～1963），《臺北市統計要覽》（臺北：臺北市政府主計處，1964 年），頁 245。

（二）交易制度

1. 市場集會時間：臺灣證券交易所開業時，市場交易集會時間分爲前後兩市，前市交易集會時間爲上午 9 點 30 分起至 11 點 30 分止；後市交易集會時間爲下午 2 點起至 3 點 30 分止；週六則只有前市開市交易。〔註 103〕

2. 入場人員種類及任務：

   （1）在市場集會時間得以入市場之人員有證券商登記合格的場內代表人、代理人、電話員、場務員、交易所擔任過場內職務人員、以及主管機關派駐市場的監理官。證券商進場人員處理買賣申報、成交確認及回報等事項；交易所場內職員專司受理申報、登記記錄表、撮合成交及揭示買賣價格；監理官則依據派駐證券交易所相關規定監督市場買賣作業程序。〔註 104〕

   （2）每日前後市，在開市時及閉市時，由場務執行人鳴鈴宣告開始與結束；證券商之代表人或代理人及電話生等人員，必須於開市前 15 分鐘入場，且入場時應佩帶由臺灣證券交易所所發給之徽章並須懸掛於上裝顯著位置；開市時，場務執行人及其助理人員站立於櫃檯之內，證券商之代表人或代理人環立於櫃前之交易區內，電話員則在指定之對講電話席工作。

3. 交易方式：

   （1）臺灣證券交易所將交易方式分爲唱名證券交易與專櫃證券交易兩種方式同時進行，其中唱名證券交易方式爲股票交易使用，專櫃證券交易方式則爲公債、公司債使用。

   （2）唱名證券交易方式：〔註 105〕

   　　a、唱名證券交易方式僅限於股票交易，每種股票之買賣視爲一盤，每盤開始時，由場務執行人先在櫃檯上提示其唱名股票

〔註 103〕〈臺灣證券交易所交易辦法確定〉，《聯合報》，1961 年 12 月 15 日，第 5 版；臺灣證券交易所，《臺灣證券交易所三十年史》（臺北：臺灣證券交易所，1992 年），頁 93。

〔註 104〕臺灣證券交易所，《臺灣證券交易所三十年史》（臺北：臺灣證券交易所，1992 年），頁 94。

〔註 105〕〈股票公債及公司債交易　分唱名與專櫃兩種方式〉，《聯合報》，1962 年 1 月 21 日，第 5 版。

名牌，同時在行情揭示板中該股票名牌亮燈，綠燈者爲正式上市股票，紅燈者爲試行上市股票；唱名次序以正式上市股票先，而試行上市股票在後；每盤開始時，場務執行人打鈴一次，結束時打鈴二次，每盤以當日交割之股票優先，其次爲例行交割之股票，每盤持續時間依市場情況由場務執行人決定。

b、證券商經紀人或代理人對場務執行人唱報之股票有買賣者，應參加競價，先以手勢表示買進或賣出，同時口頭朗聲喊出數量及價格，買方舉手以掌心向內，其喊價先價格後數量，賣方舉手以掌心向外，其喊價先數量後價格，買賣雙方手掌相互交拍，即表示成交之認許。

c、買方間競價，後手喊價不得低於前手喊價，賣方間競價，後手喊價不得高於前手喊價。買方之最高喊價或賣方之最低喊價應爲優先成交，相同之喊價依其喊價次序先後決定，不能區分先後者，則由場務執行人以抽籤方式決定。

d、買賣喊價，一經對方承諾接受，即爲成交價格，但成交數量未達買方或賣方原喊買進或賣出數量時，其成交價格對未成交部份仍屬有效，直至買方或賣方另一新喊價成立爲止；買賣雙方喊價，一經對方承諾接受，買賣契約即告成立，任何一方不得變更；買方喊進數量或賣力喊出數量未能一次成交其全額者，則其餘額得繼續買賣。

e、買賣雙方成交後，當即由賣方塡妥「場內成交單」一式四聯，寫明買賣雙方經紀人號數、證券名稱、數量、價格、交割日期、成交日期等，經打印時間交由買力簽認後以第一、第二兩聯單交場務執行人，第三聯交買方收執，第四聯由賣方存查，場務執行人根據前項「場內成交單」登記日報表並通知場務員在行情揭示板上揭示。

（3）專櫃證券交易方式：〔註106〕

a、專櫃證券交易以上市之公債、公司債爲限；專櫃證券之買賣

〔註106〕〈臺灣證券交易所　專櫃證券交易說明〉，《聯合報》，1962 年 1 月 22 日，第 5 版。

在每市起訖時間內得隨時進行交易；專櫃證券之競價買賣用書面買賣申報單替代口頭喊價。

b、開市時，專櫃執行人及其助理人員均站於櫃內，證券商之代表人或代理人，如有買賣上市之公債或公司債時，應趨往專櫃交易區並填具買賣申報單二份，寫明經紀人號數、證券名稱、數量、買入或賣出甲報價格、交割日期以一份送交該公司專櫃執行人處理，一份由填單人存查。

c、專櫃執行人將買賣申報單依收到先後順序編號打印時間，再按證券種類插放於買賣申報單彙集夾內，每種證券設置一夾，封面標明證券名稱，內置買賣雙方之申報單，依買高賣低之出價順序排列。

d、成交之申報單，專櫃執行人當即通知賣方填製「場內成交單」一式四份，寫明買賣經紀人號數、證券名稱、數量、價格、交割日期等，經打印時間後交由買方簽證後，以第一、二兩聯送交專櫃執行人，第三聯由買方收存，第四聯由賣方保存。專櫃執行人根據「場內成交單」登記日報表，並在行情揭示板公佈之。

4. 股價升降幅度：臺灣證券交易所開業時，即明訂股票每日市價漲跌幅度（或稱漲停板、跌停板）為前一交易日收盤價格5%為限。此一漲跌幅度限制一直維持到1973年4月9日調整為3%，同年8月8日恢復為5%，其後為因應股票市場之發展與變化，曾多次調整。〔註107〕

5. 交易單位：股票面額10以下者，以1,000股為交易單位；股票面額超過10元未滿1,000元者，以100股為一交易單位；股票面額1,000元以上者，則以10股為一交易單位。

6. 升降單位：股票每股市價1元至未滿5元者，價格升降單位為1分；每股市價5元至未滿10元者，價格升降單位為2分；每股市價10元至未滿50元者，價格升降單位為5分；每股市價50元至未滿100元者，價格升降單位為1角；每股市價100元至未滿200元者，價格升降單位為2角；每股市價200元至未滿500元者，價格升降單位為5

〔註107〕臺灣證券交易所，《臺灣證券交易所三十年史》（臺北：臺灣證券交易所，1992年），頁96。

角；每股市價 500 元至未滿 1,000 元者，價格升降單位為 1 元；每股市價 1,000 元至未滿 2,000 元者，價格升降單位為 2 元；每股市價 2,000 元以上者，價格升降單位為 5 元。

7. 零股交易：臺灣證券交易所開業時，對於未滿一交易單位的零股股票買賣訂定「上市股票零沽買賣暫行辦法」，其辦法規定零股買賣以當日交割買賣為原則，採市價委託書面申報方式進行；零股買賣價格按申報前或申報後，最近一次該項股票完整交易單位之成交價格，買進時加一升降單位，或賣出時減一升降單位為成交價格，即成交價格 10 元，買進時加 5 分，賣出時減 5 分為其零股股票成交價格；倘無成交價參考，則由買賣雙方按喊價差距範圍內協商決定；零股買賣須有專營或兼營零股買賣的證券經紀人，居中買賣零股股票，此類零股交易為自行買賣，按當時法規僅乙種經紀人可以為之。

8. 拍賣交易：臺灣證券交易所開業初期，由於集中市場交投不甚活絡，每日成交金額僅百餘萬元，市場吞吐能力薄弱，遇有大量股票出售時，市場難以消化，證券交易所遂於 1962 年 10 月間訂定「上市證券拍賣辦法」，同年 10 月 31 日，臺灣電力公司首先委託甲種經紀人申請拍賣臺灣水泥公司股票一百一十八萬股，一次拍賣成交，足證循公開公告邀請應買的拍賣方式，在擴大市場吞吐能力相當有成效，截至 1964 年 7 月止，臺灣證券交易所共舉行四十五次拍賣交易，拍賣股票計有臺灣水泥、臺灣糖業、臺灣肥料、臺灣電力、中國化學、臺灣塑膠、臺灣農林、臺灣工礦等 8 種股票，成交股數計七百四十五萬餘股，成交金額共計新臺幣八億一千三百萬元，其中以國有財產局及臺灣省政府財政廳委託甲種經紀人拍賣臺灣糖業股票三十次，成交股數三百七十萬股，成交金額六億九千九百萬元最多。〔註108〕

（三）結算交割制度

臺灣證券交易所開業時，將買賣交割種類分為當日交割買賣、例行交割買賣、特約日交割買賣等三種；當日交割買賣即為現款現貨交易，於買賣成交後次一營業日辦理交割為原則，但經買賣雙方同意者，得提前於成交當日辦理交割；例行交割買賣乃是為方便臺北市以外縣市的客戶委託買賣證券，

〔註108〕 臺灣證券交易所，《臺灣證券交易所三十年史》（臺北：臺灣證券交易所，1992年），頁 109。

可於成交日後第三個營業日為辦理交割日；特約日交割買賣則因未獲主管機關核定，故未實施。〔註109〕

　　臺灣證券交易所集中市場結算交割業務是以人工作業的方式辦理結算交割，即為每日營業結束後，將各證券商的證券成交數量及金額，分別依買賣沖抵，而後將證券和價款的淨差額，透過證券交易所清算組，集中辦理交割，採餘額交割方式。

　　在結算實務部分，其主要方式有：〔註110〕

1. 成交單計算：依據場內完成交易送交之「場內成交單」計算買賣價款與數量，以及核對買賣雙方交易契約內容。

2. 交割清單編製：證券商依成交單計算結果，填製交割清單一式三份，註明成交日期、交割日期及各種證券買賣數量和金額，並彙計淨收付金額及淨收付證券數量，供證券交易所辦理交割之用；例行交割則另製彙總交割清單及數量合併表，供合併交割使用；如有提前交割，應即編制提前交割清單。

3. 電話對帳：交割清單編製完成後，證券商即以電話與證券交易所對帳，對帳內容有：應收合計金額、應付合計金額、淨收付金額及淨收付證券數量。

4. 例行交易報表編製：證券商須根據每日例行交割買賣報告書，按股票種類編製例行交割繳納買賣證據金日報表，以此計算客戶應繳納的初次證據金金額，如有差額，據以向客戶追繳證據金，並於規定時間內將報表送證券交易所核對。

5. 例行交割買賣證據金之計收比例：證券商應依同一客戶、同一交割日、同種證券的買賣餘額，計算其證據金。初次證據金以現金交付為原則，其中70%得以股票抵繳，現金不得低於30%。

　　在交割實務部分，其主要方式有：〔註111〕

1. 交割集會時間：證券經紀商與證券自營商須指派經臺灣證券交易所登

〔註109〕　臺灣證券交易所，《臺灣證券交易所三十年史》（臺北：臺灣證券交易所，1992年），頁94～96。

〔註110〕　臺灣證券交易所，《臺灣證券交易所三十年史》（臺北：臺灣證券交易所，1992年），頁131～133。

〔註111〕　臺灣證券交易所，《臺灣證券交易所三十年史》（臺北：臺灣證券交易所，1992年），頁133～135。

記合格的結算員，於規定時間內，至證券交易所集中辦理繳交價款與交付股票等手續。交割時間為週一至週五上午 11 點以前；週六上午 11 點 30 分以前。

2. 交割程序：

（1）提交股票：證券商結算員於交割集會時間內，將提出交割的股票整理後，連同交割清單，一併提交證券交易所辦理交割手續。

（2）應收股票：證券商結算員依據交割清單，點收證券交易所發給的股票，清點無誤後，於證券交易所交割計算表上簽收。

（3）當日、例行合併交割：證券商於合併交割前日，編製屆期例行交割買賣收付清單，載明淨收、淨付價款與股票數量，據此辦理例行交割手續。

（4）例行交割之抵繳買賣證據金股票及例行賣出股票提交：結算員須於每營業日上午 10 點 30 分至 11 點 30 分，依據各證券商所編送之例行交割買賣證據金日報表及例行賣出股票提存日報表辦理相關交割手續。

3. 申請證券支付憑單：證券商受託賣出股票，於交割時發現其股票權利有瑕疵、法律上有爭議或有其他疑義時，可在提供相當擔保後，憑以申請開具證券支付憑單暫代交割。

（四）股價指數

臺灣證券交易所 1962 年 2 月 9 日開業當時，首先編製股價平均數，採簡單算術平均方式。1964 年起，改編為股價指數，並將每日股價指數、證券行情表逐日分送各報章發表外，並按月將各種採樣股票每日收盤價和基期價比，刊載於證券交易所每月編印之《證交資料》中，供各界參考。

1964 年所編製的股價指數，採用公式為簡單算術式：$\left[\dfrac{1}{N}\Sigma\left(\dfrac{Pi}{Pt}\right)\right]$，以 1963 年全年股價平均為基期。當時上市股票計四十五種，其中半數以上成交量甚少，且常有「無行市」狀態者，故採樣股票僅以臺灣水泥、亞洲水泥、味全食品、臺灣糖業、臺灣電力、大同製鋼、臺灣紙業、中興紙業、臺灣工礦、南港輪胎、臺灣農林等十一種。

其後因臺灣糖業公司及臺灣電力公司停止上市，再以新竹玻璃公司、中國人纖維公司、太平洋電線電纜公司等替補，至 1970 年底，共採樣十二種，

以其每日收盤價為準。

前述指數採樣，雖為十一種或十二種，但以當時股票成交量統計，卻佔總成交量90%以上，故其指數漲跌走勢，頗能反映股票市場之實況。〔註112〕

現今臺灣證券交易所使用的股價指數為「發行量加權股價指數」（簡稱加權指數，TAIEX），發佈日其為 1967 年 1 月 5 日。其採樣樣本為所有上市之普通股，並定基期指數為 100。其計算公式為：指數＝總發行市值÷當日基值×100。總發行市值為各採樣股票成交價格乘以當日發行股數所得市值之總和。

1962 年臺灣證券交易所開業當年度營業情況為：上市家數為十八家，上市總股數為二億六千九百萬股，上市總市值為新臺幣六十八億四千萬元，成交總股數為五千八百三十四萬股，成交總金額為四億四千六百五十四萬元。

1967 年時臺灣證券交易所營業情況為：上市家數為四十家，上市總股數為五億九千四百萬股，上市總市值為新臺幣九十二億二千萬元，成交總股數七億九千七百萬股，成交金額為新臺幣五十四億二千九百萬元。當年度加權股價指數年平均 98.7 點，最高 105.75 點，最低 92.4 點。〔註113〕

自 1967 年公布加權股價指數以前，臺灣股票集中市場規模，在上市家數成長 2.22 倍，上市總市值成長 1.34 倍，成交總股數成長 13.66 倍，成交總金額成長 12.16 倍。顯見加權股價指數之公布乃因股票市場成長已達需更為迅速明快掌握股票市場之狀況而使用。

三、綜合分析

關於臺灣證券交易所初創時期的各項制度梳理，基本制度規劃方向涵蓋整個證券市場，但為初創時期，各項制度建立後皆多有調整與改變，如發行公司股票上市審核標準，開業半年便開始修正，截至 1973 年 8 月為止，即開業十一年後，便已做第八次修正，幾乎一年多修正一次。再如交易制度，截至 1973 年為止，也修改達六次。顯見一方面初創制度設計不夠周延，另一方面卻也能按經濟情勢與市場變化予以調整，並不僵化固守舊規，臺灣證券市場及證券交易所便有如「摸著石頭過河」般的逐漸發展與擴大。

〔註112〕臺灣證券交易所，《臺灣證券交易所三十年史》（臺北：臺灣證券交易所，1992 年），頁 172。

〔註113〕臺灣證券交易所，〈歷年股票市場概況〉，1999 年，臺灣證券交易所網站：http://www.twse.com.tw/zh/，上網日期：2018 年 10 月 30 日。

　　其次，考察政府遷臺後臺灣所建立的證券市場制度（集中市場制度），雖然是以美、日等國之經驗為參考，但其所揭示諸多制度規劃與設計，乃源於改善與補正店頭市場制度缺失為基調而設計的。如上市審查制度，就是避免財務有問題的企業以虛假的業績哄騙投資者而設計的，再如集中競價制度，一方面可透明價格，防止不肖者趁機炒作；另一方面，也可反映企業股票的真實價值，使資本流動獲得較為合理之分配等。若無店頭市場發展之經驗，僅直接移植美、日等國股票制度發展之經驗，難免存在水土不服，甚至出現直接失敗的窘境。故臺灣最終得以建立集中市場制度的證券市場，是具有歷史經驗傳承意義的轉型，而非外來制度直接移植，所能順利達成的。

　　此外，政府遷臺後證券市場與證券交易所是由政府推動設立，與歐美等地之證券市場來自業者自然發展組成不同。臺灣這種自上而下的發展模式，與戰後日本證券市場的建立方式相同，因此政府深具主導與控制市場價格以及安定民心的使命感，當市場波動出現大幅下跌時，政府毫不衡量價格大幅下滑之因乃是肇因於市場自然波動而起，或是由經濟危機所導致，只要輿論熱議或要求政府干預，政府主事者便輕易動輒干預市場。而政府對市場之干預又多有失敗，成為有心之投機客狙擊的目標，一如現今政府護盤常淪為外資提款機般。

　　歐美等地證券市場是由下至上的發展，政府除遇上重大經濟或金融危機，基本不干預市場價格，僅信心喊話，且歐美等地政府也無直接動用政府資金介入市場干預價格的護盤行為，而是將政府資金投入整頓相關企業、降低失業率或提供融通等改善觸發危機的本質條件中。此與我政府遇上經濟或金融危機時，股市與經濟兩頭都要救的施政使命感，其所付代價甚大有所不同。

第七章　結　論

　　股票制度及其市場之形成，乃根基於股份制企業制度的產生，沒有股份制企業制度就沒有股票的產生，故臺灣股票市場得以形成的先決條件，就在於臺灣股份制企業的出現。這項來自於西方的制度，是經由日本對臺灣的統治而被引進臺灣的。當臺灣出現股份制企業時，股票制度便自然而然的在臺灣落地生根。由於主導股票制度引進臺灣的力量並非日本政府刻意爲之，而是所引進的股份制企業爲了籌措資本，採行股票發行的行爲，促成股票流通需求的自然發展，故臺灣股票市場的起源，是循著原始型態的市場發展樣貌逐漸形成的，這種原始市場型態便是稱爲「店頭市場」的型態。

　　店頭市場的特色正如其名般，就是聚集銷售同樣商品（這指股票或債券等有價證券）的店家商號所形成的市場。各證券商號間，雖有著同樣的商品，但除了職業道德意義的規範外，並無任何需要負擔的責任與公開透明且統一的公定價格。往往依據交易條件的不同，如城鄉距離所造成的訊息傳遞不對稱，以及各證券商號交易成本差異等條件，而存在價格差異。需要買賣的顧客，必須透過自行的訪價與比價，取得有利的議價空間，以及利用各種條件差異形成的價差獲取套利空間。反之，證券商號也有爲銷售商品庫存或是新商品，對顧客採取叫賣、收購或是勸誘等需求。當顧客與證券商號雙方需求一致所達成的交易行爲增加，市場便會隨著這種交易行爲的活絡而持續成長。

　　店頭市場的優點正如其自然形成的特色，享有高度的自由，也相當接近完全的自由市場機制，但這種自由是屬於不受控制的自由，其缺點也同樣來自於這種高度的自由，給予有心人可資利用的漏洞。其次，以經濟發展的角

度論，現代工業化的進展擴張是取決於資本力量的集中投入，店頭市場的高度自由化運行使資本任意發散，此與集中引導資本力量以推動工業化發展是背道而馳的。

　　店頭市場的持續成長與擴張，交易弊端也亦步亦趨的增生與變化。而為了防止或規避弊端的發生，相應的交易制度與監督管理制度焉然成形。然而，店頭市場是自然發展所形成的市場機制，其本質仍是一種原始市場的型態，且完全按利弊衝撞機制自由運行，缺乏足夠的管理防弊及導引資本的能力，這種先天的缺點，不僅對弊端的防制能力有限，同時也侷限資本力量的擴張利用。而店頭市場發展到成熟階段，則必然要向具備管理機制與引導資本朝有利於經濟發展的集中市場制度轉型。

　　回顧先進國家股票制度之發展，莫不先以店頭市場為發展開端，進而朝向集中市場制度作轉型，成為現代股票市場的運作機制。故現代股票市場之集中市場制度實乃奠基於對店頭市場運作缺點與弊端之改良。近代臺灣股票市場的發展軌跡也展現同樣的發展模式。

　　1899 年，股票制度隨日本引進股份制企業至臺灣後，形成以店頭市場型態的股票市場，發展至 1930 年時，日本殖民政策轉變為推動臺灣工業化，為其殖民擴張的南進政策作準備，這使臺灣總督府於 1935 年起，啟動臺灣建立具備集中市場制度的證券交易所計劃。這項計劃包含相關法令制定與整頓既有的證券業者等措施，但最終因日本陷入戰爭而不了了之。

　　此後雖經歷戰爭、戰時金融管制、日本戰敗、臺灣接收、政府遷臺等重大歷史事件影響，如戰後日產接收時期，政府雖將臺灣大部分企業以日資日產名義收歸國營，但少部分臺資企業股票經重新登記後，始可自由交易。由此可知，即便是處於重大歷史事件之影響下，也僅使臺灣股票市場陷入蕭條與停滯的地步而已，並未因此完全消失與出現斷裂，臺灣股票市場依然得以店頭市場型態持續存在。

　　政府遷臺後為安定臺灣民心、穩定經濟、抑制惡性通膨以及重塑金融秩序所推行經濟與土地兩方面改革政策，尤以土地改革中之耕者有其田政策搭發公營事業股票補償地主措施，為臺灣股票市場提供大量的籌碼，直接促使臺灣股票市場由蕭條階段轉為復甦階段。受此激勵，使證券商號如雨後春筍般的設立。此後又因市場交易亂象叢生以及臺灣經濟情勢轉佳、新創民營企業有籌資需求等因素下，從民意代表到學者專家、媒體社論等紛紛呼籲政府

管理股票市場與建立集中交易制度之證券交易所的聲浪不斷，但政府憚於過往之失敗，始終消極應付。

　　若無內、外兩種因素的壓力，尤以美方的壓力為甚，迫使政府轉變為積極態度施政，臺灣能否由店頭市場轉型建立集中市場制度之證券市場，則尚在未定之數。而美方除了壓力外，對於戰後臺灣建立證券市場也提供經費、技術指導等支持，這才使臺灣證券交易所得以設立，並於 1962 年 2 月 9 日開始營業。結束自 1899 年以來臺灣股票市場的店頭市場時代，進入現代化意義的集中市場時代。

　　由於店頭市場是自然形成的原始市場，且所受約束與管理較少，在經濟體規模尚不夠大時，其市場籌資與流通功能仍足以充分發揮效果。但其缺點亦相當明顯，便是缺乏資本的引導力量，容易有交易亂象叢生，如成交價格會依地區而有所不同，並無公開透明的統一報價，交易違約賴帳頻頻發生，買空賣空之投機炒作盛行等缺點。而集中市場具有的優點，如法治化的有效管理、公開透明的統一報價、引導大型資本的功能、抑制投機炒作風氣等，足以導正店頭市場之缺點與弊端。店頭市場所有之功能，集中市場也能替代，甚至發揮比店頭市場更大的優勢。故當經濟體規模擴大到一定程度，店頭市場便無法滿足市場需求，此時走向集中市場是必然的過程，甚至可說其後臺灣所建立的集中市場制度，就是基於優化補正店頭市場缺失所做的轉型，此是具有歷史經驗傳承意義的轉型，而非外來制度直接移植所能達成的。

　　這種「店頭市場轉型集中市場」的發展路徑，除發展時間不同外，與先進國家的股票制度發展路徑一致。即便臺灣在店頭市場時代經歷日本與中華民國兩政府的治理下，也未改變這種發展路徑。從歷史延續發展論，戰後中央政府在店頭市場轉型為集中市場的過程，僅是接續日治時期臺灣總督府因戰爭因素干擾，推動店頭市場轉型為集中市場失敗之延續。若排除戰爭因素干擾，讓日治時期臺灣股票市場得以持續發展，臺灣將更早結束店頭市場型態，轉型為較為成熟且具現代化的集中市場制度，使臺灣經濟與工業化之發展，得以有更好的發揮。

　　在研究成果部分，本論文透過對於各項檔案史料的梳理、分析與建構，為臺灣經濟史中關於臺灣股票市場發展史此項研究領域提出諸多前人未曾述及或述及但失之深入與翔實探討的研究成果。

　　本論文對於日治時期臺灣股票市場主要研究成果有六項，如下所述：

　　首先，是重新定義臺灣股票市場之起源。臺灣股票市場之起源，前人論述雖有部分承認日治時期臺灣已有股票交易之情況，但大抵都將臺灣股票市場之起源歸於 1953 年政府為扶植自耕農所推行耕者有其田政策中搭發公營事業股票補償地主地價措施。更有甚者，直接否定店頭市場之存在，而以 1962 年 2 月 9 日臺灣證券交易所開業為臺灣股票市場之起源。這些論述皆忽略日治時期臺灣在股票市場方面的發展。

　　根據本研究的梳理，並按證券市場理論中關於市場職能之分類，得出臺灣股票市場的真正起源是 1899 年 4 月 16 日由臺灣銀行創立委員會於《臺灣日日新報》刊登臺灣銀行株主（股東）募集公告，每股僅需支付證據金 10 日圓，便可向臺灣銀行創立委員會認購臺灣銀行的股份。這種募集股份的方式，在證券市場理論架構的市場職能分類上稱之為股票公開發行行為。故臺灣銀行是首家在臺灣公開發行股票的企業，而此後新創立的株式會社在籌資時，也多以公開募集方式籌集股本，所以臺灣銀行的股票公開發行行為，不僅表示臺灣股票發行市場得以形成，與此同時，也宣告臺灣股票市場的正式出現與成立。

　　臺灣銀行公開發行股票後，隨即在日本的股票交易所掛牌上市交易。在臺日人便透過來自於日本駐臺之股票經紀商或股票掮客，向日本股票市場下單交易，雖無史料證明是否有臺人顧客也循此途徑交易股票，但仍可是視為臺灣股票流通市場的出現，此也呼應前述臺灣股票市場的起源之論述。

　　其次，是按交易市場類別、資本來源、股東成分以及投資客群等市場屬性，將日治時期臺灣股票市場中區分為「日本內地臺灣株股票市場」及「臺灣島內株股票市場」。日本內地臺灣株股票市場，其股票流通之起源應與臺灣銀行公開發行股票之後隨即出現，是以在日本東京股票市場掛牌交易之股票以及在臺設立屬純日資會社之股票為交易標的。會社資本來源在創立時皆為日人資本，會社股東成分以及投資買賣之客群皆以在臺日人為主體，間或有少數臺人參與投資買賣之股票市場。

　　臺灣島內株股票市場，其股票流通市場之起源，按《臺灣日日新報》最早出現相關報導的時間是在 1911 年，故最晚在 1911 年以前，臺灣島內株股票市場便已形成。臺灣島內株股票市場是以臺人資本所創立的會社股票為主要交易標的。會社股東組成也以臺人為主體，唯為符合當時臺灣總督府法令，

臺人會社中至少會有一名日籍股東持有最少 1 股股份，始得經營。投資客群也以臺人爲主，亦有在臺日人參與投資買賣之股票市場。

　　將日治時期臺灣股票市場區分爲日本內地臺灣株股票市場及臺灣島內株股票市場，一方面是反映歷史實際情況，另一方面也突顯臺人與日人間在股票市場方面仍是存在尚未融合與有所區別等問題，如早年中國大陸股票市場發展過程中，會區分專爲外國人投資的 A 股市場及專爲內地人投資的 B 股市場般。

　　其三，爲此研究領域首次透過翻查檢索數百件《臺灣總督府檔案》、《臺灣總督府府報》等檔案記錄，以及將近上千《臺灣日日新報》報紙頁面股價記載等史料，將日治時期臺灣各產業主要會社股價記錄按年度呈現。共計挑選涵蓋銀行、製糖、製造、食品、電力等十四種產業二十四家當時臺灣主要會社爲樣本，除前述將這些會社自 1914 年起至 1943 年止之股價記錄呈現外，並根據股價記錄採「簡單算數平均指數」編製方式製作臺灣股票市場歷年股價指數，並分爲臺灣股票市場綜合股價指數（包含日本內地臺灣株市場及臺灣島內株市場）、日本內地臺灣株市場股價指數、臺灣島內株市場股價指數等三種股價指數。藉以突顯與還原日治時期臺灣股票市場的樣貌。

　　而將臺灣股票市場綜合指數與利用《東京株式取引所統計年報》所編製的日本東京股價指數比較，顯示日治時期臺灣股票市場走勢大抵與日本東京股價指數走勢相似，但在面對 1927 年昭和金融恐慌與 1929 年世界經濟大蕭條等經濟危機時，臺灣股票市場的投資表現要優於日本東京股價指數的投資表現，臺灣股票市場走了約二年空頭市場走勢，而日本東京股票市場則走了約四年空頭市場走勢。究其原因乃爲當時臺灣經濟規模較小，故經濟危機衝擊也較小，另一方面則是當時臺灣投資環境在日本並未忽視對臺灣經濟的經營下，擁有較佳之投資環境。

　　另透過《臺灣鹽業檔案》梳理得出前人未曾述及，關於日治時期臺灣股票之交割方式，這也是首次由本論文在此研究領域中披露。其股票交割流程爲買賣雙方交易後，向所交易股票之會社申請股權移轉，經該會社同意並於股票背面簽證後，交與股票受讓人，買賣雙方才算完成整個股票交易。

　　其四，爲此研究領域首次利用史實數據估算日治時期臺灣股票市場之規模。在股票發行市場部分，是以日治時期會社資本金數據爲基礎計算其股票發行市場之規模。據此計算得出 1906 年至 1942 年間股票發行數年平均 820

萬股，以每股面額 50 日圓計算，年平均股票發行金額爲 4.1 億日圓，但日治時期股票發行習慣以僅需繳納股金四分之一，便承認其所持有之股份，雖仍有會社須全額繳納股金，但多數會社以採繳納股金四分之一，其後再補足剩餘股金的方式發行股票，故實際股票發行金額年平均應爲 1.02 億日圓。若以昭和時期（1926～1942）股票發行數年平均 1,177 萬股計算，年平均股票發行金額爲 5.9 億日圓，實際股票發行金額年平均應爲 1.47 億日圓。

在股票流通市場部分，史料記載有臺灣總督府殖產局商工課 1936 年至 1938 年三個年度的調查統計，其結果爲流通金額年平均 1 億日圓，流通量爲年平均 140 萬股。非官方統計則有《臺灣經濟年報》所載年流通金額 2.5 億至 3 億日圓，年流通股數爲五百萬股至六百萬股。史料記載皆有其侷限，相關史實數據統計或敘述皆爲昭和時期，且都以整體臺灣股票市場流通情況爲範圍，未能反映當時由臺人資本所形成之臺灣島內株股票市場的狀況。

故本研究據日治時期擁有完整股權記錄之彰化銀行股權變動情形，估算出彰化銀行臺籍股東股權換手率爲 5.78%，日籍股東換手率爲 4%。以及臺灣商工銀行、新高製糖株式會社、臺灣倉庫株式會社歷年股權買賣異動率分別爲 34.25%、13.6%、5.71%，並參照日治時期臺灣島內銀行擔保貸出金數據，得出當時臺灣會社僅願以持有股權的 3.63% 作爲向銀行質押借貸的質押率等六組數據，分別嘗試以簡單平均數與中位數估算臺灣島內株股票市場之流通規模。

其結果爲以算術平均數 11.17% 計算，臺灣島內株股票市場在昭和時期流通規模爲年平均 2,747 萬日圓，流通股數爲年平均 55 萬股。以中位數 5.62% 計算，臺灣島內株股票市場在昭和時期流通規模爲年平均 1,382 萬日圓，流通股數爲年平均 28 萬股。

本研究以臺灣總督府殖產局統計調查爲依據，認爲臺灣股票市場在昭和時期，股票流通量約爲年平均 140 萬股至 180 萬股之間，流通金額約爲年平均 1 億日圓至 1.3 億日圓之間。而由臺人資本所形成的臺灣島內株股票市場在昭和時期，股票流通量約爲年平均 28 萬股至 55 萬股之間，佔臺灣股票市場股票流通量 20% 至 39.29% 之間，流通金額約爲年平均 1,382 萬日圓至 2,747 萬日圓之間，佔臺灣股票市場流通金額約年平均 13.82% 至 27.47% 之間。

其五，爲前人研究未提及，本研究以日人記載爲線索，梳理相關史料，得出臺灣最早出現的證券商號，是由板橋林家幕後控制在臺北所開設的株式

現物問屋「一三美商會」，而一三美商會亦爲最早經營臺灣島內株股票之證券商號。臺中出現最早的證券商是由日人月形善次郎於 1917 年時開設。臺人最早以株式會社組織開設專營有價證券商號，則爲蔡蓮舫於 1919 年在臺中所開設的臺灣證券株式會社，同年在臺南尚有臺人陳百亨以買賣國外股票（外株）爲目的而新設立的臺南信託株式會社，但屬信託業，並非專營證券業，故蔡蓮舫所創臺灣證券株式會社實爲臺人最早創立之專營證券商。

而依據四千餘筆日治時期商業登記之史料記載，梳理當時臺灣證券業者的情形。並對證券商的數量、營業型態、分布區域、代表人等梳理得出臺灣 1920 年前共計有十一家證券業者，其中日人開設五家，臺人開設有六家。1920 年至 1930 年間，共計專營有價證券業者十四家，兼營有價證券業者八十家，總計共九十四家。1930 年至 1940 年間，計有專營有價證券商二十七家，兼營有價證券商九十一家，總計共一百一十八家。

前項係該業會社有從事商業登記的情況，而未做商業登記的小型證券商號或跑單幫式的股票掮客則未有詳細數據，但根據日人 1941 年之估計，全臺證券業者開設的株式現物問屋（株屋），在全島皆有分布，其數有一百五十家之多。此數與前述 1930 年至 1940 年間證券業總數一百一十八家，差距僅三十二家。

1941 年 5 月 11 日，臺灣總督府公佈實施〈有價證券業取締規則〉，並開始對全臺有價證券業者展開信用調查。同年 11 月展開有價證券業者申請作業，當時有約一百二十家以上的業者提出申請。11 月 29 日臺灣總督府公布全臺許可有價證券家數爲六十八家。其中臺人企業二十四家、日人企業四十四家，臺日企業各佔總數爲臺人企業 35%，日人企業 65%，日人企業是臺人企業的 1.83 倍，顯示臺灣總督府有壓抑臺人會社之傾向。

經分析日治時期有價證券業者之發展情況得出臺灣證券業是由日人所引進，臺人仿效跟進的發展軌跡；經營據點以工商業發達地區爲核心；其主導力量以日人爲主，臺人附隨的模式發展；投資客群以在臺日人爲主要客群，臺人則僅有精英階層得以參與；臺人開設會社有家族與地緣等關係而開設同一行業會社的現象；臺灣兼營有價證券業者本質上都是商品買賣業，都是不參與製造與生產的，都不是工業部門，而是經手某項商品的買賣業，屬於商業部門等諸多特點。

其六，爲透過對日治時期有價證券業中的臺籍經營者身份背景分析，可

得不論是專營業者還是兼營業者，其經營者都有著相似的經歷。第一，都受過教育，基本上都是具備吸收知識的能力。第二，爲都擔任過日本治理下的公職，其中有更有不少經營者是獲頒伸章，顯示這些經營者是受到日本人重視或籠絡的對象。第三，爲有價證券業都不是這些經營者唯一的事業，即便是專營者本身也都還有其他事業同時進行，兼營者更是如此，兼營有價證券只是副業附屬性質的業務。第四，爲其資本模式以家族式精英資本爲主。若單純就兼營模式而論，透過兼營方式擴張事業觸角，應是臺籍經營者的主要思維。

本論文對於戰後臺灣股票市場主要研究成果有七項，如下所述：

首先，前人研究大抵都忽略此戰後日產接收時期（1945～1950）股票市場的發展現況，或是根本否定此時期有股票市場之存在。然而，本研究根據對日本戰敗後之臺灣接收時期相關檔案史料梳理，得出此一時期臺灣股票市場仍然存在，並未因日本戰敗、日產接收、二二八事件等重大政經事件影響而使股票市場消失。此時期在股票發行市場方面，仍有臺資企業爲籌資或新創公司募集股本而有公開發行股票行爲，而日產接收後所改制的國營事業，亦有不少國營事業員工將其優先認購之國營事業股票拿去交易，以及臺資企業股票交易等流通行爲，雖然流通量很有限。故就股票市場之職能而論，臺灣接收時期股票市場是依然存在，且並未出現斷裂，僅能以市場處於蕭條狀態視之。

其次，透過對政府遷臺後實施耕者有其田政策之梳理，得出政府爲實施耕者有其田政策補償地主地價採以搭發公營事業股票方式徵收之發想，源於1952年臺灣省政府民政廳地政局所草擬之〈臺灣省扶植自耕農實施方案〉，該方案要旨主要爲徵收資金的籌措，包括以現金補償、出售公營工廠或發行有價證券等方式皆納入執行考量。而對於公營事業股票搭發前，政府先以成立公營事業估價委員會對欲實施搭發之公營事業股票重新估價，並將其資本額提高約十倍後，再據提高後之資本額搭發股票，僅以股權部分計算，提高達二十倍之數。雖然此估價方案在當時受到估價過高的質疑並導致五位省議員退出估價委員會，但就股票流通的觀點而言，這恰是促使臺灣股票市場從戰後蕭條階段轉爲復甦階段，使股票交易恢復活絡的關鍵因素。

其三，爲前人研究未注意之問題，便是搭發公營事業股票補償地價措施對於戰後臺灣股票市場的發展產生了三項重要影響：一、爲臺灣股票流通市

場提供了大量的籌碼，促使臺灣股票市場的復甦；二、爲臺灣股票市場的未來擴大發展提供參與者：「股民」的養成；三、爲證券業的發展與股票市場的現代化、制度化等發展奠下基礎。這三項影響對於戰後臺灣股票市場未來之發展，包含證券交易所的設立、集中市場的建立、證券商管理、股票市場現代化、證券市場體系制度化、甚至金融市場國際化，皆有著深遠的重要影響性。

其四，爲此研究領域首次估算政府遷臺後至臺灣證券交易所開業前臺灣證券市場之流通規模。依據 1956 年政府開徵證券交易稅之稅額，以千分之一稅率，得出 1955 年至 1960 年間，臺灣證券市場之流通規模爲年平均成交金額新臺幣一億五千三百餘萬元，月平均成交金額新臺幣一千三百餘萬元以及日平均成交金額新臺幣五十萬餘元。

其五，爲此研究領域首次論述政府首次振興股市措施，爲此後政府動輒干預股票市場之濫觴開啓先例。1954 年 3 月起發放補償地價之公營事業股票，當月月底除臺灣水泥公司外，其餘三家公營事業公司股票皆出現大量拋售潮。7 月時，臺灣臨時省議會以及民間輿論對政府不能維持公營事業公司股價在股票面額之上而損及甫被徵收土地之地主權益多有質疑，並要求政府應採取積極的政策。

故政府於 7 月 29 日通過「公營事業股票市價趨跌補救措施」，而在該補救項措施實施不到一個月，於 8 月 20 日媒體便報導四家公營事業公司股價漲幅約達一倍。至 1954 年底時除紙業公司外，其餘三家公營事業公司股價均維持一倍的漲幅。政府這項措施也開啓首次「振興股市」的先例，同時也爲其後政府視「維持股價或指數」爲其施政表現優劣的判准迷思及政府干預市場自由運行的濫觴。

其六，爲對政府對於戰後臺灣證券市場之施政態度梳理，得出政府態度在遷臺初期以來始終相當消極，究其原因乃爲當時主管財經官員因政府大陸時期對上海證券市場管理失敗而有所恐懼。甚至出現〈臺灣省證券商管理辦法〉於 1954 年 1 月 29 日公布實施後一年多，主管機關臺灣省政府財政廳始終未完成該法之施行細則，導致該管理辦法根本沒有施行的荒誕作爲。

其後政府施政態度轉爲積極，主要來自內外兩種因素所促成。內部因素爲嚴家淦、尹仲容等改革派官員，在陳誠的支持下，取代原本保守派官員俞鴻鈞、徐柏園等人開始主導一系列包含外匯貿易在內的財經改革。外部因素

則爲來自美國方面要求開放資本市場、建立現代化金融制度系統以及美援即將停止的壓力。

促使政府轉變態度的因素中，顯然外部來自於美方的因素大於內部要求改革的因素。故美援政策的轉變，是戰後臺灣加速經濟改革的關鍵因素。與此同時，若無內部因素所形成的改革共識配合，政府是否能順利推行財經改革則有待商榷。但在內外因素交互影響下，最終還是催生出臺灣證券交易所的設立以及使臺灣股票市場由店頭市場交易時代轉型邁入具有現代化意義的集中市場交易時代。

其七，爲前人未曾探討，由本論文首次討論，關於美援經費對戰後臺灣證券市場建立與籌設證券交易所提供贈與性經費，用以我政府派員赴美、日等國考察受訓、聘請外籍顧問以及對臺灣證券市場建立計劃所需經費等給予大力的支持。

1955 年，監督美援在臺灣運用績效的美國國際合作駐華分署，提出了一個「技術協助計劃」。透過此計劃，使戰後臺灣在建立證券市場與籌設臺灣證券交易所過程中，得到美援經費相當大的支持與挹注，不論是派員赴美、日等國考察證券市場、投資環境、資本市場、金融體系等，或派員赴美、日受訓，以及經濟部證券管理委員會之運作，其所需經費之來源分別爲美援經費技術援助款項以及相對基金款項支付，且爲贈與性質。

美援經費挹注係根據證券管理委員會擬訂「證券市場設立計劃」所需預算，送交美援運用委員會審議，再交由美國國際合作駐華分署核准撥款，計劃執行完畢後由行政院國際經濟合作發展委員會審查預算執行情形。該計劃實際執行分爲三期共計二十八個月，美援經費合計新臺幣二百八十二萬元。

若無美援經費提供經費挹注，按當時政府施政效率，戰後臺灣證券市場恐無法在短時間內得以建立，或恐將只會建立起一套缺乏現代化與專業化的證券市場制度。故美援經費一方面使臺灣籌設證券市場的腳步得以加速，另一方面也有監督臺灣當局落實執行之意味。與此同時，也使戰後臺灣證券市場染上美、日兩國證券體系制度之血統色彩。

撰寫本論文最大的困難便是相關檔案與史料的缺乏，尤以日治時期爲甚，有關記載呈現碎片化與斷裂化的情況不斷，時常出現有頭無尾或有尾無頭的現象，故必須耗費大量精力與時間盡量蒐集。且即便已蒐集相當程度的

資料，也常因比對與鑑別資料之可靠程度與否後，如數據、統計等方面的資料，不是記載不連貫就是記載不一致，不得不重新蒐集其他資料予以補足缺失部分，或是另尋第三種資料相互比對，以求可靠性與完整性。雖說史學研究的基本功莫過於此，但蒐集整理相關史料的繁瑣與勞苦仍頗有步履維艱之感。

　　故本論文認為此研究領域相關檔案與史料應有相當多尚未出土公布，如日治時期臺灣總督府對於股票市場掌握情形，從《臺灣總督府府報》追蹤 1908 年至 1925 年臺灣銀行與臺灣諸糖業會社在日本東京股票交易所之股價表現，顯見臺灣總督府對在臺灣發展之會社股票表現相當重視，可惜足資舉證之相關檔案史料尚未出現，故建議臺灣檔案史料整理機關，應加快步伐，以利往後此研究領域更能拓展出豐碩亮眼之研究成果。

參考書目

（依編著者姓名筆畫排序）

一、中文資料

（一）檔案

1. 中央研究院近代史研究所檔案館藏，「未錄事由」（中華民國 49 年 7 月 9 日，經台（49）商字第 09672 號），經濟部函，受文者：行政院美援運用委員會，1960 年 7 月 9 日，《1961 至 1962 年度美援臺幣基金設立證券市場計畫》，館藏號：36-10-011-017。

2. 中央研究院近代史研究所檔案館藏，「成立證券市場工作組一案經轉詢安全分署意見函請查照見覆由」（中華民國 49 年 7 月 27 日，台美（四）（49）字第 3500 號），行政院美援運用委員會稿，送達機關：經濟部，1960 年 7 月 27 日，《1961 至 1962 年度美援臺幣基金設立證券市場計畫》，館藏號：36-10-011-017。

3. 中央研究院近代史研究所檔案館藏，「為「證券市場設立計劃」結束後其中工作人員一人無法安置在用人費節餘項下發給遣散費二個月函請核辦見復由」（中華民國 51 年 10 月 15 日，證管（51）秘字第 01400 號），經濟部證券管理委員會函，受文者：行政院美援運用委員會，1962 年 10 月 15 日，《1963 年度證券市場設立計劃》，館藏號：36-10-011-018。

4. 中央研究院近代史研究所檔案館藏，「為本會「證券市場設立計劃」項下之出版物凡具有學術研究性者擬在每千字二十元範圍內統籌勻支審查費及校對費函請核備由」（中華民國 50 年 12 月 8 日，證管（50）秘字第 00321 號），經濟部證券管理委員會函，受文者：行政院美援運用委員會，1961 年 12 月 8 日，《1961 至 1962 年度美援臺幣基金設立證券市場計畫》，館藏號：36-10-011-017。

5. 中央研究院近代史研究所檔案館藏，「為本會前擬邀請美籍華僑來臺擔任

顧問一案現已作罷函請核備由」（中華民國 51 年 5 月 22 日，證管（51）秘字第 00590 號），經濟部證券管理委員會函，受文者：行政院美援運用委員會，1962 年 5 月 22 日，《1961 至 1962 年度美援臺幣基金設立證券市場計畫》，館藏號：36-10-011-017。

6. 中央研究院近代史研究所檔案館藏，「為本會聘請日籍顧問一案現改為邀請方式爰再重編「證券市場設立計劃」一九六一會計年度修正經費預算申請書函請核辦由」（中華民國 50 年 12 月 11 日，證管（50）秘字第 00306 號），經濟部證券管理委員會函，受文者：行政院美援運用委員會，1961 年 12 月 11 日，《1961 至 1962 年度美援臺幣基金設立證券市場計畫》，館藏號：36-10-011-017。

7. 中央研究院近代史研究所檔案館藏，「為前證券市場工作小組在美援「證券市場設立計劃」項下購置之固定資產擬請如數移贈本會函請查照惠允見復由」（中華民國 52 年 4 月 9 日，證管（52）秘字第 0185 號），經濟部證券管理委員會函，受文者：行政院美援運用委員會，1963 年 4 月 9 日，《1963 年度證券市場設立計劃》，館藏號：36-10-011-018。

8. 中央研究院近代史研究所檔案館藏，「為編撥本會所邀美籍華裔證券顧問一人在臺期間膳宿等費標準函請核備由」（中華民國 51 年 3 月 15 日，證管（51）秘字第 00115 號），經濟部證券管理委員會函，受文者：行政院美援運用委員會，1962 年 3 月 15 日，《1961 至 1962 年度美援臺幣基金設立證券市場計畫》，館藏號：36-10-011-017。

9. 中央研究院近代史研究所檔案館藏，「為繳還「證券市場設立計劃」一九六一會計年度節餘經費及雜項收入函請查照由」（中華民國 51 年 4 月 20 日，證管（51）秘字第 00173 號），經濟部證券管理委員會函，受文者：行政院美援運用委員會，1962 年 4 月 20 日，《1961 至 1962 年度美援臺幣基金設立證券市場計畫》，館藏號：36-10-011-017。

10. 中央研究院近代史研究所檔案館藏，「為繳還「證券市場設立計劃」一九六三會計年度剩餘經費函請查照由」（中華民國 52 年 3 月 11 日，證管（52）秘字第 0106 號），經濟部證券管理委員會函，受文者：行政院美援運用委員會，1963 年 3 月 11 日，《1963 年度證券市場設立計劃》，館藏號：36-10-011-018。

11. 中央研究院近代史研究所檔案館藏，「相對基金撥款合約」（1960 年 9 月 17 日），「相對基金撥款合約──增補合約」（1961 年 5 月 6 日），《1963 年度證券市場設立計劃》，館藏號：36-10-011-018。

12. 中央研究院近代史研究所檔案館藏，「相對基金撥款合約」（1962 年 2 月 26 日），「相對基金撥款合約」（1962 年 8 月 25 日），《1963 年度證券市場設立計劃》，館藏號：36-10-011-018。

13. 中央研究院近代史研究所檔案館藏，「准貴會函轉安全分署對證券市場

工作組計劃所提修正意見復請察核轉洽由」（中華民國 49 年 8 月 11 日，經台（49）商字第 11037 號），經濟部函，受文者：行政院美援運用委員會，1960 年 8 月 11 日，《1961 至 1962 年度美援臺幣基金設立證券市場計畫》，館藏號：36-10-011-017。

14. 中央研究院近代史研究所檔案館藏，「據請發給計劃結束後無法安置人員遣散費一案函復查照由」（中華民國 52 年 2 月 20 日，台美（四）（52）字第 0836 號），行政院美援運用委員會稿，送達機關：經濟部證券管理委員會，1963 年 2 月 20 日，《1963 年度證券市場設立計劃》，館藏號：36-10-011-018。

15. 國史館臺灣文獻館，「日臺合資企業出售日股其原有土地應一併估價核算股值案」（1947 年 08 月 09 日），〈承買日產處理〉，《臺灣省行政長官公署檔案》，典藏號：00326720003006。

16. 國史館臺灣文獻館，「行政院咨請審查耕地三七五減租條例草案定於中山堂北辰室舉行初步審查會議」（1950 年 12 月 27 日），〈三七五減租條例〉，《臺灣省級機關檔案》（原件：臺灣省政府），典藏號：0040734011758001。

17. 國史館臺灣文獻館，「金銅礦業接管委員會重油等沒收呈復案」（1946 年 05 月 21 日），〈礦業接收糾紛〉，《臺灣省行政長官公署檔案》，典藏號：00347513002001。

18. 國史館臺灣文獻館，「接收日資企業處理實施辦法抄發案」（1947 年 02 月 10 日），〈接收敵偽金融機構整理清理辦法〉，《臺灣省行政長官公署檔案》，典藏號：00326620009005。

19. 國史館臺灣文獻館，「新營紙板製造所日臺合資股份處理方法批示案」（1946 年 08 月 20 日），〈工礦處接收日產清理〉，《臺灣省行政長官公署檔案》，典藏號：00326620109001。

20. 國史館臺灣文獻館，「電復前臺灣有價証券會社等仍應由該行接收清理希知照由」（1949 年 01 月 21 日），〈臺灣有價證券會社等移交案〉，《臺灣省級機關檔案》（原件：臺灣省政府），典藏號：0042950007902001。

21. 國史館臺灣文獻館，「彰化銀行日籍股東股票轉讓呈請案」（1946 年 03 月 15 日），〈關於日人債務卷〉，《臺灣省行政長官公署檔案》，典藏號：00326620054015。

22. 國史館臺灣文獻館，「臺灣省人民光復前投資日本企業股票等申請登記案」（1946 年 12 月 05 日），〈企業公司股票申請登記辦法〉，《臺灣省行政長官公署檔案》，典藏號：00307682008001。

23. 國史館臺灣文獻館，「臺灣省各金融機構資產處理辦法」（1946 年 05 月 24 日），〈宣傳委員會接收經費及處理〉，《臺灣省行政長官公署檔案》，典藏號：00326620006006。

24. 國史館臺灣文獻館，「臺灣省各金融機構資產處理辦法抄送案」（1946 年

03 月 06 日），〈金融機構資產處理辦法〉，《臺灣省行政長官公署檔案》，典藏號：00326230001001。

25. 國史館臺灣文獻館，「臺灣省接收日產處理準則等 4 種辦法公告案」（1946 年 06 月 29 日），〈訂定臺灣省接收日產處理準則公告眾知〉，《臺灣省行政長官公署檔案》，典藏號：00301630004001。

26. 國史館臺灣文獻館，「關於証券交易所尚未准設立前對於市面有商號私有經營証券買賣業務應為何處理一節復請查照辦理由」（1953 年 03 月 11 日），〈行政院抄交經濟情報〉，《臺灣省級機關檔案》（原件：臺灣省政府），典藏號：0040110016773008。

27. 國史館藏，「土地改革資料彙編：共黨方面意見或建議：臺灣省共黨對三七五減租之看法與破壞陰謀——內政部調查局」，〈土地改革資料彙編（八）〉，《陳誠副總統文物》，數位典藏號：008-010805-00011-034。

28. 國史館藏，「實施耕者有其田條例臺灣省施行細則」（1952 年 4 月 23 日），〈土地改革資料彙編（七）〉，《陳誠副總統文物》，數位典藏號：008-010805-00010-015。

29. 國史館藏，「實施耕者有其田條例釋論：臺灣省實物土地債券條例」（1953 年 5 月），〈實施耕者有其田條例釋論〉，《陳誠副總統文物》，數位典藏號：008-010805-00030-003。

30. 國史館藏，「臺灣土地改革紀要：附錄——實施耕者有其田案公營事業移轉民營辦法」（1953 年 12 月 22 日），〈臺灣土地改革紀要〉，《陳誠副總統文物》，數位典藏號：008-010805-00037-015。

31. 國家發展委員會檔案管理局藏，「不辦商業登記以違警法處罰」，《經濟部》，1 卷，檔號：0044/04990-001422/00001。

32. 國家發展委員會檔案管理局藏，「公司公開發行證券簽證辦法」，《經濟部》，1 卷，檔號：0052/04990-001213/00001。

33. 國家發展委員會檔案管理局藏，「公司申請公開發行股票及申請股票上市審核準則」，《經濟部》，1 卷，檔號：0054/04990-001205/00001。

34. 國家發展委員會檔案管理局藏，「公司發行股票及公司債簽證規則」，《經濟部》，1 卷，檔號：0055/04990-001210/00001。

35. 國家發展委員會檔案管理局藏，「本公司持有工礦公司股權」，1949 年 1 月 26 日，臺灣機械股份有限公司，《臺灣機械股份有限公司》，檔號：A313370000K/0038/辛 DD/2。

36. 國家發展委員會檔案管理局藏，「本部證券管理委員會人員赴日考察案」，《經濟部》，1 卷，檔號：0050/11992-116318/00001。

37. 國家發展委員會檔案管理局藏，「本部證券管理委員會組織」，《經濟部》，1 卷，檔號：0053/11992-101007/00001。

38. 國家發展委員會檔案管理局藏,「呈送經濟部證券管理委員會第廿次委員會議紀錄請核備由,奉准修正公司證券上市合約,爲規定承銷人之代銷手續費或承銷報酬之最高比率通知查照由」,1955 年 7 月 19,經濟部,《證券管理資料》,檔號:A313000000G/0044/04990-001447/00001。

39. 國家發展委員會檔案管理局藏,「私自經營證券業務應如何處理案」,《經濟部》,共 28 頁,檔號:0041/04990-001431/00001。

40. 國家發展委員會檔案管理局藏,「函爲檢附本部同仁認購投資企業股票明細表共三張即請查收惠予登記由」,1948 年 3 月 31 日,臺灣銀行總行發行部,《臺灣銀行》,檔號:A307200000N/0037/0080.05/0001/11/060。

41. 國家發展委員會檔案管理局藏,「函復赴日證券交易考察團人選請核轉由」(經台(50)秘字第 07089 號),1961 年 5 月 22 日,經濟部,《本部證券管理委員會人員赴日考察案》,檔號:A313000000G/0050/11992-116318/00001。

42. 國家發展委員會檔案管理局藏,「函復袁委員等四人先赴日本考察已函請美國駐華安全分署查照由」(台美(四)(50)字第 4156 號),1961 年 8 月 8 日,經濟部證券管理委員會,《本部證券管理委員會人員赴日考察案》,檔號:A313000000G/0050/11992-116318/00001。

43. 國家發展委員會檔案管理局藏,「查本行同仁購置投資企業股票優待辦法規定同仁認購本省工礦股份公司火柴股份有限公司化學工業製藥有限公司等股票可先繳三成現金七成以股票作押由信託部貸付」,1948 年 12 月 10 日,王肇嘉,《臺灣銀行》,檔號:A307200000N/0037/0080.05/0001/08/040。

44. 國家發展委員會檔案管理局藏,「查本部代售臺糖臺紙公司股票以金圓折合臺幣出售近來有顧客以金圓購買是否可行乞示」,1948 年 6 月 3 日,臺灣銀行總行秘書室,《臺灣銀行》,檔號:A307200000N/0037/0080.01/0001/02/071。

45. 國家發展委員會檔案管理局藏,「爲工礦公司員工購買優先股以股票爲質請本部墊付由」,1947 年 5 月 22 日,臺灣銀行信託部,《臺灣銀行》,檔號:A307200000N/0036/0080.05/0001/03/021。

46. 國家發展委員會檔案管理局藏,「爲派員赴日考察證券市場一案,呈報鑒核並轉知外交部核發公務護照由」(經台(50)人字第 10727 號),1961 年 8 月 4 日,經濟部,《本部證券管理委員會人員赴日考察案》,檔號:A313000000G/0050/11992-116318/00001。

47. 國家發展委員會檔案管理局藏,「爲送同仁購買企業公司股票 290 股請查收見覆由」,1949 年 4 月 22 日,臺灣銀行總行信託部,《臺灣銀行》,檔號:A307200000N/0038/C0/0001/17/002。

48. 國家發展委員會檔案管理局藏,「爲貴部代售臺糖臺紙兩公司股票案内所

餘股票等件經函送央行國庫局去後除股款收據退還暫由滬行保管外茲據開送收條乙紙轉請查收由」，1949 年 2 月 26 日，臺灣銀行上海分行，《臺灣銀行》，檔號：A307200000N/0038/0080.05/0001/04/051。

49. 國家發展委員會檔案管理局藏，「為證券交易所尚未奉准設立對於市面商號私自經營證券買賣業務應如何處理報請鑒核示遵。」1952 年 11 月 8 日，經濟部，《私自經營證券業務應如何處理案》，檔號：A313000000G/0041/04990-001431/00001。

50. 國家發展委員會檔案管理局藏，「設立證券交易所」，《經濟部》，2 卷，檔號：0041/04990-001261/00001。

51. 國家發展委員會檔案管理局藏，「發行人申請募集與發行有價證券審核準則」，《經濟部》，1 卷，檔號：0057/04990-001209/00001。

52. 國家發展委員會檔案管理局藏，「經濟部證券管理委員會派駐證券交易所人員監理辦法」，《經濟部》，1 卷，檔號：0057/04990-001247/00001。

53. 國家發展委員會檔案管理局藏，「經濟部證券管理委員會派駐證券交易所人員監理辦法」，1968 年 6 月 5 日，經濟部，《經濟部》，檔號：A313000000G/0057/04990-001247/00001。

54. 國家發展委員會檔案管理局藏，「違法商業取締」，《經濟部》，1 卷，檔號：0051/04990-09587/00001。

55. 國家發展委員會檔案管理局藏，「電送代售臺糖臺紙股票存根并未售出股票及股票收據請查收代為繳還央行由」，1949 年 2 月 18 日，臺灣銀行信託部代理部，《臺灣銀行》，檔號：A307200000N/0038/0080.03/0001/05/041。

56. 國家發展委員會檔案管理局藏，「臺灣省證券商管理辦法」，《經濟部》，4 卷，檔號：0043/04990-09560/00001。

57. 國家發展委員會檔案管理局藏，「證券交易法」，《經濟部》，1 卷，檔號：0053/04990-001203/00001。

58. 國家發展委員會檔案管理局藏，「證券交易課稅問題」，《經濟部》，1 卷，檔號：0044/04990-001375/00001。

59. 國家發展委員會檔案管理局藏，「證券交易總卷」，《經濟部》，1 卷，檔號：0044/04990-001439/00001。

60. 國家發展委員會檔案管理局藏，「證券發行公司財務報告編製準則」，《經濟部》，1 卷，檔號：0053/04990-001206/00001。

61. 國家發展委員會檔案管理局藏，「證券經紀人登記」，《經濟部》，1 卷，檔號：0050/04990-001363/00001。

62. 國家發展委員會檔案管理局藏，「證券經紀商受託契約準則應行記載要點」，《經濟部》，1 卷，檔號：0057/04990-001208/00001。

63. 國家發展委員會檔案管理局藏,「證券管理委員會會計室員額編制」,《經濟部》,1 卷,檔號:0053/11992-101006/00001。

64. 國家發展委員會檔案管理局藏,「證券管理資料」,《經濟部》,卷次:1、11、12 卷,共 3 卷,檔號:0044/04990-001447/00001。

65. 國家發展委員會檔案管理局藏,「證券管理資料」,《經濟部》,卷次 2～10,共 2,056 頁,檔號:0044/04990-001447/00001。

66. 國家發展委員會檔案管理局藏,「證管會人事總」,《經濟部》,1 卷,檔號:0054/11991-888018/00001。

67. 國家發展委員會檔案管理局藏,「證管會公司保管委員會組織規程」,《經濟部》,2 卷及附件 1 袋,檔號:0053/11991-880020/00001。

68. 國家發展委員會檔案管理局藏,「證管會職務加給」,《經濟部》,1 卷,檔號:0055/11991-886015/00001。

69. 國家發展委員會檔案管理局藏,「關於經濟部所擬對於台灣建立證券交易所一案奉諭:飭財政部召集有關機關詳予檢討報核,為對設立證券交易所呈陳意見請鑒核。」1952 年 10 月 16 日,經濟部,《設立證券交易所》,檔號:A313000000G/0041/04990-001261/00001。

70. 臺灣省議會史料總庫藏,「王議員少華質詢」,〈議事錄〉,《臨時省議會第二屆第三次大會(下)》(第二卷),1955 年 9 月 8 日,典藏號:002-02-03OA-02-6-8-0-00290。

71. 臺灣省議會史料總庫藏,「王議員雲龍質詢」,〈臺灣省議會第二屆第二次定期大會〉,《臺灣省議會公報》(第四卷第九期),1960 年 11 月 21 日,典藏號:003-02-02OA-04-6-3-01-00289。

72. 臺灣省議會史料總庫藏,「李議員卿雲質詢」,〈議事錄〉,《臨時省議會第二屆第一次大會(下)》(第二卷),1954 年 6 月 28 日,典藏號:002-02-01OA-02-6-4-0-00209。

73. 臺灣省議會史料總庫藏,「答覆人:吳主席」,〈詢問及答覆——總詢問〉,《臺灣省臨時省議會第一屆第二次大會專輯》,1952 年 6 月 10 日,典藏號:002-01-02OA-00-6-8-0-00590。

74. 臺灣省議會史料總庫藏,「答覆人:吳主席」,〈詢問及答覆——總詢問〉,《臺灣省臨時省議會第一屆第三次大會專輯》,1953 年 12 月 15 日,典藏號:002-01-03OA-00-6-8-0-00471。

75. 臺灣省議會史料總庫藏,「答覆人:省政府嚴主席」,〈詢問及答覆——總詢問〉,《臺灣省臨時省議會第二屆第六次大會專輯》,1956 年 12 月 17 日,典藏號:002-02-06OA-00-6-8-0-00353。

76. 臺灣省議會史料總庫藏,「詢問人:何議員傳」,〈詢問及答覆——總詢問〉,《臺灣省臨時省議會第一屆第二次大會專輯》,1952 年 6 月 10 日,

典藏號：002-01-02OA-00-6-8-0-00590。

77. 臺灣省議會史料總庫藏，「詢問人：蘇議員東芳」，〈詢問及答覆——總詢問〉，《臺灣省臨時省議會第一屆第三次大會專輯》，1953 年 12 月 15 日，典藏號：002-01-03OA-00-6-8-0-00471。

78. 臺灣省議會史料總庫藏，「請政府迅速即設置證券交易所或類似機構以便利債券及股票買賣案」，《臺灣省臨時省議會公報第二卷合訂本》（第一期至第二十七期），1953 年 9 月 1 日，典藏號：002-01-04OA-02-5-4-02-00658。

（二）史料

1. 中華民國證券商業同業公會，《證券公會 50 週年特刊》，臺北：中華民國證券商業同業公會，2006 年。

2. 內政部統計處，《中華民國內政統計提要（民 45～82 年）》，臺北：內政部，1958 年。

3. 何鳳嬌，《政府接收臺灣史料彙編》，臺北：國史館，1993 年。

4. 周琇環編，《臺灣光復後美援史料》（第三冊　技術協助計劃），臺北：國史館，1998 年。

5. 侯坤宏，《土地改革史料（民國十六年至民國四十九年）》，臺北：國史館，1988 年。

6. 柯萬榮，《臺南州名士錄》，臺南：臺南州名士錄編纂局，1931 年。

7. 財政部，〈各級政府各項賦稅收入〉（1950～1975），《中華民國統計提要》，臺北：行政院主計處，1975 年。

8. 經濟部建立證券市場研究小組編，《經濟部建立證券市場研究小組報告書》，臺北：經濟部建立證券市場研究小組，1959 年。

9. 經濟部證券管理委員會，《日本證券市場考察團考察報告》，臺北：經濟部證券管理委員會，1961 年。

10. 經濟部證券管理委員會、美援會工業發展投資研究小組編，《股份有限公司公開發行證券研討會講述紀要》，臺北：經濟部證券管理委員會，1963 年。

11. 葉惠芬，《陳誠先生從政史料選輯：行政院美援運用委員會會議紀錄》，臺北：國史館，2009 年。

12. 葉惠芬，《陳誠先生從政史料選輯：臺灣省政府委員會會議紀錄》，臺北：國史館，2007 年。

13. 臺北市政府主計處，〈臺北市證券行情（1955～1958）〉，《臺北市統計要覽》，臺北：臺北市政府主計處，1959 年。

14. 臺北市政府主計處，〈臺北市證券行情（1955～1959）〉，《臺北市統計要

覽》，臺北：臺北市政府主計處，1960 年。

15. 臺北市政府主計處，〈臺北市證券行情（1955～1960）〉，《臺北市統計要覽》，臺北：臺北市政府主計處，1961 年。

16. 臺北市政府主計處，〈臺北市證券行情（1955～1961）〉，《臺北市統計要覽》，臺北：臺北市政府主計處，1962 年。

17. 臺北市政府主計處，〈臺北市證券行情（1955～1962）〉，《臺北市統計要覽》，臺北：臺北市政府主計處，1963 年。

18. 臺灣省文獻委員會編，〈卷四　經濟志金融篇〉，《臺灣省通志稿》，臺北：捷幼出版社再版臺灣省政府 1959 年版，第 19 冊，1999 年。

19. 臺灣省行政長官公署統計室，《臺灣省五十一年來統計提要》，南投：臺灣省政府主計處，1994 年。

20. 臺灣省政府，〈實施耕者有其田案公營事業移轉民營辦法〉，《臺灣省政府公報》，1954 年秋字第 2 期。

21. 臺灣省政府，「公告規定證券商交易時間」，〈臺灣省政府財政廳公告〉（中華民國四十四年九月十日　四四財二字第四二一七九號），《臺灣省政府公報》，1955 年秋字第 62 期。

22. 臺灣省政府，「准函爲大新證券商事社申請商業登記可否准予登記一案」，〈臺灣省政府財政廳函〉（中華民國四十一年十月六日（四一）財商字第四四二〇六號），《臺灣省政府公報》，1952 年冬字第 6 期。

23. 臺灣省政府，「准函爲商業登記之土地實物債券買賣及房屋出租介紹業是否屬於特種營業釋示一案」，〈臺灣省政府建設廳函〉（中華民國四十二年十二月時七日（四二）建商字第二九四五三號），《臺灣省政府公報》，1953 年冬字第 69 期。

24. 臺灣省接收委員會日產處理委員會編，《臺灣省日產處理法令彙編》，臺北：臺灣省接收委員會日產處理委員會，1946 年 9 月。

25. 臺灣總督府，《臺灣列紳傳》，臺北：臺灣總督府，1916 年。

26. 臺灣證券交易所，〈證券行情〉（1962～1963），《臺北市統計要覽》，臺北：臺北市政府主計處，1964 年。

27. 臺灣證券交易所，《臺灣證券交易所 50 週年慶口述歷史專輯》，臺北：臺灣證券交易所，2012 年。

28. 臺灣證券交易所，《臺灣證券交易所三十年史》，臺北：臺灣證券交易所，1992 年。

29. 歐素瑛，《嚴家淦總統行誼訪談錄》，臺北：國史館，2013 年。

30. 總統府第一局編，〈證券商管理補充辦法〉，《總統府公報》（臺北：總統府第三局，1961 年），第 1292 號。

31. 總統府第一局編，〈證券商管理辦法〉，《總統府公報》（臺北：總統府第

三局，1961 年），第 1238 號。

（三）專書

1. Nouriel Roubini & Stephen Mihm 著、陳儀譯，《末日博士危機經濟學》，臺北：大塊文化出版股份有限公司，2010 年。

2. 于宗先、王金利，《臺灣金融體制之演變》，臺北：聯經出版事業股份有限公司，2005 年。

3. 尹仲容，《我對臺灣經濟的看法全集》，臺北：美援運用委員會，1963 年。

4. 王作榮，《壯志未酬：王作榮自傳》，臺北：天下遠見出版股份有限公司，1999 年。

5. 王作榮口述、工商時報經研室記錄，《王作榮看臺灣經濟》，臺北：時報文化出版企業有限公司，1989 年。

6. 王鍵，《日據時期臺灣總督府經濟政策研究（1895～1945)》，北京：社會科學文獻出版社，2009 年。

7. 末光欣也著、辛如意、高泉益譯，《臺灣歷史：日本統治時代的臺灣》，臺北：致良出版社有限公司，2012 年。

8. 田永秀，《中國近代股票市場研究──晚清、北洋政府時期》，北京：人民出版社，2015 年。

9. 矢內原忠雄著、周憲文譯，《日本帝國主義下之臺灣》，臺北：海峽學術出版社，1999 年。

10. 朱蔭貴，《近代中國：金融與證券研究》，上海：上海人民出版社，2012 年。

11. 吳政憲，《帝國之弦：日治時期臺日海底電纜之研究（1895～1945)》，新北市：稻鄉出版社，2018 年。

12. 李存修、葉銀華，《臺灣資本市場之發展》，臺北：臺灣金融研訓院，2014 年。

13. 李國鼎口述、劉素芬編著，《李國鼎：我的臺灣經驗》，臺北：遠流出版事業股份有限公司，2005 年。

14. 周憲文，《臺灣經濟史》，臺北：臺灣開明書店股份有限公司，1980 年。

15. 季子，《中外金融大辭典》，臺北：聯經出版事業股份有限公司，2014 年。

16. 林鐘雄，《臺灣經濟經驗一百年》，臺北：三民書局股份有限公司，1998 年。

17. 俞國華口述、王駿執筆，《財經巨擘：俞國華生涯行腳》，臺北：商智文化事業股份有限公司，1999 年。

18. 涂照彥著、李明峻譯，《日本帝國主義下的臺灣》，臺北：人間出版社，2017 年。

19. 徐實圃，《臺灣實施耕者有其田經緯》，作者自行出版，1964 年。

20. 堀和生、中村哲編著，《日本資本主義與臺灣‧朝鮮：帝國主義下的經濟變動》，臺北：博揚文化事業有限公司，2010 年。

21. 張紹台、王偉芳、胡漢揚編撰《臺灣金融發展史話》，臺北：臺灣金融研訓院，2005 年。

22. 郭岱君，《臺灣經濟轉型的故事：從計畫經濟到市場經濟》，臺北：聯經出版事業股份有限公司，2015 年。

23. 陳式銳，《臺灣經濟》，臺北：財政經濟出版社，1962 年。

24. 陳添壽、蔡泰山，《揭開致富面紗：臺灣經濟發展史略》，臺北：立得出版社，2006 年。

25. 彭光治，《股戲──走過半世紀的臺灣證券市場》，臺北：早安財經文化有限公司，2003 年。

26. 辜振甫，《學而第一》，臺北：辜公亮文教基金會，1997 年。

27. 黃天才、黃肇珩，《勁寒梅香：辜振甫人生紀實》，臺北：聯經出版事業股份有限公司，2005 年。

28. 黃天麟，《金融市場》，臺北：作者自行出版，1987 年。

29. 黃紹恆，《臺灣經濟史中的臺灣總督府》，臺北：遠流出版事業股份有限公司，2010 年。

30. 楊士仁，《股海翻騰：一個老記者的觀察》，臺北：巨流圖書有限公司，2007 年。

31. 楊雅惠、許嘉棟，《臺灣金融體制之變遷綜觀》，臺北：臺灣金融研訓院，2014 年。

32. 楊蔭溥，《中國交易所》，上海：商務印書館，1930 年。

33. 楊蔭溥，《中國交易所論》，上海：商務印書館，1937 年。

34. 葉萬安，《從管制到開放：臺灣經濟自由化的艱辛歷程》，臺北：天下文化出版公司，2011 年。

35. 葉榮鐘，《近代臺灣金融經濟發展史》，臺北：晨星出版有限公司，2002 年。

36. 廖大穎，《證券市場與股份制度論》，臺北：元照出版公司，1999 年。

37. 彰化銀行百年史編輯委員會，《彰化銀行百年史》，臺中：彰化商業銀行股份有限公司，2005 年。

38. 臺灣省政府新聞處，《臺灣經濟發展的經驗與模式》，臺中：臺灣省政府新聞處，1985 年。

39. 臺灣銀行經濟研究室，《臺灣金融之研究》（共二冊），臺北：臺灣銀行，1969 年。

40. 臺灣銀行經濟研究室，《臺灣經濟發展之研究》（第一冊），臺北：臺灣銀行，1970 年。

41. 趙既昌，《美援的運用》，臺北：聯經出版事業公司，1985 年。

42. 劉逖，《上海證券交易所史（1910～2010）》，上海：上海人民出版社，2010年。

43. 劉進慶，《臺灣戰後經濟分析》，臺北：人間出版社，2001 年。

44. 劉憶如、楊朝成等著，《證券市場》，臺北：華泰文化事業股份有限公司，1999 年。

45. 賴英照，《臺灣金融版圖及回顧與前瞻》，臺北：聯經出版事業股份有限公司，1997 年。

46. 賴英照，《證券交易法逐條釋義》，臺北：實用稅務出版社，1987 年。

47. 薛化元編，《發展與帝國邊陲：日治臺灣經濟史研究文集》，臺北：國立臺灣大學出版中心，2012 年。

48. 謝劍平、林傑宸，《證券市場與交易實務》，臺北：智勝文化事業有限公司，2006 年。

49. 瞿宛文，《全球化下的臺灣經濟》（台灣社會研究叢刊・11），臺北：台灣社會研究雜誌社，2003 年。

50. 瞿宛文，《臺灣戰後經濟發展的起源》，臺北：中央研究院、聯經出版事業股份有限公司，2017 年。

51. 龐寶慶，《近代日本金融政策史稿》，長春：吉林大學出版社，2010 年。

（四）期刊論文

1. 李非，〈光復初期臺灣經濟的重建與恢復〉，《海峽兩岸臺灣史學術研討會論文集》，廈門：廈門大學臺灣研究所中心，2004 年。

2. 李毓嵐，〈1920 年代臺中士紳蔡蓮舫的家庭生活〉，《臺灣史研究》，第 20 卷第 4 期，2013 年。

3. 林希美，〈從市場觀點論當前證券交易問題（續）〉，《財政經濟月刊》，第 5 卷第 12 期，1955 年 11 月。

4. 林希美，〈從市場觀點論當前證券交易問題〉，《財政經濟月刊》，第 5 卷第 11 期，1955 年 10 月。

5. 林希美，〈對於建立證券市場的認識〉，《中國經濟》，第 107 期，1959 年 8 月。

6. 林坤鎮，〈淺談我國證券市場百年發展史〉，《證券暨期貨月刊》，第 29 卷第 9 期，2011 年 9 月。

7. 洪嘉鴻，〈近代臺灣證券市場的成立與發展（1885～1962）──歷史的延續與斷裂〉，南投：國立暨南國際大學歷史學系研究所碩士論文，2013 年。

8. 洪榮助,〈臺灣證券市場之研究〉,臺北:國立政治大學財政學系碩士論文,1969 年。

9. 胡淑賢,〈蔡惠如　臺灣民族運動的先覺者〉,《文化臺中》,第 64 期,2011年。

10. 高淑媛,〈日治時期臺灣總督府之企業管理政策（1895～1923)〉,《臺灣史研究》,第 12 卷第 1 期,2005 年。

11. 張怡敏,〈臺灣貯蓄銀行之設立及其發展（1899～1912 年）:兼論臺灣史上首宗銀行合併案〉,《臺灣史研究》,第 23 卷第 1 期,2016 年 3 月。

12. 黃自進,〈抗戰結束前後蔣介石的對日態度:「以德報怨」真相的探討〉,《中央研究院電子報》,第 18 期,2005 年 6 月 9 日。

13. 黃貴松,〈股票店頭市場在我國資本市場之角色與發展〉,臺北:國立臺灣大學商學研究所碩士論文,1990 年。

14. 經濟部,〈設立證券交易所問題之檢討〉,《經濟參考資料》,第 48 期,1952 年 11 月 25 日。

15. 熊國清,〈我國證交業務之史的檢討〉,《中國經濟》,第 26 期,1952年 11 月 10 日。

16. 熊國清,〈建立證券市場的基本問題和途徑〉,《中國經濟》,第 107 期,1959 年 8 月。

17. 熊國清,〈論民營工業的公開招股〉,《徵信新聞》,1954 年 5 月 2 日,第 1 版。

18. 歐素瑛,〈臺灣省參議會對日產糾紛之調處（1946～1951)〉,《臺灣學研究》,第 18 期,2015 年 12 月。

19. 蔣國屏,〈中國證券市場發展史之研究（1883～1991)〉,臺北:國立政治大學歷史研究所碩士論文,1991 年。

20. 謝勵茲,〈臺灣近年的證券概況及建立證券市場問題〉,《中國經濟》,第 118 期,1960 年 7 月。

（五）報刊

1. 《中央日報》,1948 年至 1962 年。

2. 《民報》,1946 年。

3. 《臺灣民聲日報》,1948 年至 1962 年。

4. 《徵信新聞》,1951 年至 1962 年。

5. 《聯合報》,1951 年至 1962 年。

（六）網路資料

1. 〈束雲章先生生平傳略〉,中央研究院歷史語言研究所傅斯年圖書館網站

http://lib.ihp.sinica.edu.tw/03-rare/MWSP/08/a.htm，上網日期：2018 年 8 月 19 日。

2. 〈實施耕者有其田條例〉（1953 年 1 月 20 日制定，1953 年 1 月 26 日公布），立法院國會圖書館立法院法律系統，網址：https://lis.ly.gov.tw/lawsingleusr/00017/download.htm?1167979640，上網日期：2018 年 7 月 24 日。

3. 「何傳提案請政府迅即設置證券交易所或類似機構以便利債券及股票買賣」，臺灣省臨時省議會，中央研究院臺灣史研究所臺灣史檔案資源系統，識別號：002-61-300-42002，網址：http://tais.ith.sinica.edu.tw/sinicafrsFront/search/search_detail.jsp?xmlId=0000070932，檢索日期：2018 年 9 月 8 日。

4. 大同股份有限公司官方網站：http://www.tatung.com.tw/Content/about-history.asp，上網日期：2018 年 8 月 19 日。

5. 內政部地政司網站：https://www.land.moi.gov.tw/chhtml/hotnews.asp?cid=413&mcid=4805，上網日期：2018 年 7 月 26 日。

6. 田健治郎作；吳文星等編著。田健治郎日記/1920-03-02。上網日期：2018 年 10 月 21 日，檢自中央研究院臺灣史研究所臺灣日記知識庫：http://taco.ith.sinica.edu.tw/tdk/田健治郎日記/1920-03-02。

7. 田健治郎作；吳文星等編著。田健治郎日記/1920-11-27。上網日期：2018 年 10 月 21 日，檢自中央研究院臺灣史研究所臺灣日記知識庫：http://taco.ith.sinica.edu.tw/tdk/田健治郎日記/1920-11-27。

8. 林獻堂著；許雪姬等編註。灌園先生日記/1929-02-21。上網日期：2018 年 10 月 21 日，檢自中央研究院臺灣史研究所臺灣日記知識庫：http://taco.ith.sinica.edu.tw/tdk/灌園先生日記/1929-02-21。

9. 林獻堂著；許雪姬等編註。灌園先生日記/1929-02-21。上網日期：2018 年 10 月 21 日，檢自中央研究院臺灣史研究所臺灣日記知識庫：http://taco.ith.sinica.edu.tw/tdk/灌園先生日記/1929-02-21。

10. 林獻堂著；許雪姬等編註。灌園先生日記/1930-02-06。上網日期：2018 年 10 月 21 日，檢自中央研究院臺灣史研究所臺灣日記知識庫：http://taco.ith.sinica.edu.tw/tdk/灌園先生日記/1930-02-06。

11. 林獻堂著；許雪姬等編註。灌園先生日記/1934-03-23。上網日期：2018 年 10 月 21 日，檢自中央研究院臺灣史研究所臺灣日記知識庫：http://taco.ith.sinica.edu.tw/tdk/灌園先生日記/1934-03-23。

12. 林獻堂著；許雪姬等編註。灌園先生日記/1940-06-22。上網日期：2018 年 10 月 21 日，檢自中央研究院臺灣史研究所臺灣日記知識庫：http://taco.ith.sinica.edu.tw/tdk/灌園先生日記/1940-06-22。

13. 林獻堂著；許雪姬等編註。灌園先生日記/1947-08-05。上網日期：2018

年 01 月 22 日，檢自中央研究院臺灣史研究所臺灣日記知識庫：http://taco.ith.sinica.edu.tw/tdk/灌園先生日記/1947-08-05。

14. 林獻堂著；許雪姬等編註。灌園先生日記/1947-09-07。上網日期：2018年 01 月 13 日，檢自中央研究院臺灣史研究所臺灣日記知識庫：http://taco.ith.sinica.edu.tw/tdk/灌園先生日記/1947-09-07。

15. 林獻堂著；許雪姬等編註。灌園先生日記/1947-11-06。上網日期：2018年 01 月 22 日，檢自中央研究院臺灣史研究所臺灣日記知識庫：http://taco.ith.sinica.edu.tw/tdk/灌園先生日記/1947-11-06。

16. 財政部，〈接收日產相關史料〉，檢自財政部財政史料陳列室：http://museum.mof.gov.tw/ct.asp?xItem=3752&ctNode=33&mp=1，上網日期：2018 年 1 月 13 日。

17. 財政部，〈接收日產相關史料〉，檢自財政部財政史料陳列室：http://museum.mof.gov.tw/ct.asp?xItem=3752&ctNode=33&mp=1，上網日期：2018 年 1 月 19 日。

18. 國家發展委員會檔案管理局，〈臺灣調查委員會〉，檢自國家發展委員會檔案管理局檔案教學支援網：https://art.archives.gov.tw/Theme.aspx?MenuID=200，上網日期：2018 年 1 月 13 日。

19. 國家圖書館，〈許丙〉，《臺灣人物誌（1895～1945）》，檢自國家圖書館網頁：http://memory.ncl.edu.tw/tm_cgi/hypage.cgi?HYPAGE=toolbox_figure_detail.hpg&project_id=twpeop&dtd_id=15&subject_name=%E8%87%BA%E7%81%A3%E4%BA%BA%E7%89%A9%E8%AA%8C(1895~1945)&subject_url=toolbox_figure.hpg&xml_id=0000295004&who=%E8%A8%B1%E4%B8%99，上網日期：2018 年 2 月 17 日。

20. 國家圖書館，〈黃呈聰〉，《臺灣歷史人物小傳——明清暨日據時期》，檢自國家圖書館網頁：http://memory.ncl.edu.tw/tm_cgi/hypage.cgi?HYPAGE=toolbox_figure_detail.hpg&xml_id=0000295901&project_id=twpeop&subject_name=%E8%87%BA%E7%81%A3%E6%AD%B7%E5%8F%B2%E4%BA%BA%E7%89%A9%E5%B0%8F%E5%82%B3--%E6%98%8E%E6%B8%85%E6%9A%A8%E6%97%A5%E6%93%9A%E6%99%82%E6%9C%9F&subject_url=toolbix_figure.hpg&dtd_id=15，上網日期：2018 年 2 月 21 日。

21. 國家圖書館，〈顏國年〉，《臺灣歷史人物小傳——明清暨日據時期》，檢自國家圖書館網頁：http://memory.ncl.edu.tw/tm_cgi/hypage.cgi?HYPAGE=toolbox_figure_detail.hpg&subject_name=%E8%87%BA%E7%81%A3%E6%AD%B7%E5%8F%B2%E4%BA%BA%E7%89%A9%E5%B0%8F%E5%82%B3--%E6%98%8E%E6%B8%85%E6%9A%A8%E6%97%A5%E6%93%9A%E6%99%82%E6%9C%9F&subject_url=toolbox_figure.hpg&project_id=twpeop&dtd_id=15&xml_id=0000300750，上網日期：2018 年 2 月 17 日。

22. 新竹市文化局，〈鄭肇基〉，《人物誌》，檢自新竹市文化局網頁：http://www.hcccb.gov.tw/chinese/05tour/tour_f02.asp?titleId=417，上網日期：2018年2月17日。

23. 臺灣省諮議會，〈何傳〉，《臺灣省臨時省議會——歷屆省議員》，檢自臺灣省諮議會網站：https://www.tpa.gov.tw/opencms/digital/area/past/past02/member0094.html，上網日期：2018年2月21日。

24. 臺灣省議會，〈徐堅〉，《歷屆省議員》，臺灣省議會數位典藏網站：https://www.tpa.gov.tw/opencms/digital/area/past/past01/member0189.html，上網日期：2018年8月3日。

25. 臺灣證券交易所編，〈年度股票交易量值統計表〉，2007年至2017年，網址：http://www.tse.com.tw/zh/statistics/statisticsList?type=07&subType=235，上網日期：2018年3月25日。

二、日文資料

（一）檔案

1. 日本國立國會圖書館，大藏省印刷局，〈日本證券取引所法〉，《官報》（昭和18年3月11日，第4846號），東京：大藏省印刷局，1943年，書誌ID：000000078538。

2. 日本國立國會圖書館，大藏省印刷局，〈有價證券引受業法〉，《官報》（昭和13年3月31日，第3370號），東京：大藏省印刷局，1938年，書誌ID：000000078538。

3. 日本國立國會圖書館，大藏省印刷局，〈有價證券割賦販賣業法〉，《官報》（大正7年4月1日，第1696號），東京：大藏省印刷局，1918年，書誌ID：000000078538。

4. 日本國立國會圖書館，大藏省印刷局，〈有價證券業取締法〉，《官報》（昭和13年3月29日，第3368號），東京：大藏省印刷局，1938年，書誌ID：000000078538。

5. 日本國立國會圖書館，大藏省印刷局，〈取引所令〉，《官報》（大正11年7月31日，第2999號），東京：大藏省印刷局，1922年，書誌ID：000000078538。

6. 日本國立國會圖書館，大藏省印刷局，〈取引所法〉，《官報》（明治26年3月4日，第2901號），東京：大藏省印刷局，1893年，書誌ID：000000078538。

7. 日本國立國會圖書館，大藏省印刷局，〈取引所法中左ノ通改正ス〉，《官報》（昭和4年3月28日，第672號），東京：大藏省印刷局，1929年，書誌ID：000000078538。

8. 日本國立國會圖書館，大藏省印刷局，〈臺灣二施行スヘキ法令二關スル法律〉，《官報》（大正 10 年 3 月 15 日，第 2583 號），東京：大藏省印刷局，1921 年，書誌 ID：000000078538，。

9. 日本國立國會圖書館，大藏省印刷局，〈臺灣二施行スヘキ法令二關スル法律〉，《官報》（明治 26 年 3 月 31 日，第 3823 號），東京：大藏省印刷局，1896 年，書誌 ID：000000078538。

10. 日本國立國會圖書館，大藏省印刷局，〈臺灣二施行スヘキ法令二關スル法律〉，《官報》（明治 39 年 4 月 11 日，第 6831 號），東京：大藏省印刷局，1906 年，書誌 ID：000000078538。

11. 日本國立國會圖書館，大藏省印刷局編，《官報》（明治 32 年 3 月 9 日第 4703 號），東京：大藏省印刷局，1899 年，書誌 ID：000000078538。

12. 日本國立國會圖書館，大藏省印刷局編，《官報》（昭和 13 年 6 月 29 日第 3445 號），東京：大藏省印刷局，1938 年，書誌 ID：000000078538。

13. 日本國立國會圖書館，大藏省印刷局編，《官報》，東京：大藏省印刷局，第四千七百三號號外，明治 32 年 3 月 9 日，書誌 ID：000000078538。

14. 日本國立國會圖書館，內閣官報局，〈株式取引所條例（明治 11 年 5 月 4 日）〉，《法令全書》，東京：內閣官報局，1878 年，書誌 ID：000000440426。

15. 日本國立國會圖書館，眾議院事務局，《第八十一回帝國議會眾議院　日本證券取引法案外四件委員會議錄（速記）第二回》（昭和 18 年（1943 年）2 月 3 日，第六類第三號，內閣印刷局）。

16. 國史館臺灣文獻館，「台灣製鹽株式會社五株株券（株主詹得材三枚）」，〈臺灣製鹽株式會社株券——五株〉，《臺灣鹽業檔案》，典藏號：006080078001。

17. 國史館臺灣文獻館，「台灣製鹽株式會社優先株、壹株株券（空白八九枚）」，〈臺灣製鹽株式會社株券——優先株、壹株〉，《臺灣鹽業檔案》，典藏號：006080077002。

18. 國史館臺灣文獻館，「台灣製鹽株式會社優先株、壹株株券（株主施議祥、韋偉甫、丁瑞圖三十枚）」，〈臺灣製鹽株式會社株券——優先株、壹株〉，《臺灣鹽業檔案》，典藏號：006080077001。

19. 國史館臺灣文獻館，「台灣製鹽株式會社優先株、壹株株券（株主施議祥、韋偉甫、丁瑞圖三十枚）」，〈臺灣製鹽株式會社株券——優先株、壹株〉，《臺灣鹽業檔案》，典藏號：006080077001。

20. 國史館臺灣文獻館，「株券取扱手續規定」，〈例規綴（臺灣製鹽株式會社）〉，《臺灣鹽業檔案》，典藏號：006080089004。

21. 國史館臺灣文獻館，「金錢及有價証券寄托ノ件決議」（1896 年 07 月 07 日），〈明治二十九年甲種永久保存第十一卷〉，《臺灣總督府檔案》，典藏

號：00000066061。

22. 國史館臺灣文獻館，「金融機關及其景況」（1900 年 10 月 07 日），〈第 834 號〉，《臺灣總督府府（官）報》，典藏號：0071010834a007。

23. 國史館臺灣文獻館，「各銀行ノ定款變更並決算二關スル株主總會開會ノ通知方通牒、各廳長」（1903 年 10 月 09 日），〈明治三十六年永久保存追加第二十五卷〉，《臺灣總督府檔案》，典藏號：00000904004。

24. 國史館臺灣文獻館，「合資會社嘉義銀行營業開店届」（1905 年 04 月 30 日），〈明治三十八年永久保存第五十六卷〉，《臺灣總督府檔案》，典藏號：00001102002。

25. 國史館臺灣文獻館，「台灣事業公債法中改正ノ件（追加一七）」（1907 年 01 月 01 日），〈明治四十年十五年保存追加第三十五卷〉，《臺灣總督府檔案》，典藏號：00005051004。

26. 國史館臺灣文獻館，「臺灣建物會社株券ノ時價認定方ノ件」（1911 年 09 月 01 日），〈明治四十四年十五年保存第六十四卷〉，《臺灣總督府檔案》，典藏號：00005403019。

27. 國史館臺灣文獻館，「各製糖會社株券時價（九月）」（1911 年 10 月 04 日），〈第 3340 號〉，《臺灣總督府府（官）報》，典藏號：0071013340a005。

28. 國史館臺灣文獻館，「臺灣合股令三草按議了具申ノ件（舊慣調查會長）」（1911 年 11 月 01 日），〈明治四十四年永久保存第三十三卷〉，《臺灣總督府檔案》，典藏號：00001799011。

29. 國史館臺灣文獻館，「株券ノ分割、併合二關スル件」（1934 年 06 月 07 日），〈例規綴（臺灣製鹽株式會社）〉，《臺灣鹽業檔案》，典藏號：006080089030。

30. 國史館臺灣文獻館，「越智寅一株券併合請求書」（1934 年 06 月 30 日），〈自昭和九年六月至十年十二月株式關係書類（臺灣製鹽株式會社）〉，《臺灣鹽業檔案》，典藏號：006050081005。

31. 國史館臺灣文獻館，「新株券交付公告（臺灣電力）」（1941 年 01 月 18 日），〈第號〉，《臺灣總督府府（官）報》，典藏號：0071034092a009。

32. 國史館臺灣文獻館，「有價證券業取締規則」（1941 年 05 月 11 日），〈府報第 4185 號〉，《臺灣總督府府（官）報》，典藏號：0071034185a001。

33. 國史館臺灣文獻館，「企業許可令」（1941 年 12 月 25 日），〈府報第 4375 號〉，《臺灣總督府府（官）報》，典藏號：0071034375a001。

34. 國史館臺灣文獻館，「有價證券賣買取引取締方針」（1942 年 05 月 01 日），〈自昭和十七年至昭和十八年經濟統制諸法令二關スル〉，《臺灣總督府檔案》，典藏號：00011149037。

35. 國史館臺灣文獻館，「中野友禮名義株券ヲ大和田悌二名義書換二關スル

件」（1942 年 05 月 06 日），〈南日本鹽業關系書類〉，《臺灣鹽業檔案》，典藏號：006090059032。

36. 國史館臺灣文獻館，「企業整備令」（1942 年 06 月 13 日），〈官報第 61 號〉，《臺灣總督府府（官）報》，典藏號：0072030061a001。

37. 國史館臺灣文獻館，「許冀箕株券請求書」（1942 年 06 月 16 日），〈優先株株式權利移轉承認二關スル件〉，《臺灣鹽業檔案》，典藏號：006050108091。

38. 國史館臺灣文獻館，「越智總二株券請求書」（1942 年 11 月 27 日），〈優先株株式權利移轉承認二關スル件〉，《臺灣鹽業檔案》，典藏號：006050108099。

39. 國史館臺灣文獻館，「株券引換（臺灣拓殖）」（1943 年 01 月 20 日），〈第號〉，《臺灣總督府府（官）報》，典藏號：0072030237a015。

40. 國史館臺灣文獻館，「大和田悌二株券請求書」（1943 年 02 月 01 日），〈優先株發行關係（臺灣製鹽株式會社)〉，《臺灣鹽業檔案》，典藏號：006050103035。

41. 國史館臺灣文獻館，「商業登記」（1944 年 06 月 28 日），〈官報第 688 號〉，《臺灣總督府府（官）報》，典藏號：0072030688a017。

42. 國史館臺灣文獻館，「會社ヨリ臺灣拓殖株式會社へ新株券送付ノ件」（1944 年 12 月 13 日），〈增資關係〉，《臺灣鹽業檔案》，典藏號：006090052028。

43. 國史館臺灣文獻館，「臺灣銀行各製糖會社株券南滿洲鐵道、東洋拓殖各會社債券北海道拓殖銀行債券及日本銀行債券時價（一月）」（1919 年 02 月 04 日），〈第 1755 號〉，《臺灣總督府府（官）報》，典藏號：0071021755a007。

44. 國史館臺灣文獻館，「製糖會社株券時價（七月）」（1908 年 08 月 15 日），〈第 2503 號〉，《臺灣總督府府（官）報》，典藏號：0071012503a006。

45. 國史館臺灣文獻館，「製糖會社株券時價（八月）」（1908 年 09 月 12 日），〈第 2525 號〉，《臺灣總督府府（官）報》，典藏號：0071012525a004。

46. 國史館臺灣文獻館，「臺灣銀行及各製糖會社株券時價」（1908 年 10 月 14 日），〈府報第 2549 號〉，《臺灣總督府府（官）報》，典藏號：0071012549a005。

47. 國史館臺灣文獻館，「臺灣銀行及各製糖會社株券時價」（1908 年 10 月 14 日），〈第 2549 號〉，《臺灣總督府府（官）報》，典藏號：0071012549a005。

48. 國史館臺灣文獻館，「臺灣銀行及各製糖會社株券時價（四十一年十二月）」（1909 年 01 月 12 日），〈第 2611 號〉，《臺灣總督府府（官）報》，典藏號：0071012611a003。

49. 國史館臺灣文獻館，「臺灣銀行及各製糖會社株券時價（一月）」（1909年 02 月 11 日），〈第 2635 號〉，《臺灣總督府府（官）報》，典藏號：0071012635a006。

50. 國史館臺灣文獻館，「臺灣銀行及各製糖會社株券時價（三月）」（1909年 04 月 10 日），〈第 2678 號〉，《臺灣總督府府（官）報》，典藏號：0071012678a013。

51. 國史館臺灣文獻館，「臺灣銀行及各製糖會社株券時價（六月）」（1909年 07 月 17 日），〈第 2746 號〉，《臺灣總督府府（官）報》，典藏號：0071012746a007。

52. 國史館臺灣文獻館，「臺灣銀行及各製糖會社株券時價（九月）」（1909年 10 月 14 日），〈第 2811 號〉，《臺灣總督府府（官）報》，典藏號：0071012811a004。

53. 國史館臺灣文獻館，「臺灣銀行及各製糖會社株券時價（十二月）」（1910年 01 月 15 日），〈第 2872 號〉，《臺灣總督府府（官）報》，典藏號：0071012872a004。

54. 國史館臺灣文獻館，「臺灣銀行及各製糖會社株券時價（一月）」（1910年 02 月 10 日），〈第 2890 號〉，《臺灣總督府府（官）報》，典藏號：0071012890a014。

55. 國史館臺灣文獻館，「臺灣銀行及各製糖會社株券時價（三月）」（1910年 04 月 06 日），〈第 2928 號〉，《臺灣總督府府（官）報》，典藏號：0071012928a010。

56. 國史館臺灣文獻館，「臺灣銀行及各製糖會社株券時價（七月分）」（1910年 08 月 10 日），〈第 3022 號〉，《臺灣總督府府（官）報》，典藏號：0071013022a005。

57. 國史館臺灣文獻館，「臺灣銀行及各製糖會社株券時價（九月分）」（1910年 10 月 06 日），〈第 3067 號〉，《臺灣總督府府（官）報》，典藏號：0071013067a005。

58. 國史館臺灣文獻館，「臺灣銀行及各製糖會社株券時價（十二月中）」（1911 年 01 月 07 日），〈第 3134 號〉，《臺灣總督府府（官）報》，典藏號：0071013134a007。

59. 國史館臺灣文獻館，「臺灣銀行及各製糖會社株券時價（一月）」（1911年 02 月 07 日），〈第 3158 號〉，《臺灣總督府府（官）報》，典藏號：0071013158a004。

60. 國史館臺灣文獻館，「臺灣銀行及各製糖會社株券時價（三月）」（1911年 04 月 12 日），〈第 3208 號〉，《臺灣總督府府（官）報》，典藏號：0071013208a003。

61. 國史館臺灣文獻館，「臺灣銀行及各製糖會社株券時價（六月）」（1911

年 07 月 11 日），〈第 3277 號〉，《臺灣總督府府（官）報》，典藏號：0071013277a003。

62. 國史館臺灣文獻館，「臺灣銀行及各製糖會社株券時價（十月）」（1911年 11 月 03 日），〈第 3364 號〉，《臺灣總督府府（官）報》，典藏號：0071013364a004。

63. 國史館臺灣文獻館，「臺灣銀行及各製糖會社株券時價（一月）」（1912年 02 月 04 日），〈第 3433 號〉，《臺灣總督府府（官）報》，典藏號：0071013433a004。

64. 國史館臺灣文獻館，「臺灣銀行及各製糖會社株券時價（三月）」（1912年 04 月 03 日），〈第 3482 號〉，《臺灣總督府府（官）報》，典藏號：0071013482a013。

65. 國史館臺灣文獻館，「臺灣銀行及各製糖會社株券時價（六月）」（1912年 07 月 05 日），〈第 3560 號〉，《臺灣總督府府（官）報》，典藏號：0071013560a006。

66. 國史館臺灣文獻館，「臺灣銀行各製糖會社株券及北海道拓殖銀行債券時價（九月）」（1912 年 10 月 04 日），〈第 45 號〉，《臺灣總督府府（官）報》，典藏號：0071020045a005。

67. 國史館臺灣文獻館，「臺灣銀行各製糖會社株券及北海道拓殖銀行債券時價（大正元年十二月）」（1913 年 01 月 07 日），〈第 115 號〉，《臺灣總督府府（官）報》，典藏號：0071020115a005。

68. 國史館臺灣文獻館，「臺灣銀行各製糖會社株券及北海道拓殖銀行債券時價（一月）」（1913 年 02 月 04 日），〈第 139 號〉，《臺灣總督府府（官）報》，典藏號：0071020139a004。

69. 國史館臺灣文獻館，「臺灣銀行各製糖會社株券及北海道拓殖銀行債券時價」（1913 年 04 月 03 日），〈第 187 號〉，《臺灣總督府府（官）報》，典藏號：0071020187a006。

70. 國史館臺灣文獻館，「臺灣銀行各製糖會社株券及北海道拓殖銀行債券時價（六月）」（1913 年 07 月 03 日），〈第 258 號〉，《臺灣總督府府（官）報》，典藏號：0071020258a006。

71. 國史館臺灣文獻館，「臺灣銀行各製糖會社株式券及北海道拓殖銀行債券時價（九月）」（1913 年 10 月 03 日），〈第 328 號〉，《臺灣總督府府（官）報》，典藏號：0071020328a006。

72. 國史館臺灣文獻館，「臺灣銀行各製糖會社株券及北海道拓殖銀行債券時價（十二月）」（1914 年 01 月 07 日），〈第 391 號〉，《臺灣總督府府（官）報》，典藏號：0071020391a006。

73. 國史館臺灣文獻館，「臺灣銀行各製糖會社株券及北海道拓殖銀行債券時價（一月）」（1914 年 02 月 06 日），〈第 413 號〉，《臺灣總督府府（官）

報》，典藏號：0071020413a005。

74. 國史館臺灣文獻館，「臺灣銀行各製糖株式會社及北海道拓殖銀行債券時價（三月）」（1914 年 04 月 03 日），〈第 457 號〉，《臺灣總督府府（官）報》，典藏號：0071020457a014。

75. 國史館臺灣文獻館，「臺灣銀行各製糖會社及北海道拓殖銀行債券時價（五月）」（1914 年 06 月 03 日），〈第 504 號〉，《臺灣總督府府（官）報》，典藏號：0071020504a006。

76. 國史館臺灣文獻館，「臺灣銀行各製糧會社株券及北海道拓殖銀行債券時價（九月）」（1914 年 10 月 03 日），〈第 596 號〉，《臺灣總督府府（官）報》，典藏號：0071020596a003。

77. 國史館臺灣文獻館，「臺灣銀行各製糖會社株券及北海道拓殖銀行債券時價（十二月）」（1914 年 12 月 30 日），〈第 656 號〉，《臺灣總督府府（官）報》，典藏號：0071020656a010。

78. 國史館臺灣文獻館，「臺灣銀行各製糖會社株券及北海道拓殖銀行債券時價（一月）」（1915 年 02 月 04 日），〈第 678 號〉，《臺灣總督府府（官）報》，典藏號：0071020678a006。

79. 國史館臺灣文獻館，「臺灣銀行各製糖會社株券及北海道拓殖銀行債券時價（三月）」（1915 年 04 月 02 日），〈第 722 號〉，《臺灣總督府府（官）報》，典藏號：0071020722a009。

80. 國史館臺灣文獻館，「臺灣銀行各製糖會社株券北海道拓殖銀行債券及日本勸業銀行債券時價（六月）」（1915 年 07 月 04 日），〈第 789 號〉，《臺灣總督府府（官）報》，典藏號：0071020789a005。

81. 國史館臺灣文獻館，「臺灣銀行各製糖會社株券北海道拓殖銀行債券及日本勸業銀行債券時價（九月）」（1915 年 10 月 10 日），〈第 861 號〉，《臺灣總督府府（官）報》，典藏號：0071020861a002。

82. 國史館臺灣文獻館，「臺灣銀行各製糖會社株券北海道拓殖銀行債券及日本勸業銀行債券時價（十二月）」（1916 年 01 月 08 日），〈第 921 號〉，《臺灣總督府府（官）報》，典藏號：0071020921a002。

83. 國史館臺灣文獻館，「臺灣銀行各製糖會社株券北海道拓殖銀行債券及日本勸業銀行債券時價（一月）」（1916 年 02 月 10 日），〈第 944 號〉，《臺灣總督府府（官）報》，典藏號：0071020944a004。

84. 國史館臺灣文獻館，「臺灣銀行各製糖會社株券北海道拓殖銀行債券及日本勸業銀行債券時價（二月）」（1916 年 04 月 08 日），〈第 987 號〉，《臺灣總督府府（官）報》，典藏號：0071020987a004。

85. 國史館臺灣文獻館，「臺灣銀行各製糖會社株券北海道拓殖銀行債券及日本勸業銀行債券時價（六月）」（1916 年 07 月 04 日），〈第 1052 號〉，《臺灣總督府府（官）報》，典藏號：0071021052a005。

86. 國史館臺灣文獻館,「臺灣銀行各製糖會社株券北海道拓殖銀行債券及日本勸業銀行債券時價（九月）」（1916 年 10 月 08 日），〈第 1127 號〉,《臺灣總督府府（官）報》,典藏號：0071021127a004。

87. 國史館臺灣文獻館,「臺灣銀行各製糖會社株券北海道拓殖銀行債券及日本勸業銀行債券時價（十二月）」（1917 年 01 月 09 日），〈第 1191 號〉,《臺灣總督府府（官）報》,典藏號：0071021191a002。

88. 國史館臺灣文獻館,「臺灣銀行各製糖會社株券北海道拓殖銀行債券及日本勸業銀行債券時價（一月）」（1917 年 02 月 03 日），〈第 1212 號〉,《臺灣總督府府（官）報》,典藏號：0071021212a003。

89. 國史館臺灣文獻館,「臺灣銀行各製糖會社株券北海道拓殖銀行債券及日本勸業銀行債券時價（三月）」（1917 年 04 月 06 日），〈第 1259 號〉,《臺灣總督府府（官）報》,典藏號：0071021259a009。

90. 國史館臺灣文獻館,「臺灣銀行各製糖會社株券北海道拓殖銀行債券及日本勸業債券時價（六月）」（1917 年 07 月 05 日），〈第 1329 號〉,《臺灣總督府府（官）報》,典藏號：0071021329a005。

91. 國史館臺灣文獻館,「臺灣銀行各製糖會社株券北海道拓殖銀行債券及日本勸業銀行債券時價（九月）」（1917 年 10 月 05 日），〈第 1394 號〉,《臺灣總督府府（官）報》,典藏號：0071021394a006。

92. 國史館臺灣文獻館,「臺灣銀行各製糖會社株券北海道拓殖銀行債券及日本勸業銀行債券時價（十二月）」（1918 年 01 月 08 日），〈第 1463 號〉,《臺灣總督府府（官）報》,典藏號：0071021463a005。

93. 國史館臺灣文獻館,「臺灣銀行各製糖會社株券北海道拓殖銀行債券及日本勸業銀行債券時價（一月）」（1918 年 02 月 07 日），〈第 1489 號〉,《臺灣總督府府（官）報》,典藏號：0071021488a005。

94. 國史館臺灣文獻館,「臺灣銀行各製糖會社株券北海道拓殖銀行債券及日本勸業銀行債券時價（三月）」（1918 年 04 月 06 日），〈第 1530 號〉,《臺灣總督府府（官）報》,典藏號：0071021530a009。

95. 國史館臺灣文獻館,「臺灣銀行各製糖會社株券北海道拓殖銀行債券及日本勸業銀行債券時價（六月）」（1918 年 07 月 05 日），〈第 1603 號〉,《臺灣總督府府（官）報》,典藏號：0071021603a003。

96. 國史館臺灣文獻館,「臺灣銀行各製糖會社株券北海道拓殖銀行債券及日本勸業銀行債券時價（九月）」（1918 年 10 月 04 日），〈第 1668 號〉,《臺灣總督府府（官）報》,典藏號：0071021668a005。

97. 國史館臺灣文獻館,「臺灣銀行各製糖會社株券北海道拓殖銀行債券及日本勸業銀行債券時價（十二月）」（1919 年 01 月 07 日），〈第 1733 號〉,《臺灣總督府府（官）報》,典藏號：0071021733a008。

98. 國史館臺灣文獻館,「諸株券債券時價（三月）」（1919 年 04 月 02 日），

〈第 1797 號〉，《臺灣總督府府（官）報》，典藏號：0071021797a014。

99. 國史館臺灣文獻館，「諸株券債券時價（六月）」（1919 年 07 月 04 日），〈第 1873 號〉，《臺灣總督府府（官）報》，典藏號：0071021873a007。

100. 國史館臺灣文獻館，「諸株券債券時價（九月）」（1919 年 10 月 05 日），〈第 1943 號〉，《臺灣總督府府（官）報》，典藏號：0071021943a003。

101. 國史館臺灣文獻館，「諸株券債券時價（十二月）」（1920 年 01 月 09 日），〈第 2011 號〉，《臺灣總督府府（官）報》，典藏號：0071022011a003。

102. 國史館臺灣文獻館，「諸株券債券時價（一月）」（1920 年 02 月 04 日），〈第 2033 號〉，《臺灣總督府府（官）報》，典藏號：0071022033a005。

103. 國史館臺灣文獻館，「諸株券債券時價（三月）」（1920 年 04 月 06 日），〈第 2082 號〉，《臺灣總督府府（官）報》，典藏號：0071022082a004。

104. 國史館臺灣文獻館，「諸株券債券時價（六月）」（1920 年 07 月 03 日），〈第 2151 號〉，《臺灣總督府府（官）報》，典藏號：0071022151a004。

105. 國史館臺灣文獻館，「諸株券債券時價（九月）」（1920 年 10 月 06 日），〈第 2215 號〉，《臺灣總督府府（官）報》，典藏號：0071022215a003。

106. 國史館臺灣文獻館，「諸株券債券時價（十二月）」（1921 年 01 月 07 日），〈第 2285 號〉，《臺灣總督府府（官）報》，典藏號：0071022285a003。

107. 國史館臺灣文獻館，「諸株券債券時價（一月）」（1921 年 02 月 08 日），〈第 2308 號〉，《臺灣總督府府（官）報》，典藏號：0071022308a005。

108. 國史館臺灣文獻館，「諸株券債券時價（三月）」（1921 年 04 月 07 日），〈第 2346 號〉，《臺灣總督府府（官）報》，典藏號：0071022346a006。

109. 國史館臺灣文獻館，「諸株券債券時價（六月）」（1921 年 07 月 05 日），〈第 2418 號〉，《臺灣總督府府（官）報》，典藏號：0071022418a003。

110. 國史館臺灣文獻館，「諸株券債券時價（九月）」（1921 年 10 月 06 日），〈第 2491 號〉，《臺灣總督府府（官）報》，典藏號：0071022491a002。

111. 國史館臺灣文獻館，「諸株券債券時價（十二月）」（1921 年 12 月 29 日），〈第 2555 號〉，《臺灣總督府府（官）報》，典藏號：0071022555a007。

112. 國史館臺灣文獻館，「諸株券債券時價（一月）」（1922 年 02 月 03 日），〈第 2578 號〉，《臺灣總督府府（官）報》，典藏號：0071022578a003。

113. 國史館臺灣文獻館，「諸株券債券時價（三月）」（1922 年 04 月 12 日），〈第 2626 號〉，《臺灣總督府府（官）報》，典藏號：0071022626a006。

114. 國史館臺灣文獻館，「諸株券債券時價（六月）」（1922 年 07 月 04 日），〈第 2696 號〉，《臺灣總督府府（官）報》，典藏號：0071022696a003。

115. 國史館臺灣文獻館，「諸株券債券時價（九月）」（1922 年 10 月 04 日），〈第 2766 號〉，《臺灣總督府府（官）報》，典藏號：0071022766a007。

116. 國史館臺灣文獻館,「諸株券債券時價」(1922 年 12 月 29 日),〈第 2839 號〉,《臺灣總督府府(官)報》,典藏號:0071022839a007。

117. 國史館臺灣文獻館,「諸株券債券時價(一月)」(1923 年 02 月 07 日),〈第 2865 號〉,《臺灣總督府府(官)報》,典藏號:0071022865a006。

118. 國史館臺灣文獻館,「諸株券債券時價(三月)」(1923 年 04 月 05 日),〈第 2910 號〉,《臺灣總督府府(官)報》,典藏號:0071022911a005。

119. 國史館臺灣文獻館,「諸株券債券時價(六月)」(1923 年 07 月 01 日),〈第 2981 號〉,《臺灣總督府府(官)報》,典藏號:0071022981a003。

120. 國史館臺灣文獻館,「諸株券債券時價(八月)」(1923 年 08 月 31 日),〈第 3034 號〉,《臺灣總督府府(官)報》,典藏號:0071023034a005。

121. 國史館臺灣文獻館,「諸株券債券時價」(1924 年 01 月 09 日),〈第 3132 號〉,《臺灣總督府府(官)報》,典藏號:0071023132a004。

122. 國史館臺灣文獻館,「諸株券債券時價(一月)」(1924 年 02 月 03 日),〈第 3153 號〉,《臺灣總督府府(官)報》,典藏號:0071023153a006。

123. 國史館臺灣文獻館,「諸株券債券時價(三月)」(1924 年 04 月 09 日),〈第 3204 號〉,《臺灣總督府府(官)報》,典藏號:0071023204a003。

124. 國史館臺灣文獻館,「諸株券債券時價(六月)」(1924 年 07 月 04 日),〈第 3277 號〉,《臺灣總督府府(官)報》,典藏號:0071023277a004。

125. 國史館臺灣文獻館,「諸株券債券時價(九月)」(1924 年 10 月 10 日),〈第 3354 號〉,《臺灣總督府府(官)報》,典藏號:0071023354a005。

126. 國史館臺灣文獻館,「諸株券債券時價(十二月)」(1924 年 12 月 30 日),〈第 3415 號〉,《臺灣總督府府(官)報》,典藏號:0071023415a002。

127. 國史館臺灣文獻館,「諸株券債券時價(一月)」(1925 年 02 月 06 日),〈第 3442 號〉,《臺灣總督府府(官)報》,典藏號:0071023442a004。

128. 國史館臺灣文獻館,「諸株券債券時價(三月)」(1925 年 04 月 03 日),〈第 3484 號〉,《臺灣總督府府(官)報》,典藏號:0071023484a004。

129. 國史館臺灣文獻館,「諸株券債券時價(六月)」(1925 年 07 月 07 日),〈第 3562 號〉,《臺灣總督府府(官)報》,典藏號:0071023562a004。

130. 國史館臺灣文獻館,「盧根德外十三名(內閣)」(1945 年 04 月 19 日),〈官報第 955 號〉,《臺灣總督府府(官)報》,典藏號:0072030955a002。

131. 臺灣總督府,〈臺灣取引所設置二關スル陳情及決議一覽表〉(1940 年),《臺灣證券取引管理附屬統計資料》,臺灣法實證研究資料庫,臺灣大學圖書館典藏,索書號:565.3。

132. 臺灣總督府,〈最近三箇年二於ケル本島有價證券取扱高調〉(1940 年),《臺灣證券取引管理附屬統計資料》,臺灣法實證研究資料庫,臺灣大學圖書館典藏,索書號:565.3。

133. 臺灣總督府，〈本島有價證券取扱業者州廳別一覽表〉（1940 年），《臺灣證券取引管理附屬統計資料》，臺灣法實證研究資料庫，臺灣大學圖書館典藏，索書號：565.3。

（二）史料

1. 五味田忠，《臺灣年鑑》（昭和十八年版），臺北：臺灣通信社，1943 年，收錄於臺北翔大圖書有限公司出版《日治時期臺灣經貿文獻叢編》，第一輯第 23 冊、24 冊，2005 年。

2. 井上正明，《內外調查資料　第九年第二輯》，東京：調查資料協會，1937 年。

3. 牛尾竹之助，〈臺灣證券取引所設置の必要と本島經濟界に及ぼす影響〉，《臺灣金融經濟月報》，臺北：臺灣銀行，昭和十四年十月號，1939 年。

4. 古川涉，《臺灣商工發達史》，臺北：作者自發，1916 年。

5. 名倉喜作，《臺灣銀行四十年誌》，東京：株式會社臺灣銀行，1939 年。

6. 竹本伊一郎，《臺灣株式年鑑》（昭和六年版），臺北：臺灣經濟研究會，1931 年。

7. 竹本伊一郎，《臺灣株式年鑑》（昭和七年版），臺北：臺灣經濟研究會，1932 年。

8. 竹本伊一郎編，《臺灣會社年鑑》（昭和十一年版），臺北：臺灣經濟研究會，1935 年。

9. 竹本伊一郎，《臺灣會社年鑑》（昭和十三年版），臺北：臺灣經濟研究會，1937 年。

10. 竹本伊一郎，《臺灣會社年鑑》（昭和十四年版），臺北：臺灣經濟研究會，1938 年。

11. 竹本伊一郎，《臺灣會社年鑑》（昭和十五年版），臺北：臺灣經濟研究會，1939 年。

12. 竹本伊一郎編，《臺灣會社年鑑》（昭和十六年版），臺北：臺灣經濟研究會，1940 年，臺北：成文出版社有限公司影印出版，1999 年。

13. 竹本伊一郎，《臺灣會社年鑑》（昭和十七年版），臺北：臺灣經濟研究會，1941 年，臺北：成文出版社有限公司影印出版，1999 年。

14. 竹本伊一郎，《臺灣會社年鑑》（昭和十八年版），臺北：臺灣經濟研究會，1942 年，臺北：成文出版社有限公司影印出版，1999 年。

15. 西原雄次郎，《新高略史》，東京：新高製糖株式會社，1935 年。

16. 佐藤吉治郎，《臺灣糖業全誌》（大正十四至十五年期），臺中：株式會社臺灣新聞社，1926 年。

17. 作者不詳,《南部臺灣紳士錄》,臺南:株式會社臺南新報社,1907 年。

18. 志摩源三編,〈證券取引所設置問題〉,《臺灣金融經濟月報》,臺北:臺灣銀行,昭和十年十一月號,1935 年。

19. 杉浦和作,《臺灣商工人名錄》,臺北:臺灣商工人名錄發行所,1912 年。

20. 杉浦和作編,《臺灣會社銀行錄》,臺北:臺灣實業興信所,1927 年。

21. 杉浦和作編,《臺灣會社銀行錄》,臺北:臺灣實業興信所,1928 年。

22. 杉野嘉助,《臺灣商工十年史》,臺南:作者自行出版,1919 年。

23. 杉野嘉助,《臺灣糖業年鑑》(昭和三年版),臺北:臺灣通信社,1927 年。

24. 貝山好美,〈臺灣に於て株式證券の現物市場設置は刻下の急務なり〉,《臺灣米報》,昭和十一年十月號,1936 年 11 月 6 日。

25. 貝山好美,〈臺灣證券取引所に就て〉,《臺灣經濟叢書(7)》,臺北:臺灣經濟研究會,1939 年。

26. 東京株式取引所調查課編,《東京株式取引所》,東京:東京株式取引所,1933 年。

27. 東京株式取引所調查課編,《東京株式取引所統計年報》(昭和八年),東京:東京株式取引所,1934 年。

28. 東京株式取引所調查課編,《東京株式取引所統計年報》(昭和九年),東京:東京株式取引所,1935 年。

29. 東京株式取引所調查課編,《東京株式取引所統計年報》(昭和十年),東京:東京株式取引所,1936 年。

30. 東京株式取引所調查課編,《東京株式取引所統計年報》(昭和十一年),東京:東京株式取引所,1937 年。

31. 東京株式取引所調查課編,《東京株式取引所統計年報》(昭和十二年),東京:東京株式取引所,1938 年。

32. 東京株式取引所調查課編,《東京株式取引所統計年報》(昭和十三年),東京:東京株式取引所,1939 年。

33. 東京株式取引所調查課編,《東京株式取引所統計年報》(昭和十四年),東京:東京株式取引所,1940 年。

34. 東京株式取引所調查課編,《東京株式取引所統計年報》(昭和十五年),東京:東京株式取引所,1941 年。

35. 東京株式取引所調查課編,《東京株式取引所統計年報》(昭和十六年),東京:東京株式取引所,1942 年。

36. 東京株式取引所調查課編,《東京株式取引所統計年報》(昭和十七年),東京:東京株式取引所,1943 年。

37. 東洋經濟新報社編，《會社四季報》（昭和十六年第四輯），東京：東洋經濟新報社出版部，1941 年。

38. 東洋經濟新報社編，《會社四季報》（昭和十七年第三輯），東京：東洋經濟新報社出版部，1942 年。

39. 松井繁太郎，《臺灣株式年鑑》（昭和十五年版），臺北：臺灣證券興業株式會社，1940 年。

40. 林佛樹，《臺灣經濟の基礎知識》，臺北：臺灣經濟通信社，1938 年。

41. 林佛樹，《戰時下の臺灣經濟》，臺北：臺灣經濟通信社，1939 年。

42. 林進發，《臺灣官紳年鑑》，臺北：民眾公論社，1935 年，臺北：成文出版社有限公司影印出版，1999 年。

43. 林進發，《臺灣經濟界の動きと人物》，臺北：民眾公論社，1933 年，臺北：成文出版社有限公司影印，1999 年。

44. 株式會社臺灣商工銀行，《臺灣商工銀行十年誌》，臺北：株式會社臺灣商工銀行，1920 年。

45. 株式會社臺灣商工銀行，《臺灣商工銀行誌》，臺北：株式會社臺灣商工銀行，1916 年。

46. 根本松男、三宅富士郎編，《會社、銀行、商工業者名鑑》，臺北：高砂改進社，1928 年。

47. 高北四郎，《臺灣の金融》，臺北：臺灣春秋社，1927 年。

48. 高橋龜吉，《現代臺灣經濟論》，東京：千倉書房，1937 年。

49. 野村證券調查部編著，《赤字財政下のインフレーション研究：並に各国戰後インフレーションの諸經驗》，東京：千倉書房，1935 年。

50. 陳逢源，《臺灣經濟と農業問題》，臺北：萬出版社，1944 年。

51. 喬本白水，《臺灣の事業界と人物》，臺北：南國出版協會，1928 年，臺北：成文出版社有限公司影印出版，1999 年。

52. 朝日新聞經濟部編，《朝日經濟年史》（昭和十二年版），大阪：株式會社朝日新聞社，1937 年。

53. 朝日新聞經濟部編，《朝日經濟年史：戰時體制下の日本經濟》（昭和十三年特輯），大阪：株式會社朝日新聞社，1938 年。

54. 朝日新聞經濟部編，《朝日經濟年史：再編成過程の日本經濟》（昭和十四年特輯），大阪：株式會社朝日新聞社，1939 年。

55. 朝日新聞經濟部編，《朝日經濟年史：世界騷亂と日本經濟》（昭和十五年版），大阪：株式會社朝日新聞社，1940 年。

56. 朝日新聞經濟部編，《朝日經濟年史：新體制下の經濟》（昭和十六年版），大阪：株式會社朝日新聞社，1941 年。

57. 朝日新聞經濟部編,《朝日經濟年史：大東亞戰爭と日本經濟》(昭和十七年、十八年版),大阪：株式會社朝日新聞社,1943 年。

58. 經濟情報社編,《株式投資年鑑》(昭和八年版),東京：經濟情報社,1933年。

59. 鈴木常良,《臺灣商工便覽》(第二版),臺中：株式會社臺灣新聞社,1919年。

60. 實業之臺灣社編,《臺灣經濟年鑑》,臺北：實業之臺灣社,1925 年,臺北：成文出版社有限公司影印出版,1999 年。

61. 臺北市役所,《昭和十六年　臺北市統計書》,臺北：臺北市役所,1943年。

62. 臺灣協會,〈臺灣銀行大株主〉,《臺灣協會會報》,第 19 期,1900 年。

63. 臺灣新民報社編,《臺灣人士鑑》(昭和十二年版),臺北市：臺灣新民報社,1937 年。

64. 臺灣經濟年報刊行會,《臺灣經濟年報》(昭和十六年版),東京：國際日本協會,1941 年,臺北：南天書局有限公司影印出版,1996 年。

65. 臺灣經濟年報刊行會,《臺灣經濟年報》(昭和十七年版),東京：國際日本協會,1942 年,臺北：南天書局有限公司影印出版,1996 年。

66. 臺灣經濟年報刊行會,《臺灣經濟年報》(昭和十九年版),東京：國際日本協會,1945 年,臺北：南天書局有限公司影印出版,1996 年。

67. 臺灣經濟年報刊行會,《臺灣經濟年報》(昭和十八年版),東京：國際日本協會,1943 年,臺北：南天書局有限公司影印出版,1996 年。

68. 臺灣銀行,《臺灣銀行十年志》,臺北：株式會社臺灣銀行,1910 年。

69. 臺灣銀行,《臺灣銀行十年後志》,臺北：株式會社臺灣銀行,1916 年。

70. 臺灣銀行編,《臺灣銀行二十年誌》,臺北：臺灣銀行,1919 年。

71. 臺灣銀行調查課,《昭和十一年九月　調查資料蒐錄　第一輯》,臺北：臺灣銀行調查課,1936 年。

72. 臺灣總督府,《昭和三年版　臺灣事情》,臺北：臺灣總督府,1928 年。

73. 臺灣總督府,《昭和四年版　臺灣事情》,臺北：臺灣總督府,1929 年。

74. 臺灣總督府,《昭和五年版　臺灣事情》,臺北：臺灣總督府,1930 年。

75. 臺灣總督府,《昭和六年版　臺灣事情》,臺北：臺灣總督府,1931 年。

76. 臺灣總督府,《昭和七年版　臺灣事情》,臺北：臺灣時報發行所,1932年。

77. 臺灣總督府,《昭和八年版　臺灣事情》,臺北：臺灣總督府,1933 年。

78. 臺灣總督府,《昭和九年版　臺灣事情》,臺北：臺灣總督府,1934 年。

79. 臺灣總督府,《昭和十年版　臺灣事情》,臺北：臺灣總督府,1935 年。

80. 臺灣總督府，《昭和十一年版　臺灣事情》，臺北：臺灣總督府，1936 年。

81. 臺灣總督府，《昭和十二年版　臺灣事情》，臺北：臺灣時報發行所，1937年。

82. 臺灣總督府，《昭和十三年版　臺灣事情》，臺北：臺灣總督府，1938 年。

83. 臺灣總督府，《昭和十四年版　臺灣事情》，臺北：臺灣總督府，1939 年。

84. 臺灣總督府殖產局，《第二十次臺灣商工統計　昭和十五年》，臺北：臺灣總督府殖產局，1942 年。

85. 臺灣總督府殖產局，《第二十一次臺灣商業統計　昭和十六年》，臺北：臺灣總督府殖產局，1943 年。

86. 臺灣總督府殖產局特產課，《臺灣糖業概觀》，臺北：臺灣總督府殖產局特產課，1927 年。

87. 臺灣總督府農商局，《第二十二次臺灣商業統計　昭和十七年》，臺北：臺灣總督府農商局，1944 年

88. 顏義芳編譯，《臺灣總督府公文類纂殖產史料彙編》，南投：國史館臺灣文獻館，2002 年。

89. 鹽見喜太郎編，《臺灣諸會社銀行錄》（昭和十六年版），臺北：臺灣實業興信所編纂部，1941 年，臺北：博揚文化事業有限公司影印出版，書名更改爲《日治時期臺灣公司名錄（《臺灣諸會社銀行錄》1940)》，2013年。

（三）專書

1. 老川慶喜、須永德武、谷ケ城秀吉、立教大學經濟學部編，《植民地臺灣の經濟と社會》，東京：株式會社日本經濟評論社，2011 年。

2. 杉山伸也，《日本經濟史：近世─現代》，東京：株式會社岩波書店，2012年。

3. 東嘉生，《臺灣經濟史研究》，臺北：東都書籍株式會社臺北支店，1944年。

4. 凃照彥，《台湾の経済》，東京：福村出版株式會社，2010 年。

5. 野間敏克，《証券市場と私たちの経済》，東京：放送大學教育振興會，2015 年。

6. 戰後日本經濟研究會，《大恐慌と戰間期經濟》，東京：株式會社文眞堂，1993 年。

（四）期刊論文

1. 小川功，〈「虛業家」による外地取引所・証券会社構想の瓦解〉，《彥根論叢》，第 367 號，2007 年 7 月。

2. 片岡豊，〈戰前期の株式取引所と場外市場〉，《白鷗大學論集》，第 13 卷第 2 號，1999 年。

3. 平山賢一，〈昭和初期株式市場のパフォーマンスインデックス算出による検証〉，《證券經濟研究》，第 101 號，2018 年 3 月。

4. 石井寬治，〈戰前日本の株式投資とその資金源泉：寺西論文「戰前日本の金融システムは銀行中心であったか」に対するコメント〉，《金融研究》，日本銀行金融研究所，2006 年 3 月。

5. 寺西重郎，〈戰前期株式市場のミクロ構造と効率性〉，《金融研究》，日本銀行金融研究所，2010 年 7 月。

6. 李明輝，〈戰前日本の株式取引所制度の形成と商人の対応〉，《東亞經濟研究》，第 63 卷第 2、3 號，2005 年 1 月。

7. 河原林直人，〈植民地台湾の財界構成：1941 年を中心に〉，《名古屋學院大學論集》，第 45 卷第 4 號，2009 年 3 月。

8. 深見泰孝，〈満洲証券取引所の設立と日系証券業者の満洲進出について〉，《證券經濟研究》，第 84 號，2013 年 12 月。

9. 淺田毅衛，〈東京株式取引所の設立と日本証券市場の成立〉，《明大商學論叢》，第 81 卷第 3、4 號，1999 年 5 月。

（五）報刊

1. 《臺灣日日新報》，1899 年至 1943 年。

2. 《漢文臺灣日日新報》，1905 年至 1911 年。

（六）網路資料

1. 田中君頌德碑記載：「東京の豪商林謙吉郎がそれを知るところとなり林氏の配下となる。」檢自網頁：碑に遺德を残す田中亀次郎（鹿野），網址：http://www.taihakumachikyo.org/taihk/taihk0177/index.html，上網日期：2018 年 11 月 2 日。

附　錄

附錄一　臺灣股票市場發展大事記（1895～1962）

時　間		大　　事　　記
年份	日　期	
1895	6 月 17 日	臺灣總督府開府建政。
1896	5 月	臺灣興業會安場保和等人倡議以一千五百萬日圓爲資本金，發行三十萬股，成立「臺灣鐵道株式會社」，此爲臺灣最早之股份制企業組織（株式會社），但股票發行僅在日本內地實施，並未在臺灣本地籌集資本。
	9 月	神戶（證券、蠶絲、正米）取引所設立。
1897	4 月 1 日	〈臺灣銀行法〉（法律第三十八號）公告實施。
	11 月	日本政府成立「臺灣銀行創立委員會」，展開臺灣銀行籌備工作。
1898	5 月 1 日	臺灣日日新報發刊。
1899	4 月 16 日	臺灣銀行創立委員會在《臺灣日日新報》刊登臺灣銀行株主募集公告，此爲最早在臺灣本地募集股本的股票公開發行行爲，這也揭示臺灣股票市場的萌芽以此爲標誌的正式展開。
	8 月	臺灣銀行股票在東京與大阪兩地股票交易所已有報價與交易之記載。
	9 月 26 日	臺灣銀行正式營業。
	11 月 12 日	臺灣貯蓄銀行開始營業，此爲臺灣第一家由民間（日人）發起成立之民營銀行。
		日本內地臺灣株股票市場形成。
1904	2 月 8 日	日俄戰爭爆發。

時　　間		大　　事　　記
年份	日　　期	
1905	2月21日	嘉義銀行設立，此為臺人資本創立之民營銀行，採合資會社組織，未發行股票。
	6月5日	彰化銀行設立，此為臺人資本創立之民營銀行，採株式會社組織，創設時以每股面額20圓，發行股票一萬一千股籌集股本。
	9月5日	日俄戰爭結束，日俄雙方簽訂朴資茅斯和約。
1906		日人三好德三郎、柵瀨軍之佐等人向臺灣總督府提交「取引所設置請願書」，此為臺灣首次針對股票證券設立交易所之提案請願運動。
1910	8月12日	臺灣商工銀行設立，此為臺日合資創立之民營銀行，採株式會社組織，創設時以每股50日圓，發行股票二萬股籌集股本。
1911	2月	臺灣最早之證券商號「一三美商會」創設，同時也是最早經營臺灣島內株股票之證券商號。
	3月	臺灣島內株股票市場形成。
1914	7月28日	第一次世界大戰爆發。
1915		日本受惠於第一次世界大戰，西方列強因參戰而無暇顧及亞洲貿易，日本填補此貿易缺口以及供應參戰國軍需品，使經濟出現前所未有的繁榮。
1916	1月22日	新高銀行設立，此為臺人資本創立之民營銀行，採株式會社組織，創設時以每股面額50日圓，發行股票一萬股籌集股本。
1918	4月1日	〈有價證券割賦販賣業法〉公布實施。
	11月11日	第一次世界大戰結束。
		日本工業產值超越農業產值，正式成為工業國家。
1919	1月29日	華南銀行設立，此為中、日、臺、南洋等四地資本所創立之民營銀行，創設時以每股面額100日圓，發行股票十萬股籌集股本。
		由蔡蓮舫所創設，臺灣首家以株式會社組織，經營證券業務的專營證券會社——臺灣證券株式會社在臺中開設。
1920	2月	大連（株式、商品）取引所設立。
	5月	日本戰時經濟榮景消退，東京與大阪股票交易所股價暴跌，出現戰後經濟危機。
1923	7月	臺灣商工銀行合併嘉義、新高兩銀行。
	9月1日	日本關東大地震。
1927	3月	昭和金融恐慌。
1929	10月	世界經濟大恐慌爆發。

| 時　　間 | | 大　　事　　記 |
年份	日　期	
1931	9 月 18 日	滿洲事變，日本佔據中國東北。
1932	1 月	朝鮮（證券、米豆）取引所設立。
1936		臺灣總督府殖產局商工課將「取引所設置需要經費」編列在 1937 年度預算內，開始推動臺灣設置證券諸商品交易所計劃。
1937	7 月 7 日	中日戰爭爆發。
1938	3 月 29 日	日本政府公布實施〈有價證券取締法〉。
	3 月 31 日	日本政府公布實施〈有價證券引受業法〉。
1939	9 月 1 日	第二次世界大戰爆發。
1940		臺灣總督府殖產局商工課擬訂〈臺灣證券取引所令〉草案，並派遣事務官赴東京拓殖省推動與說明臺灣設立證券交易所計劃。
1941	5 月 11 日	臺灣總督府公布實施〈有價證券取締規則〉，開始整頓臺灣島內有價證券業者。
	11 月 29 日	臺灣總督府公布全臺許可有價證券家數為六十八家。
	12 月 8 日	日本偷襲美國珍珠港，太平洋戰爭爆發。
1942	5 月 1 日	臺灣總督府制定實施〈有價證券賣買取引取締方針〉，以配合戰時經濟統制政策。
		日本政府開始整頓日本內地股票市場。
1943	3 月 11 日	日本政府公布實施〈日本證券取引所法〉（法律第四十四號），將全國十一所股票交易所合併為「日本證券交易所」一所。而臺灣總督府推動臺灣設置證券交易所問題遂無下文。
	11 月 23 日	中、英、美三國領袖召開開羅會議，商討對日作戰及戰後國際局勢。
1944	4 月 17 日	國民政府成立臺灣調查委員會，為接收臺灣做準備。
1945	8 月 15 日	日本宣佈投降。
	9 月 2 日	日本簽署投降書，宣告第二次世界大戰（包含中日戰爭、太平洋戰爭）結束。
	10 月 25 日	臺灣行政長官公署成立，政府正式接收臺灣。
	11 月 23 日	行政院頒佈〈收復區敵偽產業處理辦法〉。
	11 月	臺灣省接收委員會成立。
1946	1 月	臺灣省接收委員會下設日產處理委員會，開始清理接收日人資產。
	4 月 12 日	〈公司法〉修正，將臺資企業列入本國企業處理。

時　　間		大　　　事　　　記
年份	日　期	
1946	5 月 24 日	臺灣省行政長官公署公布實施〈臺灣省各企業金融機構資產處理辦法〉，該辦法規定臺資企業股票經登記後可公開流通交易。
	7 月 13 日	行政院核准實施〈臺灣省日資企業處理實施辦法〉。
	9 月 9 日	上海證券交易所設立，由上海聞人杜月笙擔任理事長。
		國共內戰爆發。
1947	2 月 28 日	臺灣二二八事件。
1948	9 月	臺灣糖業公司、臺灣電力公司在上海證券交易所掛牌上市交易。
1949	4 月 14 日	臺灣省政府公布實施〈臺灣省私有耕地租用辦法〉，開始進行土地改革，該辦法限定私有耕地租額不得超過收穫總量 37.5%。
	5 月 20 日	〈臺灣銀行黃金儲蓄辦法〉公布實施，吸引民間資金存入銀行，用以控制通貨，達到抑制通膨的作用。
	6 月 15 日	〈臺灣省幣制改革方案〉與〈新臺幣發行辦法〉公布實施，規定舊臺幣四萬元兌換新臺幣一元。
	12 月 7 日	國共內戰失敗，中央政府遷臺。
1950	4 月 15 日	〈臺灣省各行庫舉辦優利儲蓄存款辦法〉公布實施，以年息 125%之高利率吸納資金，用以控制通貨，達到抑制通膨的作用。
1951	6 月 7 日	〈耕地三七五減租條例〉公布實施，規定耕地租額不得超過年收穫總量千分之三百七十五。
		政府全面推動公地放領，放領地價為土地年收穫 2.5 倍，受領農民分十年以實物清償。
1952	10 月 18 日	臺灣省政府取締私自經營證券交易之商號。
1953	1 月 26 日	〈實施耕者有其田條例〉公布實施，地主得保留中等水田三甲，超過者政府予以徵收，徵收之耕地由政府放領給現耕農民，徵收補償地價以實物土地債券七成及公營事業股票三成搭發，此項政策促成臺灣股票市場由蕭條轉而復甦。相關配套法令〈臺灣省實物土地債券條例〉、〈公營事業移轉民營條例〉同時實施。
	12 月 22 日	〈實施耕者有其田公營事業移轉為民營辦法〉公布實施，規定臺灣水泥公司、臺灣紙業公司、臺灣農林公司、臺灣工礦公司等四家公營事業所有政府官股全部出售。
1954	1 月 12 日	由經濟部、內政部、臺灣省政府、臺灣土地銀行、四家公營公司等代表，組成「搭發公營事業股票委員會」，辦理公營事業股票搭發事宜。
	1 月 29 日	〈臺灣省證券商管理辦法〉公布實施，但主管機關省府財政廳並未施行該辦法，也未據此制定施行細則。

時　間		大　　事　　記
年份	日　期	
1954	3月1日	四家公營事業公司股票正式發放，由臺灣土地銀行辦理發放作業，隨即市面便已有四家公營公司股票之流通交易。
	7月29日	因四家公營事業公司股票股價不能維持在股票面額之上，損及地主權益，輿論呼籲政府重視，政府便擬訂「公營事業股票市價趨跌補救措施」干預市場，開啓振興股市的先例。
1955	2月12日	臺北市萬利證券行等四十二家證券商召開「臺北市證券商聯誼會」籌備會，此爲戰後臺灣證券業同業公會之源起。
	5月1日	臺北市證券商聯誼會要求所屬證券商會員實施「股票除權除息扣息報價」。
	7月21日	行政院修訂〈臺灣省證券商管理辦法〉公布實施。
	8月9日	省府財政廳依據修正後之〈臺灣省證券商管理辦法〉，開始受理證券商申請開業。
	8月23日	省府財政廳爲根絕買空賣空投機交易，規定證券交易須採實名制交易。
	8月24日	省府財政廳爲加強證券交易管理，制定「證券交易制式成交單」，分爲甲種買入成交單、乙種賣出成交單、丙種委託買賣成交單三種。
	9月10日	臺灣省政府財政廳公告統一之證券交易時間（週一至週五，早9時至12時，午後2時至4時；週六，早9時至12時）。
	9月14日	臺灣省政府公告證券交易各項稅捐稽徵要點，開始對證券交易課稅，造成證券商於當日開始休業，證券交易轉入地下。
	9月26日	財政部核定證券交易課稅改善方案後，證券商始復業開市。
1956	1月1日	〈證券交易稅條例〉公布實施，稅率爲每次成交價格千分之一。禁止證券商自行買賣業務，僅可受託買賣。
	2月23日	臺北市證券商業同業公會成立。
1957	9月2日	時任中央信託局局長俞國華擔任赴美金融考察團團長，率員赴美考察美國資本市場運作及其體系。
1958	3月	嚴家淦、尹仲容推動臺灣財經改革。
1959	3月16日	經濟部成立「證券市場研究小組」。
	12月30日	美國國際合作總署駐華安全分署主任郝樂遜與美駐華大使館經濟參事葉格爾，赴時任副總統陳誠官邸，提出一份美方對臺灣財經改革要求建議備忘錄，稱爲「郝樂遜八點財經改革建議」，建議臺灣應發展資本市場及公營事業民營化。
1960	1月	行政院公布「十九點財經改革措施」。
	1月10日	美證券市場專家符禮思來臺，展開臺灣籌設證券市場相關研究與調查。

時　　間		大　　事　　記
年份	日　期	
1960	9月1日	經濟部證券管理委員會成立。
	9月3日	〈獎勵投資條例〉公布實施，該條例第十七條規定停止課徵證券交易稅。
	9月13日	經濟部成立「建立證券市場工作小組」，爲推行臺灣證券市場籌設工作。
	11月30日	廢止〈證券交易稅條例〉。
1961	6月21日	〈證券商管理辦法〉公布實施，同時廢止〈臺灣省證券商管理辦法〉，證券市場管理權限由省府財政廳轉移至中央政府。
	7月6日	臺灣證券交易所股份有限公司籌備委員會成立，由臺灣水泥公司代表辜振甫爲主任委員。
	8月	經濟部證券管理委員會派員（袁則留等四員，考察三週）赴日本考察證券市場。
	10月23日	臺灣證券交易所股份有限公司成立。
	12月	經濟部證券管理委員會派員（辜振甫等四員，考察二週）赴日本考察證券市場。
	12月27日	行政院制定〈證券商管理補充辦法〉公布實施。
1962	2月9日	臺灣證券交易所開業，宣告臺灣股票店頭市場時代的結束，正式進入股票集中市場時代。

附錄二　1937 年至 1940 年臺灣總督府殖產局商工課本島有價證券業調查清冊

地　區	商　　號　　名	代表人	住　　　址	創業年
臺北州	高砂株式店	上田勝平	臺北市表町	1936
	藤本ビルブローカー臺北出張所	福田千里	臺北市表町	1940
	岡崎文雄商店	岡崎文雄	臺北市本町	1932
	大有商行	奧田繁	臺北市本町	1929
	大岡商店	內藤進	臺北市本町	1933
	丸德商店	劉明	臺北市京町	1933
	東來商行	吉田大藏	臺北市京町	1936

地　區	商　號　名	代表人	住　址	創業年
臺北州	濱谷株式店	綿谷勝武	臺北市京町	1937
	大一證券社	王樞	臺北市京町	1937
	岡嶋株式店	島浦貞	臺北市京町	1932
	山三商行	曾金泉	臺北市京町	1938
	林證券商事社	林木標	臺北市京町	
	大和屋	中川清	臺北市大和町	1939
	田傲吉商店	田傲吉	臺北市大和町	1910
	明治屋商店	月形賢次郎	臺北市大和町	1926
	池田商店	池田直敏	臺北市大和町	1934
	臺灣證券興業株式會社	松井繁太郎	臺北市大和町	1934
	京和合資會社	早田萬介	臺北市大和町	1925
	大盛證券商店	許敦禮	臺北市大和町	1934
	臺北證券商事社	松本博	臺北市大和町	1938
	中央商事	月形善次郎	臺北市西門町	1931
	朝日商事	洪敦南	臺北市西門町	1939
	壽商店	前田幸一	臺北市壽町	1936
	大阪屋商店	松本大輔	臺北市壽町	1934
	中谷商店	中谷隆吉	臺北市末廣町	1937
	常盤證券社	橫山榮一	臺北市末廣町	1937
	港屋	定憲助	臺北市末廣町	1939
	飯島商店	飯島喜一郎	臺北市北門町	1933
	三和證券社	大本整吉	臺北市北門町	1930
	明石商店	明石榮太郎	臺北市兒玉町	1938
	旭屋支店	井內宇作	臺北市築地町	1936
	玉光商會	林榮賢	臺北市建成町	1940
	顯明商行	葉金塗	臺北市建成町	1939
	正和證券	楊正	臺北市建成町	
	双葉商店	莊福	臺北市太平町	1939
	金德發商行	劉德鑑	臺北市太平町	1939

地　區	商　號　名	代表人	住　址	創業年
臺北州	日本證券社	蔡炎焚	臺北市太平町	1940
	大藏商會	小幡兼久	臺北市榮町	1939
	朝陽商會	黃逢春	臺北市日新町	1939
	大和商會	施安	臺北市下奎府町	1939
	二葉商行	山本平吉	臺北市御成町	
	三光商會	杜燦煌	臺北市永樂町	1940
	靜間商會	靜間溫夫	基隆市日新町	1938
	濱谷株式店出張所	井村還中	基隆市義重町	1940
	濱谷株式店出張所	綿谷勝武	海山郡板橋街板橋	
	濱谷株式店出張所	吳繼知	宜蘭郡頭圍庄	
	濱谷株式店出張所	林茂輝	宜蘭郡宜蘭街	
	濱谷株式店出張所	林伯阿	羅東郡羅東街	
	日本證券射出張所	蔡炎焚	羅東郡羅東街	1940
新竹州	新竹勸債社	李水俊	新竹市表町	1934
	濱谷株式店出張所	柯龍麟	新竹市表町	1938
	大和屋支店	楊茂廷	新竹市表町	1939
	大東信託株式會社新竹支店	李延年	新竹市榮町	1929
	大有商行支店	石坂熊治	新竹市榮町	
	臺北證券社支店	謝清耀	中壢郡中壢街	1939
	大有商行支店	廖慶雲	中壢郡中壢街	
	濱谷株式店支店	永田實雄	中壢郡中壢街	1939
	丸市證券社支店	謝清□	中壢郡中壢街	
	濱谷株式店支店	維總崇	中壢郡楊梅庄	1939
	臺灣證券興業株式會社出張所	劉榮春	中壢郡楊梅庄	1938
	濱谷株式店出張所	永田實雄	桃園郡桃園街	1939
	金德發商行出張所	林定	桃園郡桃園街	1939
	丸德商店出張所	吳宗銀	桃園郡桃園街	1939
臺中州	小林株式店	小林四郎	臺中市榮町	1919
	臺灣證券社	福本謙	臺中市榮町	

地　區	商　號　名	代表人	住　址	創業年
臺中州	三和證券	大本米吉	臺中市榮町	1921
	丸山商店	林以文	臺中市榮町	1932
	臺灣證券興業株式會社臺中出張所	李春生	臺中市寶町	1940
	イリマル商店	中田永一	臺中市橘町	1932
	一成商店	戴來英	臺中市橘町	
	正陽證券社	林坤澤	臺中市橘町	1938
	大和屋證券社	蔡某	臺中市橘町	
	臺中證券社	濱田正	臺中市橘町	1935
	信成商店		臺中市橘町	
	大有商行支店	溝端芳太郎	臺中市橘町	1929
	岩井商店臺中支店	李春生	臺中市橘町	
	三原證券社	蔡其章	臺中市橘町	1940
	永聯興株式店	黃本	臺中市橘町	1940
	丸大商店		臺中市橘町	
	東寶證券社	桶田清五郎	臺中市綠川町	1935
	鹿兒島商會	鹿兒島輝雄	臺中市綠川町	1936
	丸三證券社	何清發	臺中市千歲町	1938
	泰源株式店	保高勇	臺中市新富町	1933
	中原證券社	陳清輝	臺中市錦町	1938
	マルカチ商店		臺中市錦町	
	實株證券社	福本謙	臺中市楠町	1939
	中泰株式店	張慶等	臺中市壽町	1938
	第一證券社	元木幾之助	臺中市壽町	1937
	壽屋株式店		臺中市壽町	1938
	日活證券社	大內龜次	臺中市壽町	
	山二株式店	嚴金木	臺中市大正町	1938
	富源商行		臺中市寶町	
	中正商會		臺中市梅ケ町	
	德成商店		臺中市老松町	

地　區	商　　號　　名	代表人	住　　址	創業年
臺中州	丸二株式店		臺中市老松町	
	新合利株式店	王四經	彰化市北門外	1933
	日本勸業債券商支部	林宗有	彰化市北門外	
	日本債券社	阮欽洋	彰化市北門外	
	泰源株式店支店	垣副義光	彰化市東門	1939
	大有商行支店	林榮魁	彰化市東門	1939
	金穀商店	張泰康	彰化市東門	1938
	金成證券社	莊龍清	彰化市東門	1939
	林株式店	林清經	彰化市南郭	
	裕豐商店	蔡棟樑	彰化郡鹿港街	1939
	同榮商行	黃再興	彰化郡鹿港街	1939
	中原證券社代理店	蔡懋錐	彰化郡鹿港街	1940
	員林證券商事社		員林郡員林街	1938
	新興實株商事社	羅錦鄉	員林郡員林街	
	富山證券社		員林郡員林街	
	錦泰商行		員林郡員林街	
	大有商行支店	陳進福	員林郡坡心庄	1929
		王達三	豐原郡豐原街	1939
	大有商行取次店	游款	豐原郡豐原街	1938
	大有商行取次店	林啓泰	豐原郡豐原街	1936
	泰記證券社	王榮華	大甲郡清水街	1939
	芳山商事社	蔡清恭	大甲郡清水街	
	大有商行代理店	楊游然	大甲郡清水街	1938
	丸有商行代理店	王田	大甲郡清水街	1939
	大甲證券社	黃振榮	大甲郡大甲街	1938
	東晃證券社	蔡華	能高郡埔里街	1940
	第一證券社出張所	余慶宗	能高郡埔里街	1938
	大有商行代理店	巫天助	能高郡埔里街	1937
	協興公司	劉坤山	能高郡埔里街	1936

地　區	商　號　名	代表人	住　址	創業年
臺中州	泰和商行	陳連登	能高郡埔里街	1937
	ナシ	吳瑞寬	南投郡草屯街	1939
	大有商行支店	呂路	東勢郡東勢街	1938
	大有商行支店	許萬興	北斗郡北斗街	1940
臺南州	石井商事社	石井松之助	臺南市西門町	1938
	泰源商行	陳水性	臺南市西門町	1938
	東昌商行	施鎮山	臺南市西門町	1939
	永光商會	蔡光池	臺南市大正町	1939
	永泰商行		臺南市本町	
	月形兩替店	月形德三郎	臺南市本町	1920
	德泰商行	許燦然	臺南市本町	1931
	新豐商店		臺南市本町	1939
	大和證券社	商贊生	臺南市本町	1938
	福源株式店	劉楊名	臺南市本町	1912
	榮豐商店	黃榮	臺南市大宮町	1934
	瑞豐商店	汪文海	臺南市大宮町	1937
	富和商行	夜久藤太郎	臺南市大宮町	1932
	朝日商事	鹽見芳次郎	臺南市大宮町	1938
	遠藤進商會	遠藤進	臺南市壽町	
	啓源商行	林英慶	臺南市台町	1934
	大陸商會	賴	臺南市台町	1940
	大陸商會	劉添福	臺南市台町	
	三益商行	城燦桐	臺南市台町	
	富源商行	侯蓮溪	臺南市台町	1933
	凱豐商行		臺南市台町	
	山二商事社	有川正基	臺南市台町	1934
	三榮商會	鳴川祐太郎	臺南市錦町	1936
	寶商事社	鈴木友一郎	臺南市錦町	1939
	東洋證券社	吉浦市太郎	臺南市錦町	1937

地　區	商　號　名	代表人	住　址	創業年
臺南州	豐永商店	許惠	臺南市錦町	1934
	榮泰商行	黃文模	臺南市錦町	
	豐田商店	郭池中	臺南市花園町	1938
	王成商店	邵金條	臺南市花園町	
	大地商會	陳春祐	臺南市綠町	1938
	東洋證券社		臺南市綠町	1937
	榮豐株式店	鄭籤	嘉義市榮町	1934
	嘉義商會證券部	林抱	嘉義市榮町	
	朝日證券社	黃田生	嘉義市榮町	1937
	三德商行	林直	嘉義市榮町	1934
	大東證券社	盧添智	嘉義市榮町	1939
	明治證券社	松尾克己	嘉義市榮町	1934
	三榮商事社	鳴川祐太郎	嘉義市榮町	1936
	愛知證券	本澤仙造	嘉義市榮町	1938
	山二株式商屋	嚴金木	嘉義市榮町	1936
	義源株式店	林清源	嘉義市榮町	1937
	豐昌商店	賴東樑	嘉義市榮町	1937
	嘉義證券社	謝清榮	嘉義市元町	1939
	金興盛商行	金興盛	嘉義市元町	1939
	三東商事社	陳添江	嘉義市元町	1939
	都城證券社	張智胚	嘉義市元町	1924
	義泰商行	蔡瑞品	嘉義市元町	1936
	蔡尙達債券問屋	蔡尙達	嘉義市北門	1939
	蔡清信商店	蔡清信	嘉義市北門	1933
	山三商行		嘉義市西門町	1938
		盧添旺	曾文郡麻豆	1939
	順興商會	林園	曾文郡麻豆	1939
	榮源商行		曾文郡麻豆	1938
		沈進德	新營郡新營街	1939

地　區	商　號　名	代表人	住　址	創業年
臺南州	豐昌商店	賴煉樑	新營郡後壁庄	1937
	隆源商店	李增俤	新營郡後壁庄	1937
	豐榮商店支店	張玉波	新化郡善化庄	1935
	榮源商行支店		新化郡善化庄	1938
	三和商店	廖銀墜	新化郡玉井庄	1937
	東洋商會	張生財	虎尾郡虎尾街	1937
	泰成商店		虎尾郡虎尾街	1939
	關東商事社		虎尾郡背崙庄	1938
	三源商事社	廖大用	虎尾郡背崙庄	1938
	集益商行	李水	虎尾郡西螺街	1939
	日本勸業割引債券社支部		虎尾郡西螺街	1937
	豐榮商店支店	賴本	北門郡佳里街	1934
	大地商會出張所	陳鵬	北門郡佳里街	1938
	泰豐商行	陳殿金	北門郡佳里街	1938
	南豐商行出張所	謝清水	北門郡佳里街	1937
	東昌公司出張所	羅塗美	北門郡佳里街	1937
	榮源商行出張所		北門郡佳里街	1938
	元德商店	陳寬志	北港郡北港街	1937
高雄州	團野商店	團野金藏	高雄市湊町	1931
	朝日證券	蔡朝雲	高雄市湊町	1938
	高雄商事社	松田綠郎	高雄市湊町	1938
	平野屋商店	本田芳暢	高雄市堀江町	1938
	南雄商行	李玉輝	高雄市新濱町	1932
	屏東商會支店	吳振緒	高雄市新濱町	1939
	豐永商店支店	黃榮鑑	高雄市新濱町	1939
	平野屋商店	平野虎藏	高雄市新濱町	1934
	永光商會支店	張氏玉燕	高雄市新濱町	1938
	池田商店	池田繁造	高雄市入船町	1932
	進芳商會	林有塗	高雄市鹽埕町	1935

地 區	商 號 名	代表人	住 址	創業年
高雄州	高雄商工振興株式會社	王木呈	高雄市山下町	
	石川株式店	石川秀造	屏東市小川町	1923
		黃保炬	屏東市本町	1939
	文豐商店	王水源	屏東市黑金町	1939
	同益商行	林媽胆	屏東市黑金町	
	禎祥商會	潘禎祥	屏東市黑金町	
	丸傳商店	中垣傳四郎	屏東市黑金町	1938
		吳金池	屏東市屏東	
	三共株式會社		岡山郡岡山街	
		吳還復	鳳山郡鳳山街	1939
		姚松茂	鳳山郡鳳山街	1939
	洽和商會出張所	蘇南春	鳳山郡鳳山街	1934
	榮豐商店出張所	黃榮	鳳山郡鳳山街	1938
	一商會	野口房夫	恆春郡美濃庄	1939
		榮銘經	恆春郡美濃庄	1930
	高雄商工振興株式會社出張所	阮由麟	東港郡東港街	1937
	東成商會出張所	蕭錫齡	潮州郡潮州街	1936
	瑞益商店		潮州郡潮州街	
花蓮港廳	山口商店	山口庄吉	花蓮郡花蓮港街	1932
	濱谷株式店出張所	武井治三	花蓮郡花蓮港街	1939
	大有商行出張所	森口富雄	花蓮郡花蓮港街	1939

資料來源：臺灣總督府，《臺灣證券取引管理附屬統計資料》，1940 年。